本书的出版受到中国清洁发展机制基金资助（编号：2014037）

气 候 变 化 与
能源经济研究丛书

FDI对中国工业能源环境的影响研究

FDI DUI ZHONGGUO GONGYE NENGYUAN HUANJING DE YINGXIANG YANJIU

李 锴◎著

人 民 出 版 社

气候变化与能源经济研究丛书
编 委 会

总　　序

全球气候变暖对人类构成严峻挑战，而且应对气候变化的行动越迟缓社会成本就越大。因此，当前各国必须密切合作，减缓和适应气候变化，并探索低碳经济发展的新模式。为此，国际社会历经20余载的反复磋商，先后达成《联合国气候变化框架公约》和《京都议定书》，并于2015年12月在《联合国气候变化框架公约》第21次缔约方大会上达成《巴黎协定》。《巴黎协定》是历史上首个关于气候变化的全球性协定，为2020年后全球应对气候变化的目标和行动作出了安排。

气候变化与大气污染同根同源，其治理也具有协同效应。当前，中国正面临日益严重的环境污染，大面积持续雾霾天气的治理刻不容缓，以环境为代价的粗放型发展模式已难以为继。中国自"十二五"以来就将能源强度和碳强度作为约束性目标写入五年规划，并层层分解至各省、直辖市、自治区乃至行业和企业，党的十八大更是明确提出要发展绿色低碳经济、实现发展模式根本转变；我国向联合国提交的自主减排贡献（NDRC）承诺在2030年碳排放达到峰值。与此同时，中国在应对气候变化的国际气候治理中逐渐开始扮演领导者的角色，为推动达成《巴黎协议》作出了建设性的贡献。因此，无论是中国国内自身日益迫切的需要，还是在全球气候治理中发挥领导作用，树立负责任大国形象，我国都需要加强应对气候变化和大气污染治理，通过绿色低碳转型，实现可持续发展。

应对气候变化首要是改变当前的高碳能源体系，并推动经济社会发展方式的变革。自工业革命以来，人类活动所需要的能源主要来自化石能源消费，化石能源无节制的消费产生的碳排放，是引起全球气候问题的根源，还造成了环境污染严重、资源约束趋紧、生态系统退化的后果。因此，变革能源体系尤为关键。这一方面需要节能减排和提高能源效率，另一方面则要大力发展新能源和可再生能源，从而推动能源结构的低碳化。能源体系的变革，涉及到能源生产、能源消费、能源技术和能源管理体制的变革以及能源国际合作。在能源体系低碳化的基础上，经济社会发展方式的变革是更根本、更彻底、更长远的任务，这将推动人类社会从工业文明过渡到生态文明。中国迫切需要改变经济社会发展方式，全面协调经济发展、社会发展和资源节约、环境保护之间的关系，实现节能减排和经济社会持续发展的双赢。

应对气候变化需要能源体系和发展方式的深刻变革，也需要增强社会公众的低碳意识与行为，这给经济学提出了新的研究任务和方向：其一，能源体系变革的路径及影响，包括节能减排及能效提升、新能源技术创新和产业化、行政措施和市场化手段等方面的研究。其二，低碳经济及其发展模式，包括碳效率及其影响因素、碳脱钩相关理论和机制、减排路径及创新激励机制等方面的研究。其三，应对气候变化的相关国际制度，包括国家间减排责任的分担、气候政策与国际经济的合作以及全球气候治理等方面的研究。其四，政府在引领整个社会向低碳社会发展过程中，要发挥主导作用，通过有效传播，提高公众对气候变化问题的认知，增进公众对低碳社会和低碳理念的认同感，优化公众行为，自觉采取节能减排行动。发达国家已对这些问题进行了大量的研究，初步形成了相关的理论体系和研究方法，对发达国家经济社会的低碳转型产生了重要影响，并为气候谈判和相关国际合作提供了理论支撑。相比发达国家，中国在积极应对气候变化的同时还肩负着工业化、城镇化、绿色化等经济社会发展的重任，因而更加迫切需要对中国的气候变化和能源经济问题进行深入研究。

基于上述考虑，我们组织编写了这套“气候变化与能源经济研究丛书”，包括《FDI对中国工业能源环境的影响研究》《不确定性条件下油价宏观经济影响的动态一般均衡模拟研究》《偏向型技术进步对中国工业碳强度的影响研究》《碳减排路径与绿色创新激励机制》《气候壁垒对人民币实际有效汇率的影响》

《全球主要碳市场制度研究》《气候政策与国际贸易：经济、法律、制度视角》和《政府低碳理念传播的理论与实践》。上述研究立足于绿色低碳经济发展与低碳社会建构，关注国际气候谈判趋势，瞄准能源经济研究领域的前沿，主要是一批青年博士最新的研究成果，体现出青年学者对环境、气候变化和低碳经济转型的关注、思考和探索，希望能为全球应对气候变化和我国低碳经济转型与可持续发展作出自己的贡献。

齐绍洲　吴力波　张继宏

2017 年 2 月

前　言

21 世纪以来，中国总体经济规模及增长速度已跻身世界前列，然而，能源问题却严重制约中国经济的可持续稳定发展。在未来一段时间，因工业化和城市化进程中国能源消费量及能源消费产生的碳排放还会持续增加。中国政府已向全世界承诺到 2020 年将碳强度在 2005 年的基础上减少 40%—45%，“十二五”规划也提出要将能源强度降低 16%、碳强度降低 17%，可见发展低碳经济、降低碳排放已经成为中国应对气候变化的重大战略举措。2013 年，由亚洲开发银行和清华大学发布的环境报告显示，中国 500 个大型城市中，只有不到 1%达到世界卫生组织空气质量标准，在全世界 20 座污染最严重的城市中有 16 座位于中国。当经济发展所积累的环境问题以如此尖锐的形式暴露出来时，一个备受关注的问题是：如何探索改善环境质量的动力机制，这是中国经济可持续发展所面对的关键问题。中共十八届五中全会提出，实现“十三五”时期发展目标，破解发展难题，必须牢固树立并切实贯彻创新、协调、绿色、开放、共享的发展理念，这体现了国家转变绿色发展方式、倡导绿色经济的信心和决心。

FDI 作为国家和地区之间资金流动的主要形式之一，对中国经济和社会的发展产生了重要的促进作用。截至 2014 年年底，中国累计实际利用外商直接投资金额达到 15667.32 亿美元，但在快速发展的同时出现了明显的地区非均衡分布问题。不难发现，外资主要集中于中国的东部沿海地区，逐渐形成了以长三角、珠三角和环渤海为代表的外资相对集中的城市带。截至 2013 年，中国外资企业约 78.62 万家，其中东、中、西部分别为 65.66 万家、8.34 万家、4.61 万家，分别占 83.52%、10.6%、5...86%；东部利用外资累计占总额的 85%以上，而中西部的利用外资数量不到总额的 15%。具体到省、市、自治区层面，上海累计外商直接投资额高达 1510 亿美元，而甘肃、宁夏和新疆等省区的累计额甚至不足 10 亿美元。这些数据显示了区域间外资进入的巨大差距，这种不均衡是经济发展水平、资源条件、人员素质等方面因素差异的结果。

另一方面，FDI 对东道国能源环境产生了深刻的影响，尤其是对于那些迫切要求发展经济而放松环境规制吸引外资的国家，外资的进入将会导致一系列的能源环境问题。当然，外资进入东道国也可能带来正向的绿色环境技术转移和技术溢出，从而提高东道国的环境质量。国内外学者围绕能源环境经济学有关假说，如“污染天堂”（Pollution Heaven）、“污染光环”（Pollution Halo）、“向底线赛跑”（Race to the Bottom）和“外资环境收益”（Environmental Gains from FDI）等展开大量的理论和实证研究，加剧了外资进入与区域能源环境之间关系研究的复杂性。因此，准确把握 FDI 对中国工业能源环境影响的大小、传导渠道和差距，对于制定以提高能效、改善环境为核心的外资政策、产业政策和节能减排措施具有重要的现实意义。鉴于此，本书对如下问题展开研究：

第一，测算中国内外资工业企业全要素能源效率。采用非参数数据包络分析法，对中国工业 36 个行业 1999—2009 年的全要素生产率和全要素能源效率进行测算，并进一步测算和比较 28 个行业内外资工业企业的全要素能源效率。测算结果表明，大多数工业行业的全要素能源效率不足 40%，存在着 60% 以上的能源浪费，在中国面临日益严苛的能源环境压力的情况下，工业低效率、粗放式增长模式影响能源强度目标的实现和工业经济的可持续增长。另外，不管是外资企业还是内资企业，其全要素能源效率表现都不尽如人意，而且似乎与工业全要素生产率及技术进步的表现不相称。

第二，研究 FDI 技术效应对中国工业能源消耗的影响。考虑到技术效应在许多研究中被认为具有较重要的地位，技术效应的方向和大小对于总效应的形成和变化具有较为显著的影响。因此，通过建立理论模型和计量模型，利用中国 1999—2008 年 30 个省、市、自治区工业面板数据，采用静态和动态面板模型集中研究 FDI 技术效应（包括外资环境收益效应和外资向底线赛跑效应）对中国工业能源消耗的影响，同时也对内资企业的国内自主研发、国外技术引进和国内技术购买与工业能源效率之间的关系进行实证分析。实证结果表明,FDI 技术效应对中国工业能源强度影响是正面的,FDI 技术效应不仅可以降低中国工业能源强度,而且能够降低中国工业能源消费量。总体来说,不管是国内自主研发,还是技术引进变量,比率都比较低,增加研发程度来降低能耗的空间还是很大的。

第三,研究 FDI 对中国工业能源消耗影响的总效应。通过构建多维度的 FDI 工业能源强度和 FDI 工业能源消费量联立方程组模型,以中国 1999—2008 年 30 个省、市、自治区的工业面板数据为研究样本,分别采用 2SLS、GMM 和 3SLS 方法对 FDI 中国工业能源强度与能源消费量的联立方程组模型进行了实证估计,并用弹性分析方法计算了 FDI 不同影响效应的弹性大小及方向。结果表明,外资进入度每提高 1%,通过促进工业行业结构高耗能化对能源强度产生的影响是,使工业能源强度增加 0. 064%—0. 192%,通过直接提高技术水平和间接提高人均收入对能源强度产生的影响是,使工业能源强度分别减少 0. 185%—0. 308%和 0. 077%—0. 122%,总效应是使能源强度减少 0. 193%—0. 243%。而外资对中国工业能耗量产生的总效应是负面的。

第四,研究 FDI 影响中国工业能源消耗的传导渠道。通过界定 FDI 影响中国工业能源强度的三种传导渠道——水平关联、后向关联和前向关联,以中国工业行业面板数据为研究样本,实证分析 FDI 影响中国工业能源强度的传导渠道。估计结果表明,外资水平关联效应显著降低工业能源强度;下游行业外资企业与上游行业中间产品供应商的联系渠道显著增加工业能源强度,而上游行业外资企业与下游行业购买商的联系渠道对工业能源强度没有产生显著影响。同时,本书还利用时间序列数据的脉冲响应函数分析 FDI 影响中国工业能源强度的结构份额和效率份额。

第五,评估外资进入地区和非外资进入地区的碳排放差距问题。根据中国 1999—2014 年各省、市、自治区工业样本资料,将总体样本分为两组:外资进入地区样本和非外资进入地区样本,基于准实验的"反事实"研究设计,建立倾向得分匹配模型(PSM),建构与外资进入地区样本之协变量相类似的非外资进入地区样本,进而评估各种平均处理效应(ATT、ATE 和 ATU),以降低选择偏误估计误差。基于最佳 logit 模型的协变量进行贪婪匹配和非参数回归匹配，其平均处理效应估计值都落入 95%置信区间，显示外资进入地区的工业人均碳排放比非外资进入地区平均少 0.193—0.238 吨每人（ATE）；从外资进入地区的平均处理效应（ATT）来看，其工业人均碳排放比假定不进入时平均要少 0.424—0.576 吨每人；而非外资进入地区的平均处理效应（ATU）估计结果不显著。

第六，研究国际环境技术知识的空间溢出效应。运用构建的测算模型估计了基于货物贸易、FDI 和服务贸易渠道从 OECD 成员国有效外溢到中国的环境技术知识存量，并建立 1999—2013 年中国 30 个省、市、自治区的空间面板模型，实证分析并测度国际性环境技术知识的局域溢出效应和跨区域溢出效应。研究发现：从当期溢出效应来看，货物贸易、FDI 外溢环境知识存量在中国整体环境技术进步方面起到了突出贡献，而服务贸易外溢渠道在局域内和跨区域间表现出强烈的溢出反差，且总体上具有不确定性；从滞后溢出效应来看，估计结果与当期溢出效应结果类似，但滞后跨区域溢出效应显著度有所降低；从不同环境技术领域下的空间溢出效应分解结果来看，气候变化缓解技术与"三废"治理技术领域的估计结果存在一定差异，尤其是外资渠道对中国"三废"减排技术进步没有产生直接和间接的影响。

最后，在深入研究 FDI 对中国工业能源环境影响的基础上，从国家层面、区域层面和行业层面提出经济开放条件下提高能效、改善环境的政策建议。同时，研究成果对武汉市碳排放达峰行动，以提高能源效率为核心的外资政策、产业政策和节能减排措施、实现可持续增长具有一定的现实意义和实践价值，如积极利用 FDI 的技术溢出效应、优化产业结构、鼓励绿色技术创新和加大环境规制力度等。

目　　录

导　论

一、研究的背景及意义

二氧化碳排放引致的温室效应已经成为全世界共同关注的问题,联合国政府间气候变化委员会(IPCC)第5次评估报告(AR5)指出全球气候变暖有超过90%的可能性与人类活动产生的温室气体排放有关。发展低碳经济、降低碳排放已经成为中国应对气候变化的重大战略举措。根据国际能源署(IEA)统计数据,2008年中国二氧化碳排放量就已超过美国,成为全球第一大二氧化碳排放国。作为一个负责任的发展中国家,中国政府在“十二五”规划中提出到2015年能源强度和碳强度比2010年分别下降16%和17%的约束目标并向全世界承诺2020年碳强度要在2005年基础上降低40%—45%,并计划2030年左右二氧化碳排放达到峰值,且将努力早日达峰。可见,中国节能减排问题日益受到重视。

FDI作为资本、技术等多种要素的综合体,对东道国能源环境产生深刻的影响,尤其是对于那些迫切要求发展经济而放松环境规制水平吸引外资的国家,外资的进入将会导致一系列的能源环境问题。然而外资进入东道国也可能带来正向的能效技术转移和技术溢出,提高东道国的能源效率,改善环境质量。我们认为,这种影响是多种效应的集合,而不能仅从外资政策和环境政策的角度加以解释。FDI与能源环境之间的关系如同“黑箱”,剖开“黑箱”,弄清二者间的内在机理对于制定更为客观准确的政策具有重要意义。

FDI通过规模效应(Scale Effect)、结构效应(Composition Effect)和技术效应

(Technique Effect)来影响污染排放(Grossman & Krueger,1992)。[①] 通常认为规模效应会加重环境的恶化,但当产业结构向低耗能、低污染行业转变,或生产产品构成向更清洁的产品转换或采用节能减排生产技术时,环境状况在投资自由化后会得到改善。另外,巴格瓦蒂(Bhagwati,1993)发现当人均收入达到一定水平以后,结构效应和技术效应的总和将超过规模效应,吸引外资在长期对环境质量的改善是有帮助的。[②] 总之,FDI 所产生的环境后果非常复杂,它与各国所处的经济发展水平、要素禀赋、政府的管制效率以及各国所采取的不同环境政策都有关系。

如何在新一波国际产业大转移和国内产业转移的过程中优化中国区域产业结构以提高能源效率,使各区域走"资源节约、环境友好"型的可持续发展道路,特别是资源丰富的西部区域是否成为"污染天堂"或存在"资源诅咒效应",是履行科学发展观的必然要求。另一方面,FDI 所带来的中国能源环境问题也日渐突出:工业部门作为中国国民经济的主要"耗能大户"(比重约为 70%左右),又是外商投资比较多的部门,当前 50%—60%的外资都集中在工业部门,而外商更倾向于投资能源密集型行业,工业部门的能源效率变动直接影响到中国总体能源效率的趋势,也影响到能源强度目标和碳强度目标的实现。为此,需正确评价工业部门高耗能行业的引资效果,控制低端高耗能行业的盲目引进外资,将引进外资的重点转到优化产业结构、技术进步和节能降耗上来。

21 世纪中国制定了走经济与环境协调的可持续发展道路,吸引外资仍然是推动中国经济增长的重要动力,中共十八届五中全会提出,实现"十三五"时期发展目标,破解发展难题,必须牢固树立并切实贯彻创新、协调、绿色、开放、共享的发展理念,这体现了国家转变绿色发展方式、倡导绿色经济的信心和决心。那么吸引外资的不断扩大是否会加剧中国工业部门的能源消耗?如何影响中国工业碳排放?两者之间又有什么联系?中国应该如何协调外资与能源消耗的关系?如何在保持经济高速增长的同时实现低能耗和可持续发展,无论在理论上

---

① Grossman, G. M. and Krueger, A. B., "Environmental Impacts of a North American Free Trade Agreement", *Social Science Electronic Publishing*, Vol.8, No. 2(1992).pp. 223-250.

② Bhagwati, J., "The Case for Free Trade", *Scientific American*, Vol. 269, No. 5(1993), pp. 18-23.

还是在实践上都是重要的研究课题。因此，准确把握 FDI 对中国工业能源环境影响的大小、传导渠道和差距，为制定以提高能效、改善环境为核心的国家政策、区域政策和产业政策提供科学依据，就需要用科学的研究方法在理论上进行计量、分解和分析，并以此为基础提供政策建议。

二、现有研究的主要观点

国内外对于 FDI 能源环境效应的研究文献比较丰富，大体上可以分为四个方面，即环境库兹涅茨曲线假说、污染天堂假说、FDI 的能源环境效应和能源效率的影响因素等。

（一）环境库兹涅茨曲线假说

国内外学者对 FDI 能源环境效应的分析最早可以追溯到经济增长与污染排放之间的简单关系，大部分文献都主要从验证环境库兹涅茨曲线（EKC）是否存在和探索新的曲线特征两方面入手进行研究。格罗斯曼和克鲁格（Grossman & Krueger，1992）第一次对人均收入和环境质量之间的关系进行了实证研究，指出经济增长和环境污染之间呈倒 U 型的关系，即环境质量随着经济增长的积累呈先恶化后改善的趋势。① 20 世纪 90 年代以来，国外涌现了一大批研究环境库兹涅茨曲线的学者，并出现了大量的研究成果（Grossman & Krueger，1995；Schmalensee 等，1998；Frankel & Rose，2002）。② 国内学者也从不同层面和角度研究经济增长与污染排放之间的关系，林伯强和蒋竺均（2009）基于国家层面的宏观时间序列数据验证中国二氧化碳库兹涅茨曲线。③ 蔡昉、都阳和王美艳

---

① Grossman，G.M.and Krueger，A.B.，"Environmental Impacts of a North American Free Trade Agreement".

② Grossman，G. M. and Krueger，A.，"Economic Growth and Environment"，*Quarterly Journal of Economics*，Vol. 110，No. 2（1995），pp. 357-378；Schmalensee，R.，Stoker，T. M.，Judson，R. A.，"World Carbon Dioxide Emission：1950-2050"，*The Review of Economics and Statistics*，Vol. 80，No. 1（1998），pp. 85-101；Frankel，J.A.，A.K.Rose，"Is Trade Good or Bad for the Environment？ Sorting Out the Causality"，*The Review of Economics and Statistics*，Vol. 87，No. 1，（2005），pp. 85-91.

③ 林伯强、蒋竺均：《中国二氧化碳的环境库兹涅茨曲线预测及影响因素分析》，《管理世界》2009 年第 4 期。

(2008)考虑到缺乏二氧化碳排放的分省份资料,仅仅分析 SO_2的排放及其变化模式。[①] 李小平和卢现祥(2010)基于分行业面板数据,证明 CO_2排放量与行业人均收入存在倒 U 型关系。[②] 黄莹等(2009)利用空间计量分析方法实证分析中国的 EKC,发现在纳入空间效应的条件下,大部分环境指标符合 EKC 关系。[③] 库恩杜和丁达(Coondoo & Dinda,2002)运用 Granger 因果检验方法,发现污染排放和人均 GDP 之间可能存在着双向因果关系。[④] 总之,由于不同学者研究的方法,使用的模型、研究样本区间和研究视角的不同,对经济增长与污染排放之间关系的研究结论不尽相同。

但是,这些研究方法只是为 FDI 带来的经济增长和污染排放两个变量之间建立了一个通用关系,并没有为理解 FDI 的能源环境效应分析提供思路。为了更清晰地理解 FDI 的能源环境效应,后期学者则将污染产业转移作为分析的切入点,一般被称为"污染天堂假说"。

(二)污染天堂假说

"污染天堂假说"(Pollution Haven Hypothesis,PHH)是 FDI 或贸易与环境规制之间关系讨论和争议的一个焦点。"污染天堂假说"的理论基础是严格环境规制在一定程度上削弱了企业或产业的竞争力,其理由在于严格的环境规制提高企业的成本、降低资本的收益、阻碍企业的技术创新。这种悲观看法,引出了各国环境规制的差异对国际投资影响的话题。鲍默尔和奥茨(Baumol & Oates,1988)从理论上进行了系统地论述,认为如果发展中国家自愿地实施较低环境规制,那么将会变成污染产业的集中地。[⑤] 该理论认为,如果考虑环境资源作为一种生产要素,那么,环境规制强度低的国家,环境要素较为富裕;而环境规制强

① 蔡昉、都阳、王美艳:《经济发展方式转变与节能减排内在动力》,《经济研究》2008 年第 6 期。

② 李小平、卢现祥:《国际贸易、污染产业转移与中国工业 CO_2排放》,《经济研究》2010 年第 1 期。

③ 黄莹、王良健、李桂峰:《基于空间面板模型的我国环境库兹涅茨曲线的实证分析》,《南方经济》2009 第 10 期。

④ Coondoo, D., & Dinda, S., "Causality between income and emission: a country group-specific econometric analysis", *Ecological Economics*, Vol. 40, No. 3(2002), pp. 351-367.

⑤ Baumol, William J., et al., *The Theory of Environmental Policy*, Cambridge University Press, 1988, pp. 127-128.

度高的国家，环境要素则相应匮乏。这样，环境规制强度低的国家将会充分利用本国较为充裕的环境要素发展高耗能、高污染产业；由于发达国家制定的环境规制普遍高于发展中国家，那么高耗能、高污染产业必然会向发展中国家转移，这个现象也称为“污染产业转移”，这便是发展中国家可能成为“污染天堂”的理论根源，也是对外商在中国倾向于投资于能源污染密集产业的理论解释。对于“污染天堂假说”的检验主要有以下三种方法：第一种方法是通过建立 FDI 区位选择模型或贸易流向来检验环境规制强度变量在 FDI 区位选择或贸易流向中的作用或贡献（Tobey，1990；Cole & Elliott，2003a；Busse，2004；Copeland & Taylor，2004；List 等，2004；Dean 等，2009；耿强等，2010）；①第二种方法是进行个案研究，即对某些企业的区位投资选择或某些污染产业的区位转移行为进行具体个案分析（赵细康，2003）；②第三种方法是构建一国污染产业转移指数，比较典型的方法是采用净出口消费指数（NETXC）来衡量一国污染产业对其他国家或地区的净出口相对于该产业在其国内消费的变动，某污染产业的净出口相对于其国内消费的比重逐年增加就可以判断该污染产业向本国转移了（Mongelli 等，2006；李小平和卢现祥，2010）。③ 事实上，对于污染产业在国际间的广泛转移，理论界给出了许多相关的理论解释，比如产品生命周期理论（Product Life Cycle，PLC）、梯度转移理论等等。尽管这些理论从不同的角度进行解释，但是有一个共性可以肯定，绝大部分企业、产业转移的根本原因在于追求最大化利润，污染

---

① Tobey，J. A.，“The Effects of Domestic Environmental Policies and Patterns of World Trade：An Empirical Test”，*Kyklos*，Vol. 43，No. 2（1990），pp. 91－209；Cole，M. A. and Elliott，R. J. R.，“Do Environmental Regulations Influence Trade Patterns？Testing Old and New Trade Theories”，*The World Economy*，Vol. 26，No. 8（2003a），pp. 1163－1186；Busse，M.，“Trade，Environmental Regulations and the WTO—New Empirical Evidence”，*Journal of World Trade*，Vol. 38，No. 2（2004），pp. 285－306；Copeland，Brian R. & Taylor，M. Scott，“Trade，Growth，and the Environment”，*Journal of Economic Literature*，Vol. 42，No. 1（2004），pp. 7－71；List，J.，McHone，W. and Millimet，D.，“Effects of Environmental Regulation on Foreign and Domestic Plant Births：Is There a Home Field Advantage？”*Journal of Urban Economics*，Vol. 56，No. 2（2004），pp. 303－326；Dean，J.，Mary，E. and Hua Wang，“Are Foreign Investors Attracted to Weak Environmental Regulations？Evaluating the Evidence from China”，*Journal of Development Economics*，Vol. 90，No. 1（2009），pp. 1－13；耿强、孙成浩、傅坦：《环境管制程度对 FDI 区位选择影响的实证分析》，《南方经济》2010 年第 6 期。

② 赵细康：《环境保护与产业国际竞争力》，中国社会科学出版社 2003 年版，第 111 页。

③ Mongelli，I.，Tassielli，G. and Notarnicola，B.，“Global Warming Agreements，International Trade and Energy-Carbon Embodiments：An Input-output Approach to the Italian Case”，*Energy Policy*，Vol. 34，No. 1（2006），pp. 88－100；李小平、卢现祥：《国际贸易、污染产业转移与中国工业 CO_2 排放》，《经济研究》2010 年第 1 期。

密集产业也是如此。然而环境规制对国际投资或贸易的影响极为复杂,实证研究得出的结论并不一致,原因可能在于:环境规制的内生性问题(Ederington & Minier,2005);[①]环境规制成本只是总成本中很小的一部分,更重要的是发展中国家劳动力价格优势,新兴的市场规模、管制的透明度、发达国家跨国企业在技术和管理方面具有一定优势,因此环境规制成本差异并不足以影响国际投资或贸易流向(Jaffe 等,1995)以及"要素禀赋假说"(Factor Endowment Hypothesis)与"污染天堂假说"相冲突[②](Antweiler 等,2001;Elliott & Shimamoto,2008)。[③]

(三)FDI 的能源环境效应

1. FDI 对能源环境的积极作用

经济开放(FDI 或对外贸易)与能源环境并不冲突,经济开放并不是能源环境问题产生的根源,采取限制措施解决能源环境问题只会造成进一步的扭曲。FDI 或对外贸易对能源环境的积极作用主要通过清洁生产技术的转移和外资企业带来的先进生产技术、设备和能源环境管理经验,以及当地政府对能源环境问题重视程度的提高而得到改观,该过程被称为"污染光环"(Pollution Halo),被认为是"一冲到天"(Race to the Top)或"加利福尼亚效应"(California Effect)。

外资企业比内资企业更好地遵守东道国的环境标准,外资企业会采取环境友好型的生产和治污技术,它们比内资企业更重视环境保护(Letehumanan &

---

① Ederington & Minier(2005)认为环境规制的内生性问题可以影响实证结果,即如果设定环境规制变量为内生变量,那么环境规制差异能够显著地改变贸易流向。参见 Ederington, J.& Minier, J.,"Is Environmental Policy a Secondary Trade Barrier? An Empirical Analysis", *Canadian Journal of Economics*, Vol. 36, No. 1(2003), pp. 137-154。

② 根据要素禀赋假说,发达国家将出口资本密集型(污染密集型)产品,比发展中国家(出口劳动密集型产品)产生更多污染;而根据污染天堂假说,发达国家(较高的环境规制)将污染产业转移到发展中国家,这两种假说的相反作用可能是实证结果错综复杂的原因。

③ Jaffe, A.B., Peterson, S.R., Portney, P.R., Stavins, R.N.,"Environmental Regulation and the Competitiveness of US Manufacturing: What Does the Evidence Tell US?" *Journal of Economic Literature*, Vol. 33, No. 1 (1995), pp. 132-163; Antweiler, Werner, Brian R.Copeland, and M.Scott Taylor,"Is Free Trade Good for the Environment?" *American Economic Review*, Vol. 91, No. 4(2001), pp. 877-908; Elliott, R.J.R., Shimamoto, K.,"Are ASEAN Countries Havens for Japanese Pollution-Intensive Industry?" *World Economy*, Vol. 31, No. 2 (2008), pp. 236-254.

Kodamat,2001;Eskeland & Harrison,2003)。[①] 外资流入不但为东道国带来了先进的节能环保理念、技术和管理经验,还可对节能减排起促进作用,这是因为外资流入使得先进的技术及管理经验在东道国通过技术外溢的形式散播,节能减排技术的溢出效应促进了节能减排技术扩散,被东道国消化吸收后可以改进生产方式,提高能源利用率和生产率(Hansen,2004;Catherine & John,2004)。[②] 另外,伯索尔(Birdsall,1993)、科尔、雷纳和贝茨(Cole、Rayner & Bates,1998)、斯特拉特和安德森(Strutt & Anderson,2000)进一步认为经济开放对环境污染产生正面影响。投资和贸易自由化促使各国参与国际专业化分工,提高生产效率,投入更多资源到污染治理,减少资源能源浪费,提高各国的可持续发展能力。[③] 同时,WTO 相关协议使经济全球化下的各个国家不能随意调整环境政策,放松环境规制水平,相反还可以促进各国改善环境质量。

梅尔尼克和戈德伯格(Mielnik & Goldemberg,2002)最早提出"FDI 降低东道国能源强度"假说,并以 20 个发展中国家的 FDI 和能源强度为研究样本进行分析,发现随着 FDI 的增加,能源强度显著降低,但他们没有进行稳健性检验。[④] 凯勒(Keller,2013)用案例阐明了外资企业进入发展中国家,更好地遵守企业本身的环境标准或遵守东道国的环境标准,并且使用比东道国内资企业更高效的

---

① Letchumanan R,Kodama F.,"Reconciling the Conflict between the 'Pollution-Haven' Hypothesis and an Emerging Trajectory of International Technology Transfer",*Research Policy*,Vol. 29,No. 1(2000),pp. 59-79;Eskeland,H.,"Moving to Greener Pastures? Multinationals and the Pollution Haven Hypothesis",*Journal of Development Economics*,Vol. 70,No. 1(2003),pp. 1-23.

② Hansen,M.W.,"Foreign Direct Investment and the Environment:A Transaction Cost Perspective",*Journal of Transnational Management Development*,Vol. 8,No. 4(2004),pp. 55-80;Catherine,Y.C.& J.A.List & L. D. Qui,"Intellectual Property Rights, Environmental Regulations, and Foreign Direct Investment",*Land Economics*,Vol. 80,No. 2(2004),pp. 153-173.

③ Birdsall,N.and D.Wheeler,"Trade Policy and Industrial Pollution in Latin America:Where are the Pollution Havens?"*Journal of Environment and Development*,Vol. 2,No. 1(1993),pp. 137-149;Cole M.A.& A.J. Rayner & J.M.Bates,"Trade Liberalisation and the Environment:The Case of the Uruguay Round",*The World Economy*,Vol. 21,No. 3(1998),pp. 337-347;Strutt Anna & Kym Anderson,"Will Trade Liberalization Harm the Environment? The Case of Indonesia to 2020",*Environmental & Resource Economics*,Vol. 17,No. 3(2000),pp. 203-232.

④ Mielnik,O.and J.Goldemberg,"Foreign Direct Investment and Decoupling between Energy and Gross Domestic Product in Developing Countries",*Energy Policy*, Vol. 30,No. 2(2002),pp. 87-89.

节能技术,外资企业在发展中国家投资可以降低东道国能源强度。[①] 许多经验研究也表明,外资企业进入东道国带来积极的技术扩散,内资企业通过与外资企业之间的关联渠道获得先进的技术溢出。于布莱和凯勒(Hubler & Keller,2010)进一步改进了梅尔尼克和戈德伯格(Mielnik & Goldemberg,2002)的计量模型,同样利用国家层面的面板数据不过没有证明 FDI 可以显著降低能源强度。[②]

随着中国对外开放程度不断扩大,一些学者开始关注经济开放下的中国能源环境问题,主要是采用时间序列分析(宋德勇和易艳春,2011)或建立单方程的面板数据模型(滕玉华,2010;陈媛媛等,2011),[③]实证发现 FDI 或对外贸易可以提高能源效率,改善环境质量,并且大多数文献把 FDI 的这种正面影响归结为 FDI 的技术溢出效应,但并没有深入研究。另外,张贤、周勇(2007)利用空间自相关和空间回归模型,发现 FDI 具有显著的空间溢出效应,对本地区和周边地区能源强度的降低具有明显的作用。[④] 王海宁(2011)运用数据包络分析(DEA)和分位数估计方法,发现外资进入会通过直接渠道和间接渠道总体增加行业环境技术效率。[⑤]

2. FDI 对能源环境的消极作用

FDI 对能源环境起消极作用的考虑主要是基于 FDI 对低成本高收益的追逐。低成本地区对其具有吸引力,而环境规制强度较弱的国家和地区,污染成本也较低。此外,资本流动要求更高的回报率,计划周期更短,这可能导致外资企业没有考虑长期环境综合效益的生产项目。

---

① Keller, W., "International Technology Diffusion", *Eastern European Economics*, Vol. 42, No. 2(2013), pp. 752-782.

② Hübler, Michael & Keller, Andreas, "Energy Savings via FDI? Empirical Evidence from Developing Countries", *Environment and Development Economics*, Vol. 15, No. 1(2010), pp. 59-80.

③ 宋德勇、易艳春:《外商直接投资与中国碳排放》,《中国人口 · 资源与环境》2011 年第 1 期;滕玉华:《国际 R&D 溢出与工业能源效率——基于进口贸易的实证分析》,《国际贸易问题》2010 年第 5 期;陈媛媛、王海宁:《出口贸易、后向关联与全要素生产率》,《财贸研究》2011 年第 2 期。

④ 张贤、周勇:《外商直接投资对我国能源强度的空间效应分析》,《数量经济技术经济研究》2007 年第 1 期。

⑤ 王海宁:《FDI、出口密集度与环境技术效率——基于产业数据的分位数回归方法分析》,《财贸研究》2011 年第 4 期。

科普兰德和泰勒(Copeland & Taylor,1997)指出,作为全球投资贸易自由化的结果,各国会降低各自的环境规制水平以维持或增强竞争力优势,出现所谓"向底线赛跑"(Race to the Bottom)或"特拉华效应"(Delaware Effect),甚至会出现消极对待或阻挠环境立法等漠视环境规制的现象,或者也被称为"规制寒战"(Regulatory Chill),即基于成本考虑或为避免竞争力优势流失而不再提高环境规制水平,这样做的结果导致生产企业减少节能减排研发活动的投入,激励在一些国家和行业使用更便宜(可能更损害环境)的技术,从而导致环境的恶化。① 为验证"向底线赛跑"的论断,沃格尔(Vogel,2001)实证分析了贸易开放度(即进出口贸易总额/GDP)对环境政策绩效(环境规制)的影响。② 惠勒(Wheeler,2001)选取了美国和发展中国家中三个最大的外资接受国(中国、巴西和墨西哥)的空气质量的变动趋势为研究样本进行分析。结果表明,在经济全球化的浪潮中,上述四个国家的主要大城市的空气质量都呈下降趋势。③ 科尔等(Cole等,2006)通过建立一个不完全竞争市场下的政治经济模型,利用33个国家的面板数据,研究发现:FDI的确能够影响当地环境政策,当地政府贪污的概率越大,则政府越倾向于制定较弱的环境规制水平。④ 铂金斯和诺伊迈尔(Perkins & Neumayer,2009)研究了投资贸易自由化是否有利于CO_2和SO_2减排的问题,研究结果表明,FDI和出口对本国环保效率的提高不明显,而从拥有更严格环境规制的国家进口商品可以提高其国内的环保效率。⑤

在关于FDI对中国环境问题上,国内学者如陈凌佳(2008)认为FDI的增加

---

① Copeland, Brian R. & Taylor, M. Scott, "The Trade-induced Degradation Hypothesis", *Resource and Energy Economics*, Vol. 19, No. 4(1997), pp. 321-344.

② Vogel, David, *Trading Up: Consumer and Environmental Regulation in a Global Economy*, Cambridge, MA: Harvard University Press, 1995, pp. 111-122.

③ Wheeler, D., "Racing to the Bottom? Foreign Investment and Air Pollution in Developing Countries", *Journal of Environment and Development*, Vol. 10, No. 3(2001), pp. 225-245.

④ Cole, M.A., Elliott, R.J. & P.G. Fredriksson, "Endogenous Pollution Havens: Does FDI Influence Environmental Regulations?" *Scandinavian Journal of Economics*, Vol. 108, No. 1(2006), pp. 157-178.

⑤ Perkins Richard & Neumayer Eric, "Fostering Environment Efficiency through Transnational Linkages? Trajectories of CO2 and SO2, 1980-2000", *Environment and Planning A*, Vol. 40, No. 12(2008), pp. 2970-2989.

对中国环境污染确实产生了负面的影响。[①] 朱平芳等(2011)通过联合检验地方环境决策竞争效应与环境规制强度对FDI作用方向来判别向底线赛跑现象的存在,结果表明环境规制对FDI的作用方向与FDI本身的水平高低密切相关,向底线赛跑效应在FDI水平最高的城市明显弱化,而这一效应在FDI中高水平的城市最为显著。[②] 李锴和齐绍洲(2011)以二氧化碳排放为例,通过不同的模型设定和工具变量策略实证发现向底线赛跑效应大于贸易的环境收益效应。[③]

3. FDI对能源环境的综合评价

有关FDI对能源环境的影响,积极论和消极论都没有得到有力的证明。很多文献在研究FDI对一国或几个国家或地区环境的影响时,明显受到EKC研究的影响,使用的计量模型和经典的EKC模型相类似,在考虑人均GDP以及人均GDP平方项的基础上,多加上了FDI变量以观察FDI对环境的变化。后来一些文献也从简单的经典EKC模型中含有的人均收入、贸易开放、地理位置等加上了政府腐败程度和政府外资政策等因素。此外,还有别的方法进行研究,如时间序列分析、投入产出分析(I-O)、空间计量分析、可计算一般均衡(CGE)模型、引力模型等。

其中,投入产出方法是一种常用的经验分析模型。张友国(2009)等利用投入产出模型定量测算贸易的能源环境代价,结果表明贸易对能源消耗和污染排放的影响已不容忽视。[④] 陈迎等(2008)分析贸易含能量(Energy Embodied in Trade)和贸易含碳量(Carbon Embodied in Trade)问题,指出,贸易是中国CO_2排放增加的重要原因。[⑤] 但是国际贸易不仅在商品中直接隐含CO_2,也通过规模效应、结构效应和技术效应影响到一国的CO_2排放,因此,仅仅测算国际贸易隐含的CO_2还不能判断国际贸易对CO_2排放的真实影响,同时,投入产出分析存在

① 陈凌佳:《FDI环境效应的新检验》,《世界经济研究》2008年第9期。

② 朱平芳、张征宇、姜国麟:《FDI与环境规制:基于地方分权视角的实证研究》,《经济研究》2011年第6期。

③ 李锴、齐绍洲:《贸易开放、经济增长与中国二氧化碳排放》,《经济研究》2011年第11期。

④ 张友国:《中国贸易增长的能源环境代价》,《数量经济技术经济研究》2009年第1期。

⑤ 陈迎、潘家华、谢来辉:《中国外贸进出口商品中的内涵能源及其政策含义》,《经济研究》2008年第7期。

数据缺失和数据来源不确定性等问题。

大部分研究者认为,FDI 或对外贸易与能源环境之间关系复杂,FDI 对能源环境影响既有正面效应也有负面效应,FDI 对能源环境的影响应该辩证地从这两个方面来分析,综合后的影响可能为正也可能为负(Hübler & Keller,2010)。[①] 理论上,贸易对污染排放的影响分解为规模效应、结构效应和技术效应三部分,并进一步得到理论和实践的支持(Cole & Elliott,2003b;于峰和齐建国,2007)。[②] 由于 FDI 和贸易的相似性,贸易对环境的三种影响路径经济规模、产业结构和技术水平,对 FDI 的能源环境效应分析也同样适用(杨博琼和陈建国,2011)。[③]

经济和能源环境是一个相互作用的大系统,现有的研究往往将其中之一作为解释变量,而将另一个作为被解释变量,建立单方程计量回归模型进行独立研究,没能将研究问题统一在一个框架中进行系统研究,参数估计难免有偏和不一致。包群等(2010)将外资的环境效应分解为规模效应与收入效应,并假设环境质量满足正常商品的情形下,FDI 对东道国环境质量的影响具有倒 U 型曲线关系。[④] He Jie(2006)和 Bao 等(2011)以规模效应、结构效应和技术效应为基础,使用多方程进行联立方程组估计,把 FDI 对经济的影响考虑得较为全面,进而考虑其对污染排放的影响,这样考虑诸多因素计算出来的 FDI 对于污染排放的影响效应应该是较为准确的。[⑤] 其中,前者研究发现 FDI 每升高 1%,工业 SO_2 排放量增加 0.099%,对于污染排放有轻微的影响。FDI 对于经济规模增长和产业结

① Hübler, Michael & Keller, Andreas, "Energy Savings via FDI? Empirical Evidence from Developing Countries", *Environment and Development Economics*, Vol. 50, No. 1(2010), pp. 59-80.

② Cole, M.A.and Elliott, R.J.R., "Determining the Trade-environment Composition Effect: the Role of Capital, Labor and Environmental Regulations", *Journal of Environmental Economics and Management*, Vol. 46, No. 3 (2003b), pp. 363-383;于峰、齐建国:《开放经济下环境污染的分解分析——基于 1990—2003 年间我国各省市的面板数据》,《统计研究》2007 年第 1 期。

③ 杨博琼、陈建国:《FDI 对东道国环境污染影响的实证研究——基于我国省际面板数据的分析》,《国际贸易问题》2011 年第 3 期。

④ 包群、陈媛媛、宋立刚:《外商投资与东道国环境污染:存在倒 U 型曲线关系吗?》,《世界经济》2010 年第 1 期。

⑤ He, Jie, "Pollution Haven Hypothesis and Environmental Impacts of Foreign Direct Investment: The Case of Industrial Emission of Sulfur Dioxide (SO2) in Chinese Provinces", *Ecological Economics*, Vol. 60, No. 1 (2006), pp. 228-245; Bao, Qun, Y.Chen, and L.Song, "Foreign Direct Investment and Environmental Pollution in China: a Simultaneous Equations Estimation", *Environment and Development Economics*, Vol. 16, No. 1(2011), pp. 71-92.

构向污染密集型转化都有正向作用，但是这两者对于污染排放都是负面影响，FDI 带来的经济规模和产业结构负面效应抵消掉了环境政策的积极作用。后者在模型中加入了 FDI 平方项，发现 FDI 也与污染排放呈倒"U"型曲线关系，但是，由于拐点的位置，对于中国发达省份而言进一步引进 FDI 将会降低污染，而对于欠发达省份而言引进 FDI 则会增加污染。

总之，FDI 或对外贸易所产生的能源环境后果非常复杂，大多数文献借助于 EKC 将外资总量或者外资依存度作为能源环境的一个影响因素来阐述 FDI 的能源环境效应。实际上 FDI 对能源环境的影响具有不同的途径，除了规模、结构和技术效应之外，还包括规则效应及产品效应等，单纯的从总量或比重上来考察不足以全面的说明 FDI 的能源环境影响，但也与各国所处阶段的经济发展水平，各国所采取的不同能源环境政策，要素禀赋，政府管制效率等都有关系。在实证检验中，还与所选取的研究样本以及不同的污染排放物有关。

（四）能源环境影响因素

1. 指数分解分析

关于能源强度（能源消费量）或能源消费产生的碳排放（碳强度）的影响因素，其主流的研究方法是用各种指数分解分析（Index Decomposion Analysis，IDA）对年度时间序列数据进行分析，一般使用扩展的 Kaya 恒等式[①]形式，将影响因素分解为规模、结构和技术三类。吴巧生、成金华（2006）利用拉氏指数法（Laspeyres Index）对中国能源强度进行了分解，发现能源强度下降的主要贡献来源于次行业能源强度的改进，而次行业结构变动引起的产业结构变动对于能源强度变动贡献不大。[②] Zhang（2003）利用改进的拉氏指数将中国工业部门 1990—1997 年的能源消费量分解为规模效应、实际的强度效应和结构效应，发

① Kaya 恒等式表示为：$CO_2 = POP * (GDP/POP) * (E/GDP) * (CO_2/E)$，其中 POP 是人口总量，E 是能源消费量，GDP/POP 是人均 GDP，E/GDP 是能源强度，CO_2/E 是能源消费的碳强度。

② 吴巧生、成金华：《中国工业化中的能源消耗强度变动及因素分析——基于分解模型的实证分析》，《财经研究》2006 年第 6 期。

现实际的强度效应是主导因素。[①] 相比而言，迪氏指数（Divisia Index）方法较为合理，利用迪氏指数法更有说服力。[②] Huang（1993）利用乘法代数平均迪氏指数法对中国产业数据进行了分析，得出相似的结论。[③] Ma & Stern（2008）和高振宇（2007）利用对数均值迪氏分解法（Logarithmic Mean Divisia Index Method，LMDI）也认为技术进步是中国能源强度变动的主要原因。[④] 关于碳排放的分解文献，王锋等（2010）都采用对数均值迪氏分解法对中国的 CO_2 排放进行了分解，结果表明经济增长带来碳排放的增加，而能源强度是减少 CO_2 排放的最重要的因素。[⑤] Fan 等（2007）采用适应性加权迪氏分解法（Adaptive Weighting Divisia，AWD）分解了 1980—2003 年中国碳强度的影响因素。[⑥] 总之，分解方法产生了三种具有代表性的结论：一是技术进步决定论，即认为技术进步是中国能源强度下降的决定性因素，这是大多数学者得出的共性结论（Liao 等，2007）。[⑦] 二是阶段贡献变化论，即认为在不同阶段，产业结构因素和技术进步因素对中国能源强度下降具有不同的作用（周勇、李廉水，2006；史丹，2002）。[⑧] 三是分解层次影响论，即认为过粗的分解层次（Decomposition Level）影响了分解结果（姚愉芳等，2007）。[⑨] 上述不同的分解方法其实质就是将能源消费量（或能源强度）的计算公式表示为几个因素指标的乘积，并根据确定权重的不同方法进行分解，以确定

① Zhang, Z.,"Why did the Energy Intensity Fall in China's Industrial Sector in the 1990s? The Relative Importance of Structural Change and Intensity Change", *Energy Economics*, Vol. 25, No. 6(2003), pp. 625-638.

② Ang(2007)通过对比不同指数分解法，发现拉氏指数法中的残差项不能被忽略，因为较大的残差项会影响结果，因此拉氏指数法存在着明显的缺陷。

③ Huang, J.P.,"Industry Energy Use and Structural Change: a Case Study of The People' Republic of China", *Energy Economics*, Vol. 15, No. 2(1993), pp. 131-136.

④ Ma, Chunbo & Stern, David, I.,"China's Changing Energy Intensity Trend: A Decomposition Analysis", Energy Economics, Vol. 30, No. 3(2008), pp. 1037-1053；高振宇、王益：《我国生产用能源消费变动的分解分析》，《统计研究》2007 年第 3 期。

⑤ 王锋等：《中国经济发展中碳排放增长的驱动因素研究》，《经济研究》2010 年第 2 期。

⑥ Fan Ying et al.,"Changes in Carbon Intensity in China: Empirical Findings from 1980-2003", *Ecological Economics*, Vol. 62, No. 3(2007), pp. 683-691.

⑦ Liao, H., Fan, Y. and Wei, Y.,"What Induced China's Energy Intensity to Fluctuate: 1997-2006?" *Energy Policy*, Vol. 35, No. 9(2007), pp. 4640-4649.

⑧ 李廉水、周勇：《技术进步能提高能源效率吗》，《管理世界》2006 年第 10 期；史丹：《我国经济增长过程中能源利用效率的改进》，《经济研究》2002 年第 9 期。

⑨ 姚愉芳、陈杰等：《结构变化的节能潜力计算的方法论研究》，《数量经济技术经济研究》2007 年第 4 期。

各个指标的贡献份额,从而有利于抓住主要因素。但目前绝大多数研究的分解思路相似,分析结论雷同,同时,指数分解方法可能存在数据来源不足造成因素不能完全分解的局限,很多因素也难以纳入分析,例如,经济增长与污染排放之间可能存在的非线性关系、外商直接投资或对外贸易的影响等。

相对于指数分解法,面板数据模型由于样本量大大增加,可以减弱多重共线性、能够识别和度量一些纯粹时间序列模型或纯粹横截面模型所不能识别的因素(如消费偏好、能源价格、环境政策等)、降低估计结果偏差等诸多优势,已被多数实证文献所采用。

2. 计量经济模型回归分析

目前,关于中国能源效率影响因素的研究,除了采用指数分解法研究中国能源强度变动的原因,还可以采用计量经济模型分析影响能源强度变化的因素。大多数学者,如费希尔 · 范登等(Fisher-Vanden 等,2004)等都得出了能源效率的相同影响因素,如产业结构、技术进步、能源价格等,以行业或企业层面的面板数据为研究样本,分析中国工业能源效率的影响因素,但没有重点关注经济开放变量(FDI 或对外贸易)对能源效率的影响。① 孔婷等(2008)把能源价格作为能源效率影响因素分析的核心变量,实证发现放松价格管制所引起的能源价格上升将有效提高能源效率。② 最近,有一些文献开始关注研发支出对能源强度的影响。刘畅等(2008)利用中国 29 个工业行业的面板数据实证发现增加科技经费支出有助于提高高能耗的行业能源效率。博塞蒂 · 瓦伦蒂娜等(Bosetti Valentina 等,2008)采用世界经济的动态区域模型发现国际研发溢出能够有效提高能源效率。③

近年来,随着经济全球化所带来的投资和贸易自由化,外资进入对东道国经济增长和能源环境都产生重要的影响。一些学者认为 FDI 是东道国内资企业获取技术的重要外部渠道。因为外资企业本身采取的先进能源技术及技术溢出会

① Fisher-Vanden K., Gary, H.Jefferson, Hongmei Liu, Quan Tao, "What is Driving China's Decline in Energy Intensity?" *Resource and Energy Economics*, Vol. 26, No. 4(2004), pp. 77-97.

② 孔婷等:《能源价格对制造业能源强度调节效应的实证研究》,《管理科学》2008 年第 3 期。

③ Bosetti, Valentina, et al., "International Energy R&D Spillovers and the Economics of Greenhouse Gas Atmospheric Stabilization", *Energy Economics*, Vol. 30, No. 6(2008), pp. 2912-2929.

改善环境质量、提高能源效率。海因茨和卡滕(Heinz & Carten,2005)运用联邦德国1976—1994年的数据发现贸易、非中性技术和要素替代对能源强度的波动贡献的比例是4∶30∶66。[①] 国内学者董利(2008)基于省际的面板数据研究经济开放条件下能源效率问题,发现外资进入程度对中国能源效率的影响不显著。而尹宗成等(2008)利用时序数据表明FDI对提高中国能源效率具有显著的正向作用,不过以人力资本和研发度量的吸收能力对外资技术溢出效应有明显抑制作用。[②] 李未无(2008)和滕玉华、陈小霞(2009)都以中国行业层面面板数据为研究样本,主要关注外资进入对行业能源效率的影响,但结论相反。前者支持增加外资规模可以提高行业能源效率,后者表明外资进入降低了工业能源效率。[③]

上述研究得出了一些很有价值的结论,为中国制定合理有效的工业节能政策提供了有益借鉴,但从中不难发现存在一定的不足之处。首先,研发经费支出作为企业获取技术的方式,能够推动企业实现技术进步,进而提高能源效率。但并没有考虑企业科技活动不同类型经费支出对能源效率的影响,一些文献只是把R&D支出作为研发变量,没能考虑到不同类型的研发支出(如国内自主研发、国外技术引进和国内技术购买)对能源效率的效果存在着影响差异。其次,外资和研发支出不仅影响当期的能源强度,而且对以后若干时期的能源强度也会产生重要影响。因此,在分析外资和研发支出对能源强度影响时,采用外资存量和研发支出存量应该要比采用流量指标好。

三、研究思路、研究内容和研究方法

(一)研究思路

本书拟为制定在经济开放条件下以提高能效、改善环境为核心的国家政策、

① Heinz Welsch, and Ochsen, C., "The Determinants of Aggregate Energy Use in West Germany: Factor Substitution, Technological Change, and Trade", *Energy Economics*, Vol. 27, No. 1(2005), pp. 93-111.

② 董利:《我国能源效率变化趋势的影响因素分析》,《产业经济研究》2008年第1期。

③ 李未无:《对外开放与能源利用效率:基于35个工业行业的实证研究》,《国际贸易问题》2008年第6期;滕玉华:《自主研发、技术引进与中国工业能源强度——基于31个行业的实证分析》,《财经论丛》2009年第3期。

区域政策、产业政策提供科学依据，采用中国各地区工业数据，各工业行业数据，从单个影响、总体影响和传导渠道、域际差距和空间溢出五个方面实证检验 FDI 对中国工业能源环境的影响。本书研究思路中的各部分研究目标、研究内容和研究方法见图 0-1。

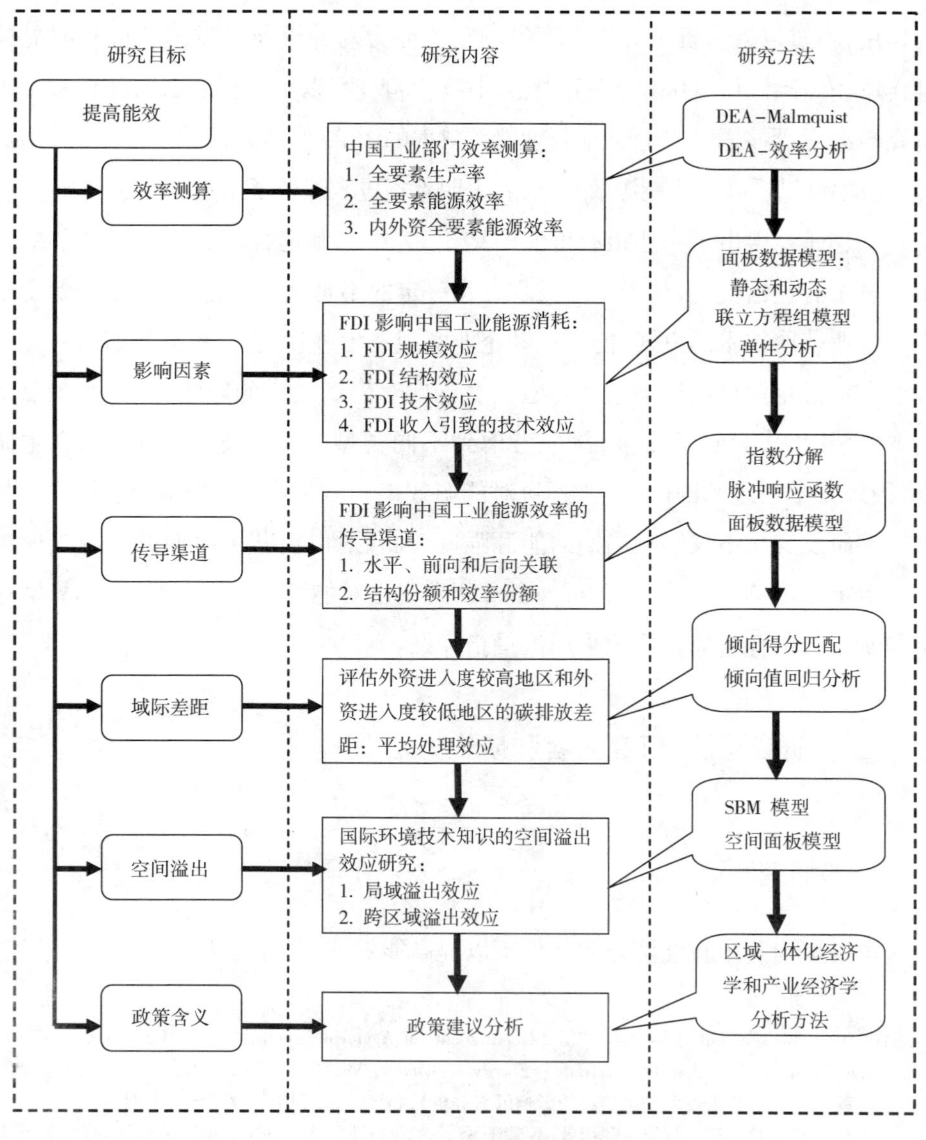

图 0-1　本书研究思路

（二）研究内容

本书拟从理论和实证两个方面研究FDI对中国工业能源环境的影响。理论上，在总结已有理论研究的基础上探讨FDI对中国工业能源环境的影响机制；实证上，采用中国各地区工业数据，各工业行业数据，从单个影响、总体影响、传导渠道、域际差距和空间溢出五个方面实证检验FDI对中国工业能源环境的影响。最后，从国家层面、区域层面和行业层面提出经济开放条件下提高能效、改善环境的政策建议。具体内容包括：

第一章主要定性分析中国利用FDI和能源消费状况。首先从FDI的不同时期、不同来源结构、不同区域分布结构、投资方式和投资结构五个方面入手分析中国利用FDI情况，接着从中国能源消费总体状况、消费结构、地区差异和产业结构这四个角度对中国目前的能源消费状况进行分析。

第二章采用非参数数据包络分析的DEA-Malmquist指数法，构建包含能源消耗的全要素生产率分析框架来考察中国工业部门增长情况，并将全要素生产率变动分解为技术进步和技术效率，对技术效率再进一步分解为纯技术效率和规模效率；接着采用全要素能源效率分析框架来探讨中国工业部门的全要素能源效率问题；同时，测算并比较中国内外资工业企业的全要素能源效率。

第三章考虑到技术效应在许多研究中被认为具有较重要的地位，技术效应的方向和大小对于总效应的形成和变化具有较为显著的影响。因此本章首先理论介绍了FDI的两种技术效应，即外资环境收益效应和外资向底线赛跑效应，接着通过建立理论模型和计量模型，利用中国1999—2010年地区工业面板数据，采用静态和动态面板模型主要研究FDI技术效应对中国工业能源消耗的影响。

第四章首先分析了FDI影响中国工业能源消耗的理论机制，接着利用中国1999—2008年各省、市、自治区（以下简称“省份”）工业面板数据，通过建立包含能源强度（或能源消费量）分解方程、FDI规模效应方程、FDI结构效应方程、FDI技术效应方程、FDI收入引致的技术效应方程和FDI区位选择方程的联立方程组，采用三阶段最小二乘法（3SLS）实证估计FDI-中国工业能源强度（能源消费量）联立方程组，并用弹性分析法计算FDI路径下不同影响效应的大小和方向，以期得出外资进入度提高1%对中国工业能源消耗影响总效应的研究结果。

第五章考虑到FDI对能源消耗的影响主要基于工业部门的生产活动，且不同类型的行业在能源消耗模式、外资进入程度等方面均有较大差异，故从行业角度进行研究十分必要。有鉴于此，本章首先界定了FDI影响中国工业能源消耗的三种传导渠道——水平关联、后向关联和前向关联，接着利用中国工业36个行业1999—2008年的面板数据，研究FDI影响中国工业能源强度的传导渠道，并在此基础上利用时间序列数据的脉冲响应函数分析FDI影响中国工业能源强度的结构份额和效率份额。

第六章利用中国1999—2014年30个省份工业样本数据，从另外一个视角去评估外资进入对工业碳排放的影响，将总体样本分为两组：外资进入度较高地区和外资进入度较低地区样本，基于“准实验”的研究设计，建立倾向得分匹配模型（PSM），就外资进入对工业碳排放所产生影响进行评价。PSM方法能够有效地均衡组间特征变量或协变量（Covariate）的分布，在组间协变量均衡的基础上进一步评价外资进入的平均处理效应，可以有效减少由于自选择等可观测的异质性导致的选择偏误误差，从而得到接近随机对照研究的结果。

第七章将污染排放的减少纳入技术进步的考量范畴，研究对外开放在一定的环境规制下，影响中国环境技术进步的机制。特别地，考虑到区域之间的溢出效应和集聚效应，本章区分了对外开放的三个方面（货物贸易、服务贸易和FDI）所体现出不同的空间溢出影响。在此基础上，采用中国30个省份1999—2013年的面板数据，对货物贸易、服务贸易和FDI外溢知识存量对中国环境技术进步的贡献进行了实证分析，并估计出局域溢出效应、跨区域溢出效应以及总效应，这样不仅可以体现不同外部渠道的溢出程度差异，而且可以为进一步制定提高中国环境技术创新能力的相关政策提供理论依据。

第八章为政策建议及未来展望。本章首先简要归纳了全书的基本结论，接下来，在深入研究FDI对中国工业能源环境的影响的基础上，从国家层面、区域层面和行业层面提出经济开放条件下提高能效、改善环境的政策建议，如利用FDI的技术溢出效应、优化产业结构、鼓励技术创新和加大环境规制力度等；在此基础上指出了今后进一步研究的方向。

（三）研究方法

本书不仅要分析 FDI 技术效应是否能够提高中国工业能源消耗，而且要分析 FDI 影响中国工业能源消耗的总效应及比较 FDI 诱致的各种效应大小，同时也要分析 FDI 影响中国工业能源消耗的传导渠道。在此基础上，评估外资进入度较高地区和外资进入度较低地区的碳排放差距，并研究国际环境技术知识的空间溢出效应。为此，本书将从国家层面、区域层面和行业层面展开研究，采用多种方法研究 FDI 对中国工业能源环境的影响。所采用的研究方法主要有：

1. 理论分析与实证分析相结合

本书的研究中，理论分析与实证分析相结合，定性分析与定量分析相结合，利用理论分析 FDI 的技术效应理论（包括外资环境收益效应和外资向底线赛跑效应），理论分析了 FDI 影响中国工业能源消耗的规模效应、结构效应、技术效应和收入引致的技术效应，同时对 FDI 影响中国工业能源强度的传导渠道（水平关联、后向关联和前向关联）进行了理论介绍；利用实证方法研究了 FDI 技术效应影响中国工业能源消耗、FDI 影响中国工业能源消耗的总效应及弹性大小、FDI 影响中国工业能源强度的传导渠道作用方向。这些规范研究和经验研究方法的结合，可以有效地对问题展开分析和论述。

在本书的实证分析中，利用了大量的实证分析方法，构建了多个计量模型，包括静态和动态面板数据模型、联立方程组模型、弹性分析、单位根检验、脉冲响应函数、倾向得分匹配分析和空间计量模型等，结合 FDI 影响中国工业能源环境的相关理论模型，进行实证分析，得到了有现实意义的结论。

2. 参数分析与非参数分析相结合

计量回归分析是一种参数分析方法，在本书大部分的实证研究部分，包括 FDI 技术效应影响中国工业能源消耗、FDI 影响中国工业能源消耗的总效应、FDI 影响中国工业能源强度的传导渠道，使用的都是计量回归分析方法。在分析包含能源投入的中国工业全要素生产率、中国工业全要素能源效率以及中国工业环境技术进步指数时都采用了非参数分析方法，即采用非参数数据包络分析来测算中国工业全要素生产率增长及其分解、中国工业全要素能源效率和内外资工业企业全要素能源效率,以及基于 SBM 模型的全局 Malmquist Luenberger 生产率来度量中国的环境技术进步,通过比较测算的结果得到有意义的结论。

四、创新和不足

(一)主要创新

直到目前为止,国内外经济学界深入研究 FDI 影响中国工业能源环境的文献很少,本书试图从单个影响、总体影响、传导渠道、域际差距和空间溢出五个方面展开研究。本书可能的创新之处主要有以下三点:

1. 对中国内外资工业企业全要素能源效率进行测算

本书采用了非参数数据包络分析的 DEA-Malmquist 指数法,构建考虑能源消耗的全要素生产率分析框架来考察中国工业部门增长情况,同时采用全要素能源效率分析框架探讨中国工业部门的全要素能源效率问题,并进一步测算中国内外资工业企业的全要素能源效率。

2. 对 FDI 影响中国工业能源消耗的总效应展开研究

本书通过建立 FDI 影响中国工业能源消耗的理论分析模型和计量分析模型,首先重点关注 FDI 技术效应(包括外资环境收益效应和外资向底线赛跑效应)是否能够提高中国工业能源消耗,接着厘清 FDI 诱致的规模效应、结构效应、技术效应和收入引致的技术效应之间的关系,建立 FDI 影响中国工业能源消耗总效应的联立方程组(包括能源消费量或能源强度分解方程、FDI 规模效应方程、FDI 结构效应方程、FDI 技术效应方程、FDI 收入引致的技术效应方程、FDI 区位选择方程),采用 2SLS、GMM 和 3SLS 方法实证估计 FDI 中国工业能源强度(能源消费量)联立方程组,并用弹性分析法计算出 FDI 路径下的不同影响效应的弹性大小和方向,以期得出外资进入度增加 1%对中国工业能源消耗总效应的研究结果。

3. 对 FDI 影响中国工业能源强度的传导渠道展开研究

本书首先界定 FDI 影响中国工业能源强度的三种传导渠道:水平关联、后向关联和前向关联，并结合中国的投入产出表构建中国工业行业的外资后向关联和前向关联指标，在此基础上利用中国工业36个行业1999—2008年的面板数据实证研究FDI影响中国工业能源强度的传导渠道，以期得到不同传导渠道的影响效果。

4. 评估外资进入度较高地区和外资进入度较低地区的碳排放差距

本书首先就要考虑外资进入的自选择问题(self-selection)。外资进入某一省份是多方面因素造成的结果，不能简单地将外资进入度较高地区和外资进入度较低地区进行比较。本书将总体样本分为两组：外资进入度较高地区和外资进入度较低地区样本，基于"准实验"的研究设计，建立倾向得分匹配模型，就外资进入对工业碳排放所产生影响进行了评价。

5. 国际环境技术知识的空间溢出效应研究

中国环境技术进步的影响因素还没有得到理论和实证上的足够理解。本书运用构建的测算模型估计了基于货物贸易、FDI和服务贸易渠道从OECD成员国有效外溢到中国的环境技术知识存量，并建立1999—2013年中国30个省份的空间面板模型，实证分析并测度国际性环境技术知识的局域溢出效应和跨区域溢出效应。

(二)研究的不足

首先，尽管大多研究采用具体污染物排放量(如SO_2、CO_2、COD、工业废水、工业废气等)作为环境污染指标，但本研究采用的模型没有选用一个具体污染物排放量来衡量中国环境污染情况，而是以工业能源消费量作为环境污染理论分析模型的指标，因为能源消费量是大多数空气污染物的主要根源。已有研究表明，采用不同的污染数据对研究结果有一定影响，这种做法可能存在一定的片面性。另外，中国经济能源环境统计数据十分有限，这使得本书研究模型在有些变量的设计上显得有些粗略，如工业行业结构和工业外资存量，中国各统计年鉴没有各省份工业更细层面的总产值数据，只能选取25个工业行业来计算工业行业结构指标；中国各统计年鉴也缺乏各省份工业层面的FDI数据，无法用永续盘存法计算工业外资存量,只能用全部国有及规模以上非国有工业企业固定资产净值年平均余额来代替;中国科技统计年鉴也没有工业层面的技术数据,包括国内自主研发、国外技术引进和国内技术购买,只能把相关技术数据局限在大中型工业企业,尽管由于大中型工业企业研发占到总工业企业研发的绝大部分,这样做虽然不会对结果造成实质影响,但确实影响了实证结果的精确性。

在环境污染分解方程中对技术效应的定义中,许多文献以环境规制严厉程度作为技术效应的代理变量,而对于环境规制的衡量指标,已有文献主要从三个角度进行度量:一是从环境规制政策上考察环境治理努力的高低,例如国外文献采用的环境条约的参与率指标;二是从各省份对于环境规制政策的反应上进行度量,如排污费、排污税率、污染治理支出和创新支出等(Dean 等,2005);①三是从环境规制的结果上度量,即通过各种污染物排放量的绝对量变化或相对量变化来度量环境治理努力的高低变化。基于中国环境规制水平整体较低,环境规制指标由于具有较大的主观性而往往难以令人信服,一些衡量指标具有明显的缺陷,无法全面反映中国能源环境污染的综合变化,在分析问题时会导致结论的不稳健。因此需要找到环境规制合适的代理变量,既能结合本书的研究模型又能体现中国环境规制的实际情况,这也是本书的一个不足之处。

其次,许多学者均指出外商直接投资或对外贸易通过规模、结构和技术效应影响环境污染。也就是说,两者都可能会影响能源消费或环境污染。并且,对于中国而言,吸引外资与进出口贸易之间也存在相互影响的关系,所以单独采用 FDI 或贸易开放指标对能源环境影响进行计量分析,没能将 FDI 和贸易的能源环境影响分离出来,可能会导致结论的不稳健。同时,如果将 FDI 和贸易开放包含在一个计量模型里,FDI、对外贸易与能源消费三个变量之间可能存在联立性问题(还可能与其他变量存在内生性问题)。所以在实证研究中要厘清这三个变量之间的相互影响关系。

最后,现有 FDI 与中国能源强度关联关系的研究较少,而且均是从时间序列或面板数据角度考察两者的相互关系,极少涉及空间格局的思考。中国幅员辽

① Dean, J., Mary, E. and Hua Wang, "Are Foreign Investors Attracted to Weak Environmental Regulations? Evaluating the Evidence from China", *Journal of Development Economics*, Vol. 90, No. 1(2009), pp. 1-13.

阔,地区间的空间差异非常明显,传统上时间序列数据或面板数据的分析很难揭示区域空间方面上的差异,FDI 和能源强度可能存在空间上自相关,并在空间上相互影响。因此,尝试从空间维度检验 FDI 和中国工业能源强度之间的相互关系,论证 FDI 和中国工业能源强度的空间依赖特征,用空间计量经济学定量计量 FDI 对中国工业能源强度的空间效应十分重要,而本书缺乏此方面的研究。

第一章　中国利用 FDI 与能源消费的现状

自从中国实行改革开放政策以来，一直致力于吸引外资推动自身经济增长，并已经成为吸引外商投资最多的发展中国家。而且可以肯定，在未来一段时间内，外资仍将成为中国经济增长的主要推动动力之一。然而中国高速的经济增长是以大量能源消耗为代价的，其巨大的能源消费量及所产生的碳排放量不可避免地要承担着国内外越来越大的节能减排压力，现有的高耗能经济增长方式不可持续且直接影响国家 2020 碳强度承诺及国民经济和社会发展规划能源强度目标的实现。因此，本章试图对过去一段时间内中国利用外资和能源消费状况进行梳理以及简要的分析，以便对经济开放条件下的中国能源环境问题有个初步认识。

第一节　中国利用 FDI 的现状

过去三十多年以来，中国顺应全球化趋势，参与国际分工，出台了一系列的外资优惠政策，外资源源不断地流入中国，并对中国的社会、经济、文化以及能源环境产生深刻影响。本节从 FDI 的发展阶段、来源结构、区域分布、投资方式和投资结构五个方面入手简要分析中国吸引外资概况。

一、FDI 发展阶段

中国引进 FDI 的历史可分为三个阶段：1979—1986 年即改革开放初期，为 FDI 在中国的起步阶段。这一时期中国引进外资的立法处于完善之中，利用外资的金额比较少，实际使用外资金额累计 65.95 亿美元。[①] 外资企业主要集中在经济特区、沿海开放城市及沿海经济开发区，主要来源于中国的香港、澳门、台湾地区。1987—1998 年为引进 FDI 的第二阶段，这一阶段是中国利用外资的稳步发展阶段。图 1.1 显示了中国 FDI 流量变化趋势。数据显示，实际使用外资

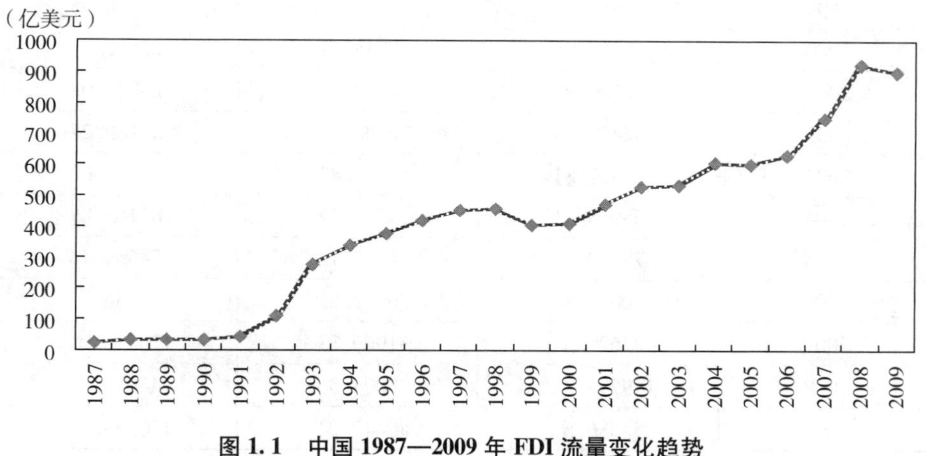

图 1.1　中国 1987—2009 年 FDI 流量变化趋势

资料来源：《中国统计年鉴》。

金额从 1987 年的 23.14 亿美元，上升到 1998 年的 454.63 亿美元。在这一时期，中国引进外资的法律法规日趋完善，利用外资更加多元化，美国、日本、英国、法国、德国等国家的外商向中国投资开始增多。1999 年至今是中国引进 FDI 的第三阶段，实际利用外资额大幅度增长。图 1.1 同样显示了这一阶段中国 FDI 流量的变化趋势，可以看出，中国 FDI 流量的绝对值一直在逐年增加，只是在 1998—1999 年和 2008—2009 年两次危机时期出现短暂下降，实际使用外资金

① 数据来源于《中国统计年鉴》，以下数据如果没有特别说明，均来源于《中国统计年鉴》。

额也上升到 2009 年的 900. 33 亿美元。其实,中国进入新千年后,已经成为世界上最大的引资国之一,而且凭借持续的经济增长活力、巨大的市场规模、稳定的政治环境等因素仍将继续成为最具吸引力的发展中国家。另外,中国吸引外资不仅整体上加快,在工业部门同样表现明显。表 1. 1 显示了中国“三资”工业企业(包括外商投资和港澳台商投资工业企业)1999—2009 年工业总产值、固定资产净值以及产品销售收入变化趋势。

表 1. 1　1999—2009 年中国“三资”工业企业主要指标变化趋势

单位:亿元

年份	工业总产值	固定资产净值	产品销售收入
1999	18954. 23	9255. 87	17966. 55
2000	23464. 55	9945. 82	22545. 74
2001	27220. 91	11282. 39	26022. 08
2002	32459. 28	12206. 52	31189. 27
2003	44357. 81	13884. 82	43607. 63
2004	65995. 21	19087. 37	65105. 85
2005	79860. 23	22189. 12	78564. 46
2006	100076. 5	26569. 87	98936. 12
2007	127629. 3	31909. 23	125498
2008	149794. 2	38004. 36	146613. 6
2009	152686. 6	40442. 24	150263. 1

资料来源:《中国统计年鉴》。

二、FDI 来源结构

不同投资国(地区)的 FDI 对东道国的影响差异较大,有必要从 FDI 来源结构方面进行分析。1979 年对外开放初期,进入中国内地投资的外商主要是港澳商人,1992 年以后,外资来源地迅速扩大。中国引进外资主要来源于中国香港、澳门、台湾地区(简称:港澳台)与美国、日本、欧洲国家(简称:美日欧)。图 1. 2 显示了 1997—2010 年美日欧及港澳台对中国大陆直接投资数量及比重的变化趋势。1997 年，在中国吸收的 FDI 中，港澳台 FDI 为 243.16 亿美元，占中国吸收 FDI 的比重达 53.73%，美日欧 FDI 为 120.05 亿美元，占中国吸收 FDI 的比重达 26.53%，这两大块 FDI 占中国吸收 FDI 的比重高达 80.25%。至 2010 年，港澳台 FDI 占中国 FDI 的比重上升为 60.24%，美日欧 FDI 占中国 FDI 的份额为 12.30%，这两大块 FDI 占中国的比重降至 72.54%。① 1997—2010 年期间，港澳台 FDI 占中国 FDI 的份额很大，美欧日 FDI 占中国 FDI 的份额相对较小；1997—2005 年期间，港澳台 FDI 占中国 FDI 的份额缓慢下降，美欧日 FDI 占中国 FDI 的份额比较稳定；而在 2005—2010 年期间，港澳台 FDI 占中国 FDI 的份额快速上升，美欧日 FDI 占中国 FDI 的份额则明显下降。总而言之，港澳台地区是中国大陆引资的最主要来源，美欧日 FDI 相对规模并不大。

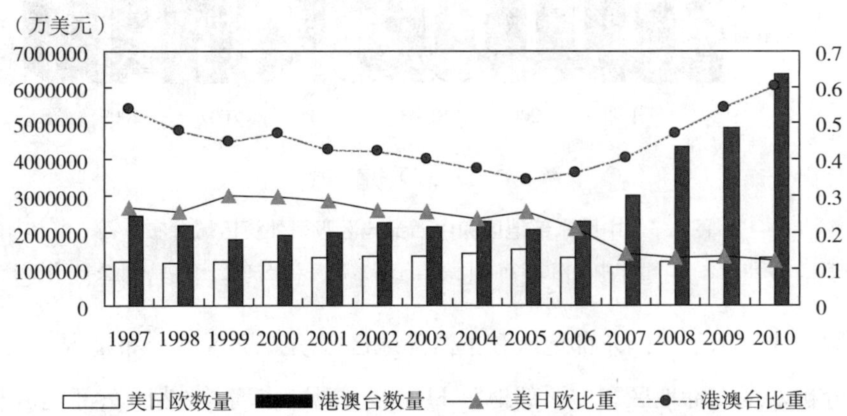

图 1.2　1997—2010 年美日欧及港澳台对中国大陆直接投资数量及比重

资料来源：中经网，作者计算。

三、FDI 区域分布

FDI 在中国的投资布局不仅具有显著聚集的特点，而且对不同区域的发展

① 香港 1997 年的 FDI 为 206.32 亿美元，占当年中国港澳台 FDI 的比重高达 84.85%，并上升到 2010 年的 95.08%，而美国、日本和欧洲投资占美日欧总体 FDI 的份额相差不大。

影响也有较大差异。[①] 中国对外开放政策是由沿海地区向内陆地区逐步推进的。经济地理区位的天然差别再加上梯度推进的对外开放政策，同时，沿海地区如长三角、珠三角和环渤海地区由于经济基础雄厚，基础设施状况和产业配套能力较强，有利于产业聚集的形成，使得FDI多集中于东部沿海地区。

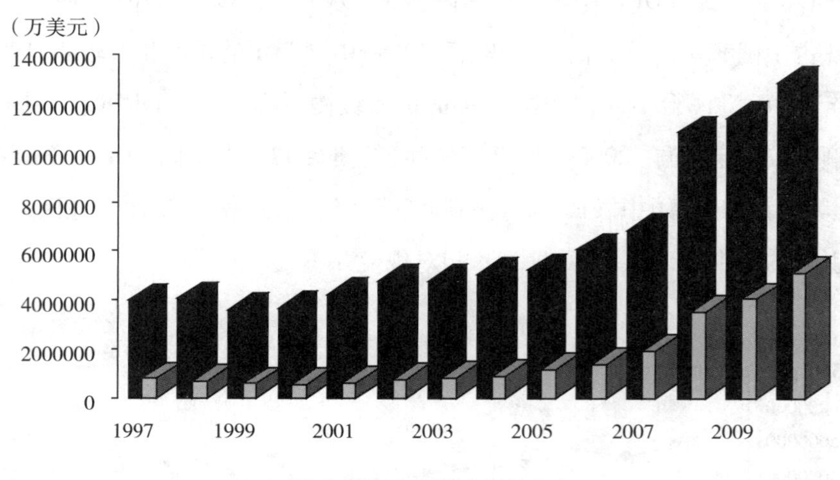

图1.3　中国东部地区和中西部地区吸引外资区域分布

资料来源：2004年及之前来源于中经网，后面数据来自于各省区每年经济社会发展统计公报，作者计算。

图1.3显示了中国东部地区和中西部地区吸引外资区域分布情况。[②] 通过数据分析发现东部地区和中西部地区FDI都出现同步增长，然而东部地区利用外资不管在绝对数量还是相对比重上仍然占绝对优势，东部地区1997—2010年间利用外资占总利用外资的比重平均高达81.99%，中西部地区在1997—2010年间利用FDI占全国的最低比重为12.99%，最高比重为28.40%。然而，随着经济的快速增长，工资等要素成本的不断提高，优惠政策的逐渐取消，作为中国经济增长龙头的东部沿海地区的低成本优势逐渐弱化。与此同时，政府不断加

① 关于FDI的区位选择，"国际生产折衷理论"将区位因素总结为四种：一是市场因素；二是贸易壁垒；三是成本因素；四是投资环境。

② 东部地区包括北京、天津、河北、辽宁、上海、江苏、浙江、福建、山东、广东和海南11个省份；中西部地区包括山西、内蒙古、吉林、黑龙江、安徽、江西、河南、湖北、湖南、广西、四川、重庆、贵州、云南、陕西、甘肃、青海、宁夏、新疆19个省份。

大对中西部地区经济增长的支持力度。在此背景下，一些在华跨国企业已开始从东部沿海地区向内陆地区转移。图 1.4 进一步显示了中国两大区域不同阶段利用外资的变化趋势。东部、中西部地区利用外资在 1997—2001 年间的比重平均为 85.78：14.22。东部地区在 1997—2003 年、2002—2005 年和 2006—2010 年三个阶段期间利用外资占总利用外资的比重分别为 85.78%、84.42% 和 75.07%，而中西部地区在相应三个阶段的比重从 14.22% 上升到 15.58%，再到 24.93%，说明外资有向中西部地区转移的趋势。

虽然外资存在向中西部地区转移的趋势，但绝大部分 FDI 还是分布于东部地区，FDI 在中国的区域差异非常明显，空间布局结构失衡，中国应给予中西部地区更优惠的政策，鼓励外资融入到中西部地区的生产建设中去，吸引高素质人才到中西部地区就业，为承接由东部沿海地区转移的外资提供丰厚的人力资本，进一步出台措施改善外资在区域分布上的不合理状况，促进区域协调发展。

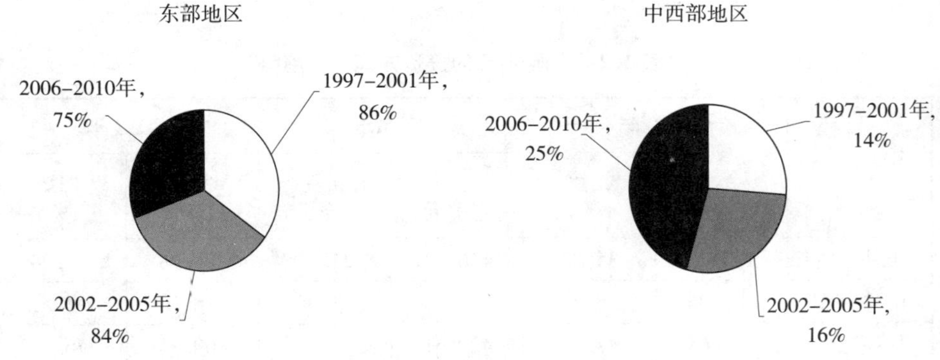

图 1.4　中国两大区域不同阶段利用外资变化趋势

资料来源：2004 年及之前来源于中经网，后面数据来自于各省区每年经济社会发展统计公报，作者计算。

四、FDI 投资方式

中国引进的 FDI，主要是采取新建企业的方式，包括新建中外合资经营企业、中外合作经营企业和外商独资经营企业等。加入 WTO 以来，中国各项法律法规逐步与国际接轨，市场化程度日益提高，市场规模逐渐扩大，对外商投资的限制也在逐步放宽。面对日益改善的外部投资环境，FDI不断调整在中国的投资战略。最突出的表现就是，其投资方式正在从中外合资经营和中外合作经营向外商独资化方向发展（如表1.2所示）。2000年批准设立的外商投资企业中，按实际使用外资金额占总实际使用外资金额排序，在各类外商投资方式中，外商独资跃居第一，达到48.31%，其次为中外合资（35.23%），中外合作（16.20%）。而到2005年，外商独资已经大幅度上升到71.22%，中外合资和中外合作则大幅度下降。外商独资在2010年进一步上升到76.44%，可见外资独资化趋势明显增强。

外资企业选择经营自由度更大的独资方式来控制企业，能够有效地防止技术扩散，以便能够更为持久地维持其垄断优势，获取更为可观的利润。为此，中国应制定相应的政策，鼓励外商选择中外合资或中外合作经营方式进入中国，并对投向高技术领域的外资企业优先雇佣本土员工提供政策优惠，以提高外资的正向技术溢出程度。

表1.2　中国FDI的投资方式变化趋势

	2000年		2005年		2010年	
	金额（亿美元）	比重（%）	金额（亿美元）	比重（%）	金额（亿美元）	比重（%）
中外合资	143.43	35.23	146.14	24.23	224.98	21.24
中外合作	65.96	16.20	18.31	3.04	16.16	1.53
外商独资	192.64	47.31	429.61	71.22	809.75	76.44
其他	5.12	1.26	9.18	1.52	8.46	0.80
合计	407.15	100	603.24	100	1059.35	100

资料来源：《中国统计年鉴》。

五、FDI投资结构

图1.5给出的是2000—2010年期间引进FDI的产业构成情况，从图1.5中可以看出，FDI主要投入到第二产业，而投入到第二产业的FDI又主要投入到了

工业部门,FDI 投入到工业的比例基本上在 50%—75%之间。统计数据显示,2000 年,FDI 实际使用金额在三大产业分布为 67594 万美元、2957499 万美元、1046407 万美元,分别占总额的 1.66%、72.64%、25.70%。FDI 投向第一产业明显不足,比重仅占 1%左右。FDI 主要集中于第二产业,尤其是工业,占到 70.42%。而在 2010 年 FDI 在三大产业的比例分别为 1.81%、50.94% 和 47.25%。工业占到 49.56%。FDI 投资于工业在 2005 年以后呈现下降趋势,投资于第三产业呈上升趋势,第三产业比重虽然稳步上升,但投资中近一半进入房地产业。此外,FDI 投向农林牧渔业和建筑业的比例都仅在 1%左右。

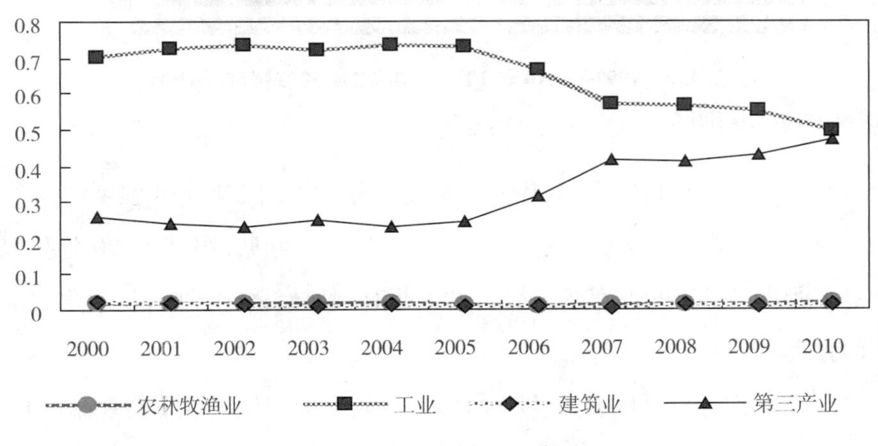

图 1.5 FDI 产业分布变化

资料来源:中经网,作者计算。

为了进一步衡量工业利用 FDI 情况,本节用工业 FDI 强度(*SIII*)指标来表示,计算公式如下:

$$SIII = \frac{FDI_2/FDI}{GDP_2/GDP} \tag{1.1}$$

其中,FDI、FDI_2 分别为全年实际利用 FDI 和工业实际利用 FDI;GDP、GDP_2 分别为全年国内生产总值和工业增加值。如果 $SIII > 1$,说明 FDI 对工业直接投资的力度超过工业对国民经济的贡献;$SIII < 1$,说明 FDI 对工业直接投资的力度小于工业对国民经济的贡献;$SIII = 1$,说明 FDI 对工业直接投资的力度等于工业对国民经济的贡献。利用 1997—2010 年的数据代入(1.1)式进行

计算,结果如图 1.6 所示。

图 1.6　1997—2010 年 FDI 在中国工业投资强度(SIII)

资料来源:中经网,作者计算。

从图 1.6 中我们可以看出,1997—2010 各年的中国工业 FDI 强度都大于 1,最高的 2002 年达到 1.86,最低的 2010 年为 1.24。可见,20 世纪 90 年代以来 FDI 对工业直接投资的力度基本都超过工业对国民经济的贡献,显示出工业对 FDI 的强大吸引力。

通过上面的分析可以看出,FDI 向第二产业投资的偏向性非常明显,FDI 在第二产业的投资又主要集中在工业部门,而投资于工业部门的 FDI 又投资于能源密集型行业,会对中国形成较大的能源消费及碳排放压力。

第二节　中国能源消费的现状

当前中国出现的能源消耗快速增长固然与中国经济进入工业化中期或重工业化阶段有关,但是长期以来形成的根本不顾及能源与环境的约束、不考虑经济增长的能源成本与环境成本的发展观念,更直接地在更大程度上助长了粗放型经济增长方式的出现。如果这种趋势不能尽快扭转,不仅将对中国的经济增长和节能减排任务产生不利影响,还会对中国经济稳定地可持续发展和国际减排约束带来巨大的压力。本节将从能源消费总量、能源消费结构、地区差异、产业结构四个角度对中国能源消费状况进行分析。

一、能源消费总量

在能源消费的总量规模方面,中国作为一个工业大国的同时也一直是能源消费大国。图 1. 7 反映了中国 1997—2009 年能源生产和能源消费的规模情况。从图 1. 7 中可以看出,1997—2009 年,中国能源消费总量都超过了能源生产总量,到 2009 年能源消费总量已经达到 30. 7 亿吨标准煤,而且供需矛盾愈发突出,能源缺口呈现出逐步加大的趋势,从 1997 年 2449 万吨标准煤到 2009 年的 32029 万吨标准煤,能源缺口增长了 12 倍。这就说明随着中国工业化、城市化进程的加快,中国能源越来越依赖进口,其表现之一就是近几年中国石油资源进口贸易依存度明显提高。对外能源依赖度的增大,不利于中国经济社会的安全运行。

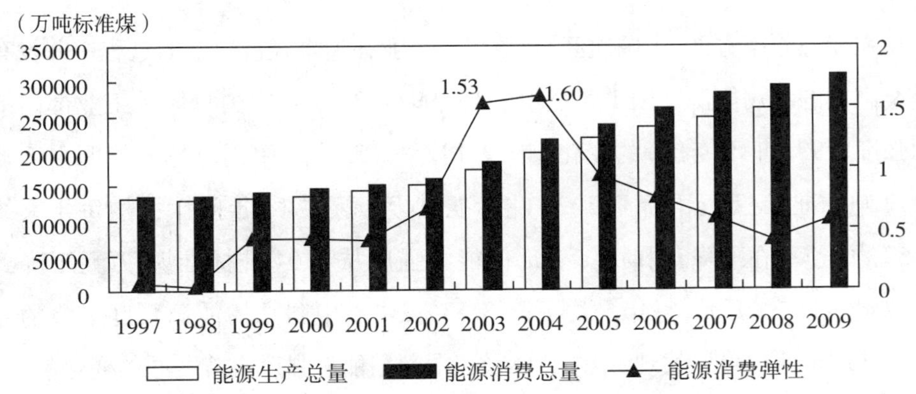

图 1. 7　1997—2009 中国能源生产、能源消费及能源消费弹性走势

资料来源:《中国统计年鉴》和《中国能源统计年鉴》,作者计算。

图 1. 7 还显示,中国的能源消费弹性系数[①]在 1997 年和 1998 年是比较小

① 能源消费弹性系数是指能源消费增长速度与国民经济增长速度之间的比例关系,它反映的是能源消耗与经济增长的比例关系,即能源消费弹性系数=能源消费量年均增长速度/国民经济年均增长速度。

的,只有0.05左右,这主要是因为这两年的能源消费量增长缓慢。而从2001年开始,能源消费弹性系数快速上升,并在2003和2004年超过了1,分别达到1.53和1.60,即中国能源消费量的增速超过了GDP的增速,可见,中国强劲的经济增长是依靠消费大量能源来取得的。从2004年开始,中国能源消费量增速放缓,能源消费弹性又回落到0.93,此后逐步下降。

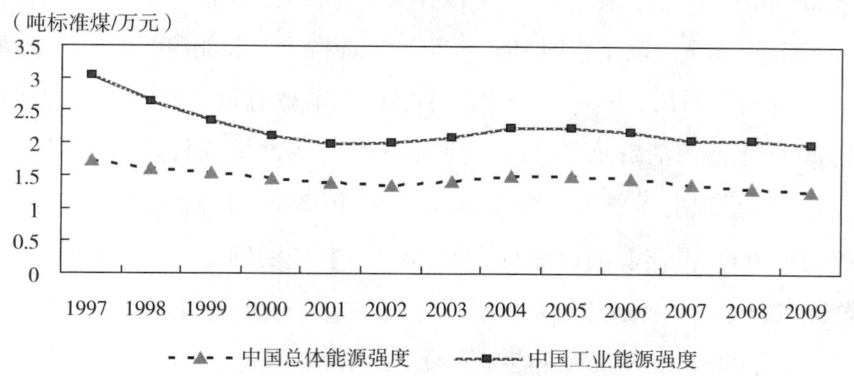

图1.8　1997—2009年中国总体及工业部门能源强度变化趋势

资料来源:《中国统计年鉴》和《中国能源统计年鉴》,作者计算。

在能源效率方面,中国地区、行业以及企业在追求经济效益的过程中并没有完全高效的利用能源。图1.8显示的是1997—2009年中国总体及工业部门能源强度(1997年不变价)的变化趋势。1997—2009年,中国总体的能源强度从1.72吨标准煤/万元下降到1.25吨标准煤/万元,在13年间以平均每年大约2.57%的速率在下降,同时,工业部门能源强度从3.04吨标准煤/万元下降到1.97吨标准煤/万元,每年平均下降3.53%,快于中国总体能源强度下降的速度。从图1.8也可以发现,中国总体及工业部门能源强度有着共同的变化趋势,在2002年有小幅度的上升,2004年后又开始下降,原因是这段时间工业部门能源消费量增长过快,导致中国总体的能源消费量不断攀升,能源强度不降反升,此后,工业能源消费量增长放缓,可见工业能源强度下降是中国总体能源强度下降的主要原因。

二、能源消费结构

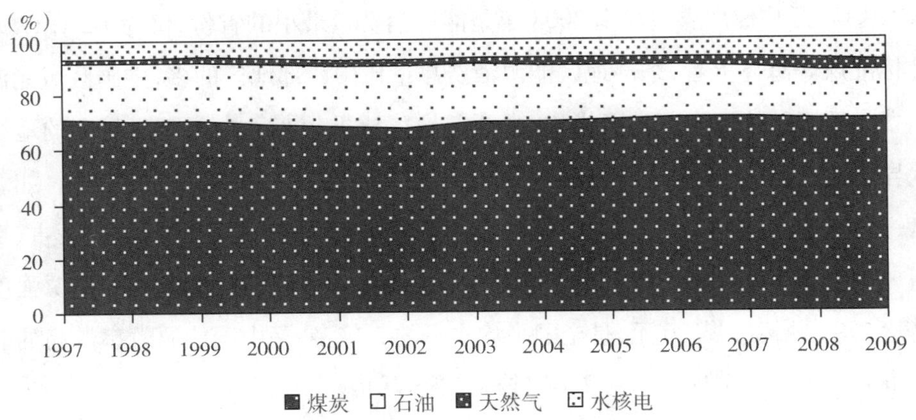

图1.9 1997—2009年中国一次能源消费结构

资料来源:《中国统计年鉴》,作者计算。

图1.9显示了1997—2009年中国四种一次能源消费品种(煤炭类、石油类、天然气和水电、核电)的构成比例。从图1.9中可以看出,1997—2009年,四种不同能源消费品种的构成比例基本保持稳定,其中,煤炭消费始终在中国一次能源消费结构的比例最高,占到一次能源消费总量的70%左右,中国是少数以煤炭为主要能源的国家,也是最大的煤炭消费国,把煤炭作为主体能源,这是中国能源安全的基石,因此煤炭在中国一次能源消费结构中今后很长时期内仍将占第一位。与中国丰富的煤炭资源相比,石油等优势高效型能源比较短缺,石油作为中国一次能源消费结构中的第二大消费品种,其比例则要小得多,大致占一次能源消费总量的18%左右。目前水核电已占到了一次能源消费总量的8%左右,比石油消费比例低,而天然气消费的比重相对更低一点,各年基本上维持在3%左右。

三、能源消费地区差异

从地区能源消费量看,图1.10显示了2008年各省份能源消费量以及能源强度。各省份按照2008年能源消费量的大小顺序排列。从图1.10中可以看出,2008年,从能源消费量的绝对数量来看,山东、山西、广东、江苏、内蒙古、河北、河南七个省份的能源消费量较多。其中,山东能源消费量最多,达到30220.06万吨标准煤。海南2008年是能源消费量最小的省份,仅为1231.12万吨标准煤。总体上看,东部地区能源消费总量比中西部地区的多,中国区域能源消费的地区结构以东部地区为主,中西部地区比重较小。中国能源强度的地区差异也非常明显,能源强度低于1.00的省份基本位于中国东部发达地区,如北京、天津、上海、江苏、广东等;能源强度处于较高水平的省份,如山西、内蒙古、贵州、宁夏、云南、青海等,基本属于中国中西部地区。数据显示,山西的能源强度高达2.90吨标准煤/万元,是全国平均水平的2倍多,是中国能源效率最高的北京市的6.76倍,宁夏也达到2.84吨标准煤/万元。

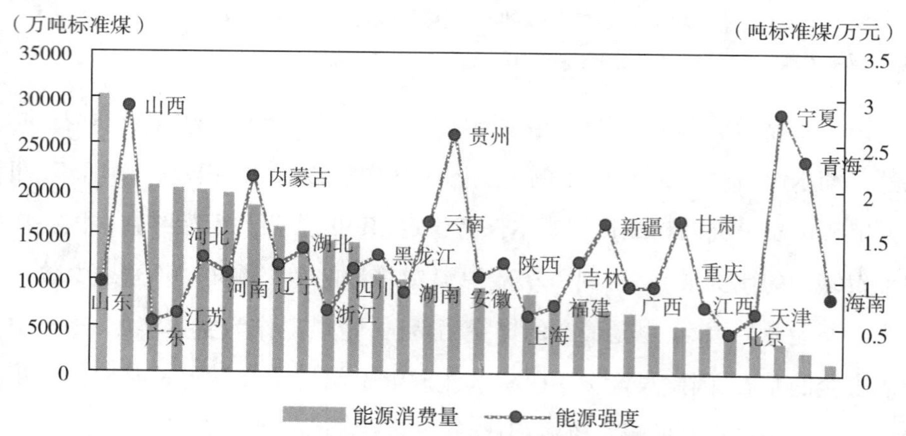

图1.10　2008年中国30个省份一次能源消费量及能源强度

资料来源:《中国能源统计年鉴》、中经网,作者计算。

以上表明了中国当前各个地区能源消费量及能源强度分布并不均衡,东部发达地区能源消费量整体上高于中西部地区,然而东部地区能源效率相对比较高。因此从根本上改善中国的高能耗状况,就需要中西部地区的政府和企业在产业结构调整和优化、技术水平和生产设备的更新改造等方面做出更多的努力。

另外,本节也考虑了化石能源燃烧所排放的二氧化碳地区分布情况。根据

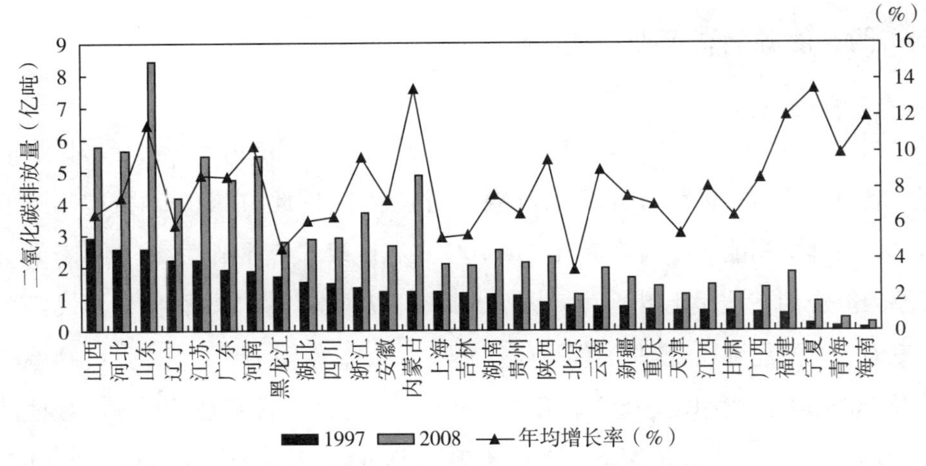

图 1.11　中国 30 个省份 CO_2 排放量及年均增长率

资料来源:《中国能源统计年鉴》、中经网,作者计算。

各排放源的 CO_2 排放系数①估算出中国各省份的 CO_2 排放量。图 1.11 显示了 1997 年和 2008 年各省份 CO_2 排放量以及相应的年均增长率。各省份按照 1997 年 CO_2 排放量的大小顺序排列。从图 1.11 中可以看出,从 1997 年至 2008 年,中国大部分省份的 CO_2 排放量都出现较大的增长。从增长的绝对数量来看,山东、内蒙古、河南、江苏、河北、山西六个省份的 CO_2 排放增长较多,这六个省份的增长量之和占到全国总增量的 45.848%。其中,山东 CO_2 排放增长最多,2008 年的排放量比 1997 年增加了将近 5.885 亿吨。海南在 1997 年和 2008 年均是排放量最小的省份,其增长量也最小,仅为 0.193 亿吨。从年均增长率来看,各省份的差异较大,但大多数省份的年均增长率都超过了 5%,宁夏和内蒙古的年均增长率分别高达 13.48%和 13.44%,海南、山东、福建和河南等省份的年均增长率都超过了 10%,而北京、黑龙江的年均增长率则低于 5 %,北京最低,只有 3.435%。

① 包括中国广泛使用的一次能源(煤炭、石油和天然气)和水电,其中煤炭、石油、天然气和电的二氧化碳排放系数分别为 2.7412、2.1358、1.6262 和 0.3954。

四、能源消费产业结构

图 1. 12 显示了 1990—2009 年中国三大产业能源强度情况。由于居民生活用能难以用相对指标来衡量，而且其规模相对较小，因此，在能源消费中扣除了居民生活部门用能。中国能源消费量 70%左右被第二产业消耗，近十年来第二产业的能源消费比呈上升趋势。从图 1. 12 可以看出，整体来看，中国国民经济中三大产业的能源强度均一直呈下降趋势。首先，就不同产业能源强度的差异来看，20 年以来中国国民经济中第二产业的能源强度一直都是最高的。数据显示，1990 年时第二产业能源强度高达 8. 91 吨标准煤/万元(1990 年不变价，以下同)，是第一产业的 9. 30 倍，是第三产业的 5. 67 倍。2009 年时第二产业能源强度为 3. 09 吨标准煤/万元，是第一产业的 5. 27 倍，是第三产业的 2. 96 倍。这就说明第二产业是中国能源消耗量最集中的产业部门，也是带动中国整体能源强度下降的主动力。

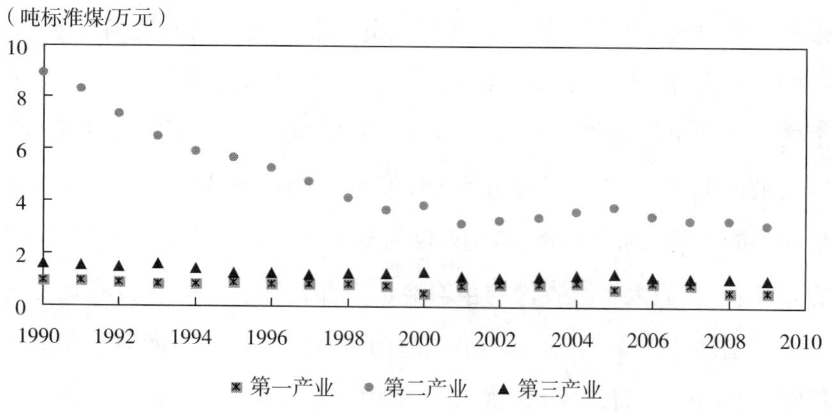

图 1. 12 1990—2009 年中国三大产业能源强度

资料来源：中经网，作者计算。

其次，在三次产业中第二产业的能源强度下降最为显著，由 1990 年的 8. 91 吨标准煤/万元下降到 2009 年的 3. 09 吨标准煤/万元，下降的绝对量高达 5. 82 吨标准煤/万元。最后，1990—2009 年，第一产业、第三产业的指标值均在下降，但幅度不大。第一产业能源强度从1990年的0.96吨标准煤/万元到2009年的0.59吨标准煤/万元,仅下降了0.37吨标准煤/万元。第三产业下降了0.53吨标准煤/万元,与第一产业相比降幅较大。总之,虽然中国三大产业能源强度均有下降的趋势,主要依靠节能技术以及更新改造技术设备上,但中国能源技术水平与国际先进水平差距较大,其能源效率还应有较大的提升空间。

本章主要从FDI的发展阶段、不同来源结构、不同区域分布、投资方式和投资结构五个方面入手分析中国吸引外资概况。通过这个五个方面有关数据分析能够发现:

第一,中国改革开放以来引进FDI的历史可分为三个阶段:1979—1986为FDI在中国的起步阶段。1987—1998年为中国利用外资的稳步发展阶段。1999年至今为实际利用外资额大幅度增长阶段。

第二,中国引进外资主要来源于中国港澳台地区与美日欧国家。

第三,外资虽然向中西部地区存在转移的趋势,但绝大部分FDI还分布于东部地区。

第四,外资投资方式正在从中外合资经营和中外合作经营向外商独资化方向发展。

第五,FDI主要投入到第二产业,而投入到第二产业的FDI又主要投入到了工业部门,FDI投入到工业的比例基本上在50%—75%之间。

同时,本章从能源消费总量、能源消费结构、地区差异、产业结构这四个角度对中国能源消费状况进行了分析,得出以下结论:

第一,1997—2009年,中国能源消费总量都超过了能源生产总量,到2009年能源消费总量已经达到30.7亿吨标准煤,能源缺口呈现出逐步加大的趋势。

第二,中国四种一次能源消费品种(煤炭类、石油类、天然气和水核电)的构成比例基本保持稳定,其中,煤炭消费始终在中国一次能源消费结构的比例最高,占到一次能源消费总量的70%左右。

第三,东部发达地区能源消费量整体上高于中西部地区,然而东部地区能源使用效率相对比较高。

第四,第二产业是中国能源消耗量最集中的产业部门,也是带动中国整体能源强度下降的主动力。

通过上面的分析可以看出,FDI 向第二产业投资的偏向性非常明显,FDI 在第二产业的投资又主要集中在工业部门,同时,工业是中国能源消耗量最集中的产业部门,也是带动中国能源效率上升的主动力。中国能源技术水平与发达国家或地区先进水平差距较大,外资企业进入工业部门是否提升了中国工业部门的能源效率?要回答这一问题,必须首先了解外资企业能源效率水平是否高于内资企业。下一章将通过测算并比较中国内外资工业企业的能源效率来回答这些问题。

第二章　中国工业全要素能源效率测算

改革开放以来,工业的快速增长,使中国已经初步确立了“制造大国”的地位。作为中国国民经济的支柱产业部门以及外商投资的主导部门,中国工业对中国城市化进程及全面建设小康社会提供了重要的物质保障。与此同时,中国工业部门高能耗、高污染及重化工业化趋势给经济社会环境带来了沉重负担,能源约束对工业的发展提出了严峻的考验。工业的效率状况直接影响到中国经济增长的速度和质量,也决定了中国能否实现“能源强度目标”和“碳强度目标”的承诺,因此,对工业增长质量的研究就显得异常重要。本章采用非参数数据包络分析的 DEA-Malmquist 指数法,构建包含能源消耗的全要素生产率分析框架来考察中国工业部门增长情况,同时利用全要素能源效率分析框架探讨中国工业部门的全要素能源效率问题,并进一步测算和比较中国内外资工业企业的全要素能源效率,这些研究对于中国希望借助外资的技术(溢出)效应来提高工业能源效率尤为重要。

第一节　包含能源投入的中国工业全要素生产率

能源和传统意义上的劳动、资本等要素投入一样,也是工业生产过程中必不可少的生产要素。工业的效率状况直接影响到中国经济增长的速度和质量,也决定了中国能否实现“能源强度目标”和“碳强度目标”的承诺,因此对工业增长质量的研究就显得异常重要。本节主要测算包含能源投入的中国工业全要素生产率。

一、模型的背景和思路

目前,关于中国工业部门全要素生产率(Total Factor Productivity,TFP)的研究尚未取得比较一致的结论,[①]对工业的研究主要集中在国有工业和总的行业方面,如同样运用城市工业加总数据,一些学者对 20 世纪 80 年代中期 TFP 增长的估计结果却存在显著差异,类似的情况也出现在对国有企业 TFP 的估计上。一些研究认为,1978 年以来 TFP 对中国工业增长的作用十分有限,中国的全要素生产率经历了一个由高到低的变化过程(张军与施少华,2003;郑京海与胡鞍钢,2005)。[②] 对大部分行业而言,TFP 并不是工业产出增长的主要来源(李小平等,2005)。[③]

目前,全要素生产率测算的方法主要有参数法和非参数法。三种参数方法主要包括收入份额法、随机前沿法(SFA)和计量回归模型法,它们都存在如下假设前提:生产函数的形式是已知的;经济主体的生产效率总是处在最佳水平;中性的技术改变;不变的规模报酬等。如果这些假设不成立,TFP 测量将是有偏的。非参数方法主要包括数据包络分析(DEA)法和指数法。非参数法以 DEA 为主。相比较而言,非参数方法不需要事先设定具体的函数形式,可以避免函数形式设定错误而影响结论的准确性。本节以中国工业 36 个行业为研究对象,因为行业较多且各行业间差异较大,不宜设定统一的函数形式,故选用非参数分析方法,即以数据包络分析为基础的 DEA-Malmquist 指数法。

在本节的分析中,把中国工业部门的每个行业作为一个决策单元(Decision Making Unit,DMU),运用菲尔等(Fare 等,1994)提出的 DEA-Malmquist 指数法

① 与工业部门 TFP 研究不同的是,对中国经济总体和农业部门 TFP 研究的总体结论基本上是一致的(李京文等,1998;王小鲁,2000;张军等,2003;Young,2003;Colby 等,2000;Jin 等,2002)。

② 张军、施少华:《中国经济全要素生产率变动:1952—1998》,《世界经济文汇》2003 年第 2 期;郑京海、胡鞍钢:《中国改革时期省级生产率增长变化的实证分析》,《经济学季刊》2005 年第 1 期。

③ 李小平、朱钟棣:《中国工业行业全要素生产率的测算——基于工业行业的面板数据分析》,《管理世界》2005 年第 4 期。

来测算中国工业部门全要素生产率的变动状况。①

从 t 时期到 $t+1$ 时期,度量全要素生产率增长的 Malmquist 指数可以表示为:

$$M_0(x_{t+1},y_{t+1},x_t,y_t)=\left[\frac{d_0^t(x_{t+1},y_{t+1})}{d_0^t(x_t,y_t)}\times\frac{d_0^{t+1}(x_{t+1},y_{t+1})}{d_0^{t+1}(x_t,y_t)}\right]^{1/2} \tag{2.1}$$

式(2.1)中,(x_{t+1},y_{t+1}) 和 (x_t,y_t) 分别表示 $(t+1)$ 时期和 t 时期的投入和产出向量;d_0^t 和 d_0^{t+1} 分别表示以 t 时期技术 T^t 为参照,时期 t 和时期 $(t+1)$ 的距离函数(Distance Function)。②

以 t 时期技术 T^t 为参照,基于产出角度的 Malmquist 指数可以表示为:③

$$M_0^t(x_{t+1},y_{t+1},x_t,y_t)=d_0^t(x_{t+1},y_{t+1})/d_0^t(x_t,y_t) \tag{2.2}$$

类似地,以 $t+1$ 时期技术 T^{t+1} 为参照,基于产出角度的 Malmquist 指数可以表示为:

$$M_0^{t+1}(x_{t+1},y_{t+1},x_t,y_t)=d_0^{t+1}(x_{t+1},y_{t+1})/d_0^{t+1}(x_t,y_t) \tag{2.3}$$

式(2.2)测度了技术 T^t 条件下,决策单元从 t 时期到 $t+1$ 时期的技术效率变化指数;式(2.3)测度了技术 T^{t+1} 条件下,决策单元从 t 期到 $t+1$ 期的技术效率变化指数。为避免时期选择(t 时期和 $t+1$ 时期)的随意性可能导致的差异,用式(2.2)和式(2.3)的几何平均值即式(2.1),作为衡量从 t 时期到 $t+1$ 时期生产率变化的 Malmquist 指数。该指数大于 1 时,表明全要素生产率从 t 时期到 $t+1$ 时期是增长的。

根据上述处理所得到的 Malmquist 指数具有良好的性质④,它可以分解为不变规模报酬假定下技术效率变动指数(EC)和技术进步变动指数(TP),其分解过程如下:

---

① Fare, R., Grosskopf, S., Norrism, et al., "Productivity Growth, Technical Progress, and Efficiency Change in Industrialized Countries", *American Economic Review*, Vol. 84, No. 1(1994), pp. 66-83.

② 距离函数是技术效率(Technical Efficiency)的倒数,距离函数 Dt 表示以第 t 期的技术表示的技术效率水平。

③ 也可采用基于投入的全要素生产率指数分析框架。

④ 实际上 Malmquist 指数是更为一般性的生产率指数,包含了 Tornqvist 指数和 Fisher 指数,详细说明可以参考 Caves 等(1982)。

$$M_0(y_{t+1},x_{t+1},y_t,x_t)=\frac{d_0^{t+1}(x_{t+1},y_{t+1})}{d_0^t(x_t,y_t)}\times\left[\frac{d_0^t(x_{t+1},y_{t+1})}{d_0^{t+1}(x_{t+1},y_{t+1}\mathrm{C})}\times\frac{d_0^t(x_t,y_t)}{d_0^{t+1}(x_t,y_t)}\right]^{1/2}$$

$$=EC\times TP \tag{2.4}$$

其中技术效率变化指数还可进一步分解为纯技术效率指数(PC)和规模效率指数(SC)①。因此,Malmquist 指数可表述为技术进步指数、纯技术效率指数和规模效率指数的乘积,即 $M_0(y_{t+1},x_{t+1},y_t,x_t)=PC\times SC\times TP$。

在式(2.4)中, M_0 为两段时期之间的 Malmquist 变动指数, EC 是技术效率变动指数,技术效率变动指数是规模报酬不变且要素强可处置(Strong Disposability of Inputs)条件下的相对效率变动指数,测度两时期之间每个观察对象到最佳前沿边界的追赶程度。TP 是技术进步变动指数,这个指数测度两个时期之间前沿技术边界的移动。这两个指标如果大于 1,意味着技术效率的改善或者技术进步;而小于 1 时意味着技术效率的降低或技术退步。

为了测算 Malmquist 指数,需要借助线性规划方法来计算有关投入和产出的各种距离函数,其中,x 是投入向量,y 是产出向量。对于 t 时期到 $t+1$ 时期全要素生产率的变化,需要计算式(2.5)中的四个基于 DEA 的距离函数:

$$\begin{aligned}
&[d_0^t(x_t,y_t)]^{-1}=\max_{\varphi,\lambda}\varphi \quad [d_0^{t+1}(x_{t+1},y_{t+1})]^{-1}=\max_{\varphi,\lambda}\varphi\\
&s.t.\ -\varphi y_{it}+Y_{t+1}\lambda\geqslant 0 \quad s.t.\ -\varphi y_{i,t+1}+Y_{t+1}\lambda\geqslant 0\\
&x_{it}-X_{t+1}\lambda\geqslant 0 \quad x_{i,t+1}-X_{t+1}\lambda\geqslant 0\\
&\lambda\geqslant 0 \quad \lambda\geqslant 0\\
&[d_0^t(x_{t+1},y_{t+1})]^{-1}=\max_{\varphi,\lambda}\varphi \quad [d_0^{t+1}(x_t,y_t)]^{-1}=\max_{\varphi,\lambda}\varphi\\
&s.t.\ -\varphi y_{i,t+1}+Y_t\lambda\geqslant 0 \quad s.t.\ -\varphi y_{it}+Y_{t+1}\lambda\geqslant 0\\
&x_{i,t+1}-X_t\lambda\geqslant 0 \quad x_{it}-X_{t+1}\lambda\geqslant 0\\
&\lambda\geqslant 0 \quad \lambda\geqslant 0
\end{aligned} \tag{2.5}$$

总之,选用 DEA 方法来测算工业部门的 TFP 和全要素能源效率,是因为:第一,DEA 作为一种非参数估计方法,不需要相关的价格信息,并且约束条件较

① 具体分解过程可以参考 Fare 等(1994)。

少,对数据要求不高,可以避免由于设定错误的生产函数形式假定而导致偏差;第二,DEA 方法在测算产出效率时,对于投入和产出指标个数没有限制;第三,Malmquist 变动指数可以分解为技术进步变动指数(TP)、纯技术效率变动指数(PC)和规模效率变动指数(SC),后两者乘积为技术效率变动指数(EC),从而对 TFP 的来源有一个更全面的认识。

二、指标选取及数据处理

考虑到 1998 年起中国工业经济统计口径发生变化,2002 年起中国又实行了新的行业分类目录标准①,前后行业划分存在一定的差异,限于统计数据口径一致及数据可得性,本节剔除了“其他采矿业”“木材和竹材采运业”“废弃资源和废旧材料回收加工业”“工艺品及其他制造业”四个行业,最终采用 1999—2009 年中国 36 个工业行业的样本数据进行分析,36 个工业行业占到全国工业总产值的 97%左右。这 36 个工业行业分别是:煤炭采选业(G1)、石油和天然气开采业(G2)、黑色金属矿采选业(G3)、有色金属矿采选业(G4)、非金属矿采选业(G5)、农副食品加工业(G6)、食品制造业(G7)、饮料制造业(G8)、烟草制品业(G9)、纺织业(G10)、纺织服装、鞋、帽制造业(G11)、皮革、毛皮、羽毛(绒)及其制品业(G12)、木材加工及木、竹、藤、棕、草制品业(G13)、家具制造业(G14)、造纸及纸制品业(G15)、印刷业和记录媒介的复制(G16)、文教体育用品制造业(G17)、石油加工、炼焦及核燃料加工业(G18)、化学原料及化学制品制造业(G19)、医药制造业(G20)、化学纤维制造业(G21)、橡胶制品业(G22)、塑料制品业(G23)、非金属矿物制品业(G24)、黑色金属冶炼及压延加工业(G25)、有色金属冶炼及压延加工业(G26)、金属制品业(G27)、通用设备制造业(G28)、专用设备制造业(G29)、交通运输设备制造业(G30)、电气机械及器材制造业(G31)、通信设备、计算机及其他电子设备制造业(G32)、仪器仪表及文化、办公用机械制造业(G33)、电力、热力的生产和供应业(G34)、燃气生产和

① 即《国民经济行业分类》(GB/T4754—2002)。

供应业(G35)和水的生产和供应业(G36)。

本节涉及到的产出和投入指标选取及数据处理说明如下:

(一)产出指标

在现有文献中,产出指标有总产值、增加值和净产值。增加值(按生产法计算)缺少中间投入的价值,只考虑了资本和劳动力投入;净产值是总产值扣除了物质消耗以后的净值,存在核算范围和价值构成的不一致;总产值作为产出变量则包含了中间投入(如能源)。本章考虑能源消耗,故选取工业各行业总产值(当年价格)作为产出指标,用分行业工业品出厂价格指数(1999 年为基期)平减,单位为亿元。

(二)资本投入

为更精确地反映资本在 TFP 中的作用,以资本存量(而非惯用的固定资产投资)来衡量。关于资本存量的选择,目前并无统一标准,借鉴大多数文献的研究方法,本节选取工业行业固定资产净值年平均余额作为资本投入指标,由于缺乏分行业的固定资产价格指数,用分行业工业品出厂价格指数(1999 年=100)代替,单位为亿元。

(三)劳动力投入

对于劳动力投入指标,发达国家一般采用标准劳动强度的劳动时间来衡量,但是,由于中国缺乏此方面的统计数据,故选用工业行业全部从业人员年平均人数作为劳动力投入指标,单位为万人。部分年度的《中国统计年鉴》没有提供行业全部从业人员数据,但提供了各行业全员劳动生产率指标的数据。这些年份行业从业人数数据根据全员劳动生产率的计算公式,用各行业的工业增加值除以全员劳动生产率而得到。

(四)能源投入

能源投入指标用工业行业终端能源消费量表示,单位为万吨标准煤。工业部门终端能源消耗总量是将各项终端能源消耗按照发电煤耗计算法折算为万吨标准煤。

本节选取的行业指标均以“全部国有及规模以上非国有工业企业”为统计口径。数据均来自于《中国统计年鉴》《中国工业经济统计年鉴》《中国能源统计年鉴》《中国城市(镇)生活与价格年鉴 2011》。

三、包含能源投入的中国工业全要素生产率测算

借助于 DEAP 2.1 软件,利用产出导向的 DEA-Malmquist 指数法,计算了 1999—2009 年中国工业 36 个行业的 Malmquist 指数(全要素生产率指数)及其构成要素的变动情况。从表 2.1 可以看出,1999 年以来中国工业 36 个行业平均 Malmquist 指数为 1.091,平均增长率为 9.1%(全要素生产率指数减去 1 就是增长率)。从行业细分看,36 个行业中全要素生产率指数最高的五个行业分别是:燃气生产和供应业(1.208)、电力、热力的生产和供应业(1.184)、烟草加工业(1.146)、黑色金属冶炼及压延加工业(1.132)和煤炭采选业(1.124);全要素生产率指数最低的五个行业分别是:石油和天然气开采业(0.995)、水的生产和供应业(1.035)、文教体育用品制造业(1.043)、纺织服装、鞋、帽制造业(1.054)、皮革、毛皮、羽毛(绒)及其制品业(1.058)和橡胶制品业(1.060),前五个行业全要素生产率增长率在 12.4%—20.8%之间,后五个行业全要素生产率增长率在-0.5%—6%之间。

表 2.1　1999—2009 年中国 36 个工业行业全要素生产率变化及分解

	EC	TP	PC	SC	TFP
煤炭采选业	1.068	1.053	1.062	1.006	1.124
石油和天然气开采业	0.898	1.108	0.921	0.975	0.995
黑色金属矿采选业	1.052	1.053	0.986	1.066	1.108
有色金属矿采选业	1.029	1.052	1.071	0.961	1.083
非金属矿采选业	1.063	1.052	1.084	0.981	1.118
食品加工业	1.028	1.052	1.029	0.999	1.081

续表

	EC	TP	PC	SC	TFP
食品制造业	1.032	1.050	1.022	1.010	1.084
饮料制造业	1.013	1.094	1.007	1.006	1.109
烟草加工业	1.000	1.146	1.000	1.000	1.146
纺织业	1.030	1.053	1.030	1.000	1.085
纺织服装、鞋、帽制造业	0.992	1.062	0.994	0.998	1.054
皮革、毛皮、羽毛(绒)及其制品业	1.000	1.058	1.000	1.000	1.058
木材加工及木、竹、藤、棕、草制品业	1.045	1.052	1.017	1.028	1.100
家具制造业	1.018	1.049	1.000	1.018	1.068
造纸及纸制品业	1.002	1.088	0.993	1.009	1.091
印刷业和记录媒介的复制	1.017	1.049	0.992	1.025	1.066
文教体育用品制造业	0.986	1.057	1.000	0.986	1.043
石油加工及炼焦业	0.980	1.104	0.958	1.023	1.082
化学原料及化学品制造业	1.019	1.096	1.037	0.982	1.117
医药制造业	1.001	1.067	0.997	1.004	1.068
化学纤维制造业	1.008	1.109	1.007	1.001	1.117
橡胶制品业	1.009	1.051	0.997	1.012	1.060
塑料制品业	1.020	1.052	1.016	1.004	1.073
非金属矿物制品业	1.041	1.050	1.047	0.994	1.093
黑色金属冶炼及压延加工业	1.018	1.112	1.064	0.957	1.132
有色金属冶炼及压延加工业	1.025	1.081	1.026	0.999	1.108
金属制品业	1.016	1.052	1.017	0.999	1.069
普通机械制造业	1.051	1.053	1.055	0.996	1.106
专用设备制造业	1.035	1.052	1.036	0.999	1.088
交通运输设备制造业	1.042	1.057	1.056	0.987	1.101
电气机械及器材制造业	1.032	1.058	1.032	1.000	1.092
电子及通信设备制造业	1.000	1.091	1.000	1.000	1.091
仪器仪表.文化办公用机械制造业	1.031	1.050	1.006	1.025	1.082
电力、热力的生产和供应业	1.020	1.160	1.048	0.974	1.184
燃气生产和供应业	1.061	1.139	1.000	1.061	1.208
水的生产和供应业	0.920	1.125	0.996	0.923	1.035
Mean	1.016	1.074	1.016	1.000	1.091

本节进一步将 Malmquist 指数分解为技术进步指数（TP）和技术效率（EC）指数，对技术效率指数进一步分解为纯技术效率指数（PC）和规模效率指数（SC）。技术进步是保持投入组合不变下行业产出的额外增长率①；纯技术效率反映在现有条件下行业创新的投入产出水平；规模效率衡量行业是否处于最适规模②；技术效率衡量行业是否达到技术与规模同时有效。从表 2.1 的分解结果上看，工业全要素生产率增长主要得益于技术进步的贡献，其平均增长率 7.4%，贡献为 81.3%；其次为纯技术效率，平均增长率 1.6%，贡献为 17.6%；规模效率的贡献为 0。从行业层次上看，各行业的技术进步指数都大于 1，增长率最小的行业为家具制造业（4.9%）、印刷业和记录媒介的复制（4.9%），增长率最大的行业是电力、热力的生产和供应业（16%）；而只有石油和天然气开采业、纺织服装、鞋、帽制造业、文教体育用品制造业、石油加工及炼焦业和水的生产和供应业这 5 个行业的技术效率指数小于 1，各行业的规模效率指数都在 1 附近，其中有 14 个规模效率指数大于 1，16 个行业小于 1，另外 6 个行业为 1。总之，中国工业全要素生产率增长整体上主要来源于技术进步的贡献，技术效率的作用远不及技术进步所做出的贡献，而规模效率的贡献为 0。

表 2.2　历年平均 Malmquist 指数及其分解

年份	EC	TP	PC	SC	TFP
1999—2000 年	0.973	1.141	0.987	0.986	1.110
2000—2001 年	1.014	1.058	1.027	0.988	1.073
2001—2002 年	0.994	1.113	1.009	0.986	1.107
2002—2003 年	0.971	1.173	0.988	0.982	1.139
2003—2004 年	1.076	1.068	1.063	1.012	1.150
2004—2005 年	1.077	1.057	1.049	1.027	1.138
2005—2006 年	1.021	1.081	1.007	1.014	1.104

① 涂正革、肖耿（2006）认为技术进步不仅包括技术、工艺的创新和引进，也包括制度改革带来的红利。

② 规模效率一般随生产过程的变化呈倒 U 型变化：企业在规模较小时，效率最低，随着规模扩大则效率提高到极值，但规模继续扩大之后，由于管理水平不能适应，规模效率又会随之降低。

续表

年份	EC	TP	PC	SC	TFP
2006—2007 年	1.047	1.067	1.026	1.020	1.117
2007—2008 年	1.015	1.014	1.009	1.006	1.029
2008—2009 年	0.980	0.982	1.000	0.980	0.963
均值	1.016	1.074	1.016	1.000	1.091

注：在测算 Malmquist 指数时，反映的是当年生产率与上一年生产率相比的变动情况，至少需要 2 年以上的数据，因此表中的结果是从 2000 年开始。其中 TFP 代表以 Malmquist 指数衡量的工业部门全要素生产率变动指数，TFP>1 表示与上一年相比，全要素生产率水平上升；TFP<1 表示与上一年相比，全要素生产率水平下降。

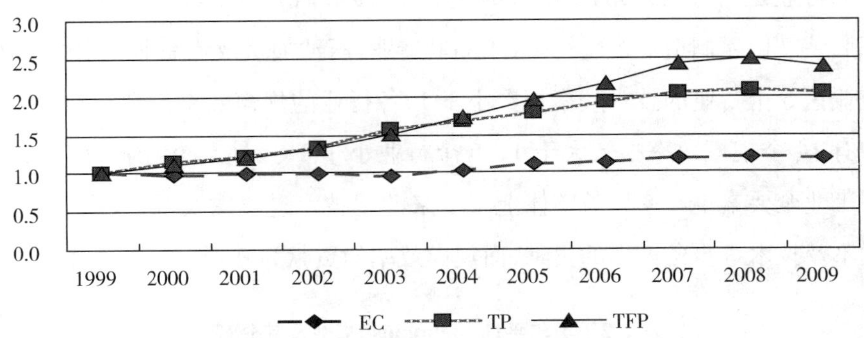

图 2.1　历年累计 Malmquist 指数及其分解（1999＝1）

表 2.2 给出了历年平均 Malmquist 指数及其分解，图 2.1 则是累计的 Malmquist 指数及其组成部分 TP、EC 的波动情况。从表 2.2、图 2.1 可以看出，1999—2009 年中国工业全要素生产率的平均增长率为 9.1%，累计增长为 140.2%，总体上呈现出改善的趋势。进一步分析可知，这一持续稳定的增长，在 2004 年以前主要是靠技术进步变化带动的，在这一期间技术进步指数年均增长 12.1%，但规模效率却一直在下降（只有 2001 年技术效率在上升），这在某种程度上削弱了技术进步对于 TFP 提高的作用。然而，在 2004—2008 年规模效率迅速提高，加之纯技术效率的改善共同促进了技术效率的提高，2004—2008 年后技术进步和技术效率的共同提高促进了生产率的持续增长，这一期间技术效率增长对于 TFP 增长的贡献平均达到了 43.87%。在 2008—2009 年间，技术效

率指数和技术进步指数都小于 1，结果 Malmquist 指数小于 1，增长率为-3.7%。在整个样本期间，TFP 提高主要来源于技术进步的贡献，技术进步平均增长率为 7.4%，累计增长幅度则达 104.3%，而技术效率的平均增长率为 1.6%，累计增长幅度则只有 17.3%。在 1999—2008 年间，Malmquist 指数均大于 1，累计增长达到了 149.4%。

第二节　中国工业全要素能源效率

近十年以来，中国工业部门取得了辉煌的增长业绩，上一节测算了包含能源投入的工业全要素生产率，发现 1999—2009 年期间中国工业全要素生产率的平均增长率为 9.1%，然而在中国工业部门增长的背后是能源的大量消耗。能源作为其中一个生产要素，它的效率是否在提高？中国工业部门全要素生产率提高是否带动工业部门能源效率的提高？因此，本节在研究中国工业全要素生产率的基础上试图测算工业全要素能源效率，以便对工业增长质量有个清晰的认识。

一、全要素能源效率分析框架

能源自身并不能带来任何产出，能源必须和其他生产要素结合才能生产产品。因此，采用多投入模型才能正确衡量能源的效率。在能源效率研究领域，一些学者已经进行了非常有价值的探索，如 Hu 和 Wang（2006）、杭雷鸣和屠梅曾（2006）、魏一鸣和廖华（2010）等。[①] 这些学者从不同角度、不同层面对能源效率问题进行了有益的探索，但是对于中国工业增长情况与工业全要素能源效率问题的研究却很鲜见。

① Hu, J. L., S. C. Wang, "Total Factor Energy Efficiency of Regions in China", *Energy Policy*, Vol. 34, No. 17（2006）, pp. 3206-3217；杭雷鸣、屠梅曾：《能源价格对能源强度的影响——以国内制造业为例》，《数量经济技术经济研究》2006 年第 12 期。

一般认为,能源效率分为能源经济效率和能源物理效率两类。[①] 能源效率的计算又分为单要素能源效率和全要素能源效率;单要素能源效率仅反映了能源投入与经济产出两者间的比例关系,尽管计算较为方便,但将能源与产出比值作为测度能源效率的一个指标还存在很大的局限性。[②] 所以可能无法描述出真实生产效率的变动情况,考虑到单要素能源效率存在的一些缺陷:没有考虑到生产中资本和劳动力等其他生产要素的影响,且其可能存在不同的度量单位(袁晓玲等,2009)。[③] 学者们开始把目光转向能够更好反映能源效率的计算方法。Hu & Wang(2006)基于 DEA 法较早提出了全要素能源效率(Total Factor Energy Efficiency,TFEE)的概念,即在既定其他生产要素投入的前提下,按照最佳生产方式,一定的产出水平下最少能源投入量与实际能源投入量的比值。[④] 由于这是在全部生产要素框架下所衡量的能源生产效率,所以被称为全要素能源效率。在生产中,资本、劳动和能源是相互配合的,最终的产出是和所有生产要素投入相关联的,而 TFEE 则考虑各种生产要素投入的共同作用。

DEA 法通过线性规划的计算来确定处于前沿面上的点,并把这些点作为无效率 DMU 的改进目标。如图 2.2 所示,C 和 D 是有效率的 DMU,它们处在前沿面上并构成了最优前沿,[⑤]但是 A 和 B 这两个 DMU 是无效率的,因为与前沿面上的 DMU 相比,他们实现同样产出需要耗费更多的能源投入和其他投入。按照模型的定义,A 和 B 点的技术效率可以分别用 OA′/OA 和 OB′/OB 来表示,即点 A 可以在保持产出不变的情况下将要素投入量减少 AA′(Radial Adjustment),这部分称之为 A′点的技术无效率,但点 A 却不是有效点,因为在 A′点可以继续

---

① 能源经济效率指的是能源投入与最终生产成果之比,能源物理效率是能源投入与能源产出之比。魏一鸣、廖华(2010)进一步总结七类能源效率测度指标,即能源宏观效率、能源实物效率、能源物理效率、能源要素利用效率(全要素能源效率)、能源要素配置效率、能源价值效率、能源经济效率。

② 此外,衡量能源消费与经济增长的关系还可以用能源消费弹性系数表示,它反映的是这两个增量之间的比例关系。若能源消费弹性系数低,则一个国家经济增长更多的是依靠节能和节能技术的提高而不是量的投入,表明该国能源利用效率高。

③ 袁晓玲、张宝山、杨万平:《基于环境污染的中国全要素能源效率研究》,《中国工业经济》2009 年第 2 期。

④ Hu,J.L.,Wang,S.C.,"Total Factor Energy Efficiency of Regions in China".

⑤ 处于前沿面的 DMU 的最大化产出已经标准化为 1,相应地能源和其他投入要素也通过与产出相除进行标准化处理。

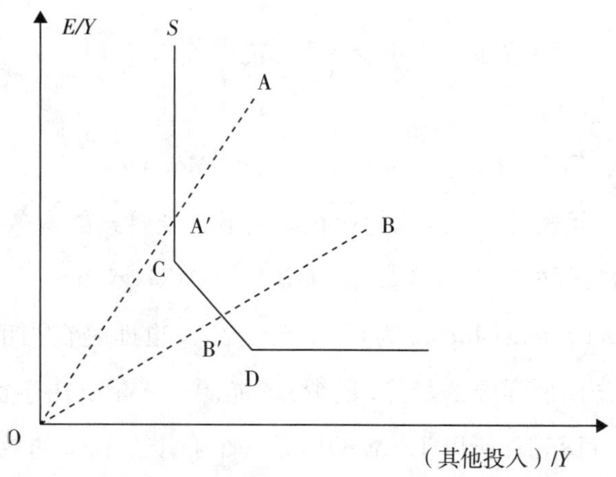

图 2.2　规模报酬不变的 DEA 模型中的效率评估

减少能源投入 A′C 并到达到 C 点，这时产出并不改变，因此 A′C 为点 A 的投入松弛量（Slack Movement），这部分反映投入要素在资源配置中的无效率。因此，从生产无效点 A 到生产有效点 C 的效率提升部分 AC 为能源效率的浪费部分，AC 越大，意味着点 A 的能源效率越低，也就意味着生产中浪费的能源越多，那么所需要调整减少的能源越多。点 B 的效率前沿参照点是 B′，它可以通过径向调整（Radial Movement）减少 BB′要素投入量从而达到效率前沿点 B′，同样产出并不改变。如果能源投人不需要调整和减少，那么就意味着该 DMU 的能源投人已经处于最优生产边界上（如 C 点）。

遵循庞瑞芝（2009）的分析思路，构建了 TFEE 的分析框架。[①] 在工业生产中，能源与资本、劳动共同参与生产，三者共同创造经济产出（如工业总产值）。因此，包含能源投入的全要素框架下的工业部门生产技术函数可表示为：

$$Y_{it}=Y(K_{it},L_{it},E_{it}) \tag{2.6}$$

其中，Y_{it}代表第 i 个工业行业在 t 时期的工业总产值，K_{it}代表第 i 个工业行业在 t 时期的资本使用量，L_{it}代表第 i 个工业行业在 t 时期的劳动使用量，E_{it} 代表第 i 个工业行业在 t 时期的能源消耗总量。TFEE 衡量的是在当前一定能源投入下实际产出能力达到最大产出的程度，或在产出一定条件下所能实现最小能

① 庞瑞芝：《经济转型期间中国工业增长与全要素能源效率》，《中国工业经济》2009 年第 3 期。

源投入的程度。

全要素能源效率=目标能源投入/实际能源投入

$$TFEE_{it}=TEI_{it}/AEI_{it} \quad (2.7)$$

$$LEI_{it}= AEI_{it}-TEI_{it}=\text{Radial Movement+Slack Movement} \quad (2.8)$$

其中,$TFEE_{it}$代表第 i 个工业行业在第 t 年的全要素能源效率, *AEI* (Actual Energy Input)为实际的能源投入数量, *LEI* (Loss Energy Input)为损失的能源投入量, *TEI* (Target Energy Input)为目标能源投入,也即是在当前生产技术水平下,为实现一定产出所需要的最优(最少)的能源投入量。由于实际能源消费总是大于或者等于目标值,所以 TFEE 的值是一个介于 0 到 1 的数并且没有量纲,因此,所选取变量单位的变化不会影响能源效率的数值。当 TFEE 值越接近于 1,说明其效率越高,需要的调整量越小;反之,若 TFEE 值近于 0,表明其能源消费的低效率,需要的调整量也就越大。目标值与调整值都可以由投入导向型的 DEA 模型计算获得。

二、基于数据包络分析法的全要素能源效率测算

为研究方便,同样以 G 为代号表示这些工业行业,本节的投入和产出指标选取及数据处理、来源已经在第一节得到说明,研究样本仍然为中国工业 36 个行业。根据 DEA 模型,实证测算中国 36 个工业行业各年的全要素能源效率(TFEE)值,结果见表 2. 3。

表 2. 3 1999—2009 年中国 36 个工业行业全要素能源效率(TFEE)

	1999 年	2000 年	2001 年	2002 年	2003 年	2004 年	2005 年	2006 年	2007 年	2008 年	2009 年
G1	0. 0466	0. 039	0. 0375	0. 0381	0. 0336	0. 0305	0. 0352	0. 0385	0. 0555	0. 0523	0. 0505
G2	0. 1385	0. 1071	0. 0839	0. 072	0. 0695	0. 0502	0. 0397	0. 0304	0. 0314	0. 039	0. 0408
G3	0. 0561	0. 0506	0. 0501	0. 043	0. 04	0. 045	0. 0361	0. 0391	0. 0608	0. 0717	0. 0955
G4	0. 1273	0. 0966	0. 0825	0. 0779	0. 0597	0. 0566	0. 064	0. 0691	0. 0912	0. 089	0. 0943
G5	0. 0762	0. 0536	0. 0473	0. 0447	0. 008	0. 0354	0. 0427	0. 048	0. 0834	0. 0879	0. 0935
G6	0. 2434	0. 2168	0. 2108	0. 2064	0. 232	0. 2058	0. 2172	0. 2285	0. 3463	0. 3769	0. 4029

续表

	1999 年	2000 年	2001 年	2002 年	2003 年	2004 年	2005 年	2006 年	2007 年	2008 年	2009 年
G7	0. 137	0. 1405	0. 1392	0. 1421	0. 1622	0. 1356	0. 1455	0. 1539	0. 2109	0. 2816	0. 2994
G8	0. 2997	0. 2663	0. 2133	0. 1894	0. 1809	0. 1492	0. 1538	0. 1709	0. 1901	0. 3119	0. 3301
G9	1	1	1	1	1	1	1	1	1	1	1
G10	0. 2096	0. 185	0. 1733	0. 1647	0. 1453	0. 1271	0. 1278	0. 1216	0. 188	0. 1954	0. 1974
G11	0. 9558	0. 947	0. 9051	0. 8904	0. 8606	0. 8082	0. 7677	0. 7678	0. 8153	0. 849	0. 8837
G12	1	1	1	1	1	1	1	1	1	1	1
G13	0. 1947	0. 1909	0. 1764	0. 179	0. 1551	0. 1421	0. 1377	0. 1513	0. 2826	0. 2895	0. 2968
G14	0. 423	0. 4242	0. 413	0. 4949	0. 4942	0. 7246	0. 6792	0. 6859	0. 7127	0. 8075	0. 836
G15	0. 0762	0. 074	0. 0616	0. 0566	0. 0582	0. 052	0. 0646	0. 0707	0. 086	0. 11	0. 109
G16	0. 354	0. 286	0. 2656	0. 2787	0. 1652	0. 1728	0. 2347	0. 24	0. 2955	0. 4221	0. 443
G17	0. 846	0. 7515	0. 628	0. 5616	0. 6918	0. 6016	0. 6092	0. 6568	0. 7327	0. 7486	0. 7316
G18	0. 0902	0. 0878	0. 0785	0. 0677	0. 0583	0. 0381	0. 0337	0. 0281	0. 0256	0. 0389	0. 0331
G19	0. 0502	0. 044	0. 0398	0. 0362	0. 0314	0. 0258	0. 0235	0. 029	0. 0312	0. 0497	0. 0557
G20	0. 1897	0. 1884	0. 1794	0. 1836	0. 1612	0. 168	0. 1936	0. 2163	0. 2349	0. 3732	0. 4107
G21	0. 1317	0. 0965	0. 0704	0. 0755	0. 1028	0. 1085	0. 1197	0. 1208	0. 1234	0. 133	0. 131
G22	0. 1479	0. 1233	0. 1065	0. 1164	0. 1091	0. 108	0. 0929	0. 0928	0. 1189	0. 1742	0. 1781
G23	0. 305	0. 2546	0. 2439	0. 2509	0. 231	0. 182	0. 1536	0. 1686	0. 2913	0. 2936	0. 2991
G24	0. 0324	0. 0279	0. 028	0. 0296	0. 0257	0. 0195	0. 0205	0. 0225	0. 0315	0. 0449	0. 0458
G25	0. 041	0. 0372	0. 0361	0. 0351	0. 0313	0. 0251	0. 023	0. 0277	0. 0286	0. 03	0. 0286
G26	0. 0707	0. 0508	0. 0423	0. 0421	0. 0362	0. 0328	0. 0314	0. 0338	0. 0394	0. 0604	0. 0631
G27	0. 2485	0. 221	0. 1966	0. 1768	0. 1583	0. 152	0. 1502	0. 1552	0. 2529	0. 2704	0. 2658
G28	0. 2744	0. 2622	0. 2602	0. 2492	0. 2561	0. 288	0. 2643	0. 2762	0. 4336	0. 5403	0. 5048
G29	0. 3052	0. 2843	0. 2688	0. 2791	0. 2711	0. 2434	0. 2394	0. 2631	0. 412	0. 5271	0. 5361
G30	0. 3646	0. 3338	0. 3285	0. 3483	0. 3997	0. 3295	0. 3629	0. 3919	0. 461	0. 7263	0. 7539
G31	0. 7169	0. 7105	0. 7459	0. 6387	0. 608	0. 595	0. 6103	0. 6425	1	1	0. 9811
G32	1	1	1	1	1	1	1	1	1	1	1
G33	0. 6061	0. 6081	0. 6552	0. 5202	0. 5953	0. 7977	0. 8108	0. 8291	0. 9416	0. 939	0. 8807
G34	0. 1399	0. 1302	0. 122	0. 1061	0. 0978	0. 1513	0. 1481	0. 1363	0. 1328	0. 1241	0. 1181
G35	0. 0693	0. 071	0. 0597	0. 064	0. 0684	0. 0733	0. 0837	0. 0937	0. 0938	0. 1115	0. 1395
G36	0. 1182	0. 0819	0. 069	0. 0646	0. 0627	0. 0507	0. 0469	0. 046	0. 0425	0. 0391	0. 0369

从表2.3中可以看到，烟草制品业（G9）、皮革、毛皮、羽毛（绒）及其制品业（G12）和通信设备、计算机及其他电子设备制造业（G32）这三个工业行业在所有样本期间的TFEE最高，都为1，即这三个行业一直处于能源消耗的生产技术前沿线上，工业行业生产技术在考虑了能源消耗的前提下效率达到最高。从行业经济增长上看，烟草制品业（G9）和通信设备、计算机及其他电子设备制造业（G32）在整个样本期间的人均产值（用工业总产值/从业人员来表示，1999年不变价，以下同）分别为123.25万元/人和74.62万元/人，位于36个行业的前两位，表明这两个行业在高速经济增长过程中保持能源节约和环境友好型的发展模式，而皮革、毛皮、羽毛（绒）及其制品业（G12）虽然不属于经济发达的行业（人均产值平均为15.18万元/人），但能源效率达到最高。纺织服装、鞋、帽制造业（G11）的TFEE值平均为0.86，但其人均产值只有14.56万元/人。家具制造业（G14）、文教体育用品制造业（G17）、电气机械及器材制造业（G31）和仪器仪表及文化、办公用机械制造业（G33）这四个行业TFEE值平均都在0.6以上，经济发达水平都处于中游水平（人均产值为20万元/人左右）。

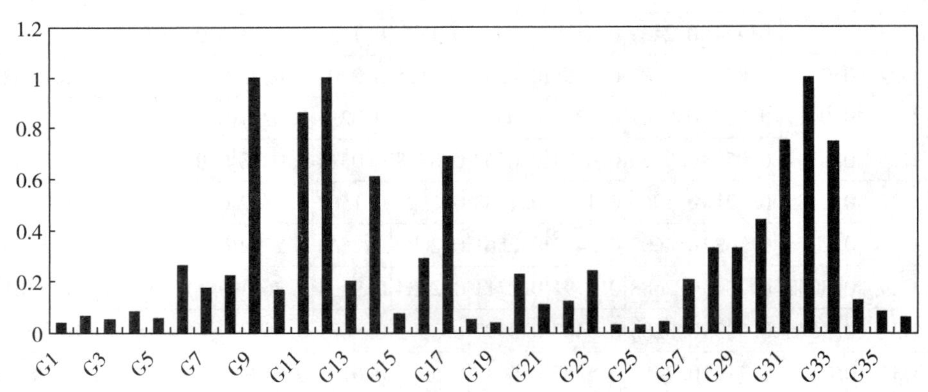

图2.3 1999—2009年中国工业行业全要素能源效率平均值

图2.3更加直接显示了中国工业各行业的全要素能源效率年平均值（1999—2009年11年的算术平均值），从中可以看出工业各行业能源效率的行业特征。从图2.3中可以看到，大多数工业行业的TFEE不足40%，存在着60%以上的能源浪费，在资源能源和环境约束日益严苛的情况下，这种低效率、粗放

式发展模式已经限制了这些工业行业的进一步增长。在样本研究期间 TFEE 最低的五个行业分别是：非金属矿物制品业（G24）、黑色金属冶炼及压延加工业（G25）、化学原料及化学制品制造业（G19）、煤炭采选业（G1）和有色金属冶炼及压延加工业金属制品业（G26），它们的能源效率值远未达到 0.1，说明这些行业的能源效率极低，能源浪费更严重，低于所有工业行业的全要素能源效率平均值，明显阻碍中国工业全要素能源效率的提高，但也同时表明这些行业在节能减排领域有很大的提升空间。

图 2.4 显示了 1999—2009 年中国工业部门平均全要素能源效率值（36 个工业行业的平均值）。从图 2.4 中可以看出，中国工业 TFEE 在经历了 1999—2003 年的缓慢下降后，在 2004—2009 年出现了一定程度的上升，不过中国工业在整个样本期间 1999—2009 年的 TFEE 都在 0.4 以下，且在 2003 年到达 TFEE 的最低值（0.27），在 2009 年上升到 0.38，表明中国工业在 1999—2009 年的经济增长过程中对能源使用均存在 60%以上的能源浪费，这也直接证实了中国工业经济增长仍然处在高耗能增长阶段。根据全要素能源效率测算框架，中国工业经济增长过程对能源使用要达到有效水平（即 TFEE＝1），那么中国工业可以节省近 11.7 亿吨标准煤（以 2008 年工业能源消费量 60%水平计算）。综合以上研究，中国工业在 1999—2009 年全要素生产率增长率达到 9.1%、技术进步增

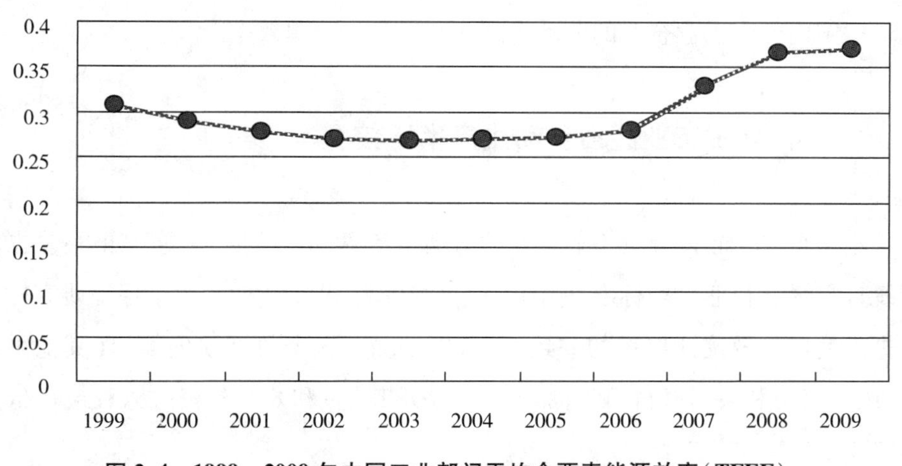

图 2.4　1999—2009 年中国工业部门平均全要素能源效率（TFEE）

长率也达到 7.4%，与全要素生产率及技术进步的增长表现不相一致，中国工业在此期间存在严重能源浪费，整体全要素能源效率值在 0.4 以下。

中国工业部门在 1999—2009 年的确取得了辉煌的经济增长成就，中国工业全要素生产率和技术进步在整个样本期间表现不断的增长，同时，中国工业技术进步促进了中国工业全要素生产率提高。但在这增长过程中也付出较高的能源消耗代价，存在 60%的能源浪费，全要素能源效率表现明显与中国工业技术进步和工业全要素生产率增长不相称，中国工业技术进步也许提高了资本和劳动要素的利用率，但肯定没有提高能源利用率。这也表明中国政府应该加强宣传节能意识，推广节能减排设备在工业部门的使用，利用不同渠道提高能效技术水平，切实提高工业能源效率。

第三节　中国内外资工业企业全要素能源效率比较

总体上看，中国的工业经济增长是以大量消耗能源为代价的。在增长过程中能源使用的效率还比较低，可能不及资本、劳动要素的使用效率，显然，中国工业能源利用效率还有很大提升空间。① 同时，中国工业部门作为吸引外资最多的部门，外资企业与内资企业在能源的使用效率方面值得更多关注。本节旨在比较中国内外资工业企业的劳动生产率和全要素能源效率。

一、内外资工业企业劳动生产率比较

本节首先比较内外资工业企业的劳动生产率，本节的行业划分如下：根据国家统计局最新行业分类标准，中国工业可细分为 39 个行业。为了保证研究样本数据的完整性及统计口径的一致性，从中剔除了 3 个数据缺失部门（其他采矿业、废弃资源和废旧材料回收、加工工艺品及其他）和 8 个外资进入程度极低的

① 经计算，全要素能源效率低于全要素技术效率，全要素技术效率是从所有生产要素的角度看生产过程的技术效率。

行业(煤炭开采和洗选业、有色金属矿采选业、黑色金属矿采选业、烟草制品业、石油和天然气开采业、燃气生产和供应业、非金属矿采选业及水的生产和供应业),如烟草制品业、石油和天然气开采业、有色金属矿采选业、黑色金属矿采选业和非金属矿采选业 2009 年"三资"从业人员分别为 0. 08、1. 03、0. 41、2. 1 和 2. 68 万人,因此本节最终选取了中国 28 个工业行业①作为数据分析的研究对象。

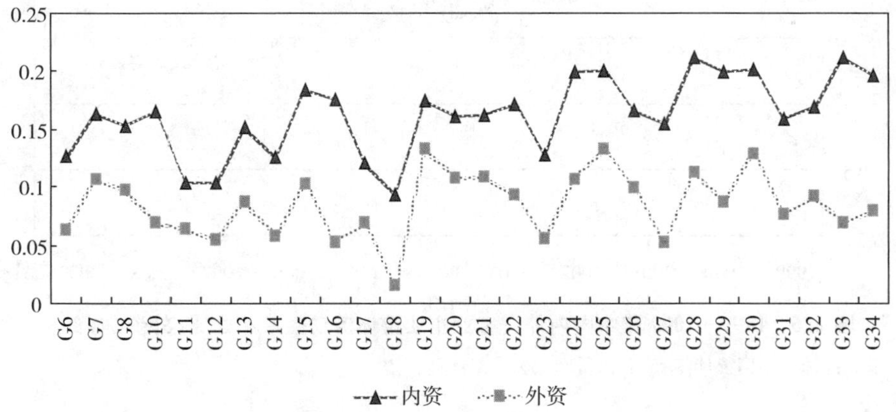

图 2. 5　1999—2009 年中国 28 个行业内外资工业企业劳动生产率年均增长率比较

资料来源:依据《中国统计年鉴》和国研网相关数据计算。

数据表明,1999—2009 年期间中国工业行业内外资企业的劳动生产率(用行业总产值比上行业从业人员年平均人数,万元/人,1999 年不变价)都表现出不断提高的态势。图 2. 5 比较了 1999—2009 年 28 个工业行业内外资企业劳动生产率年均增长率。在内资企业方面,2009 年各行业的劳动生产率与 1999 年相比增长幅度约为 2. 43 倍(石油加工、炼焦及核燃料加工业)到 6. 83 倍(仪器仪表及文化、办公用机械制造业),年几何平均增长率达 9. 29%(石油加工及炼

① 这 28 个工业行业分别是:食品制造业、计算机及其他电子设备制造业、皮革、毛皮、羽毛(绒)及其制品业、有色金属冶炼及压延加工业、家具制造业、石油加工炼焦及核燃料加工业、造纸及纸制品业、专用设备制造业、化学原料及化学制品制造业、电力、热力的生产和供应业、化学纤维制造业、金属制品业、医药制造业、橡胶制品业、纺织业、木材加工及木、竹、藤、棕、草制品业、交通运输设备制造业、饮料制造业、电气机械及器材制造业、塑料制品业、非金属矿物制品业、文教体育用品制造业、食品加工业、黑色金属冶炼及压延加工业、通用设备制造业、纺织服装、鞋、帽制造业、通信设备、仪器仪表及文化、办公用机械制造业和印刷业和记录媒介的复制。

焦业)到 21.18%(仪器仪表.文化办公用机械制造业)。同期外资企业劳动生产率增长幅度明显偏低,约为 1.16 倍(石油加工、炼焦及核燃料加工业)到 3.50 倍(黑色金属冶炼及压延加工业),年几何平均增长率为 1.52%(石油加工及炼焦业)到 13.33%(黑色金属冶炼及压延加工业)。

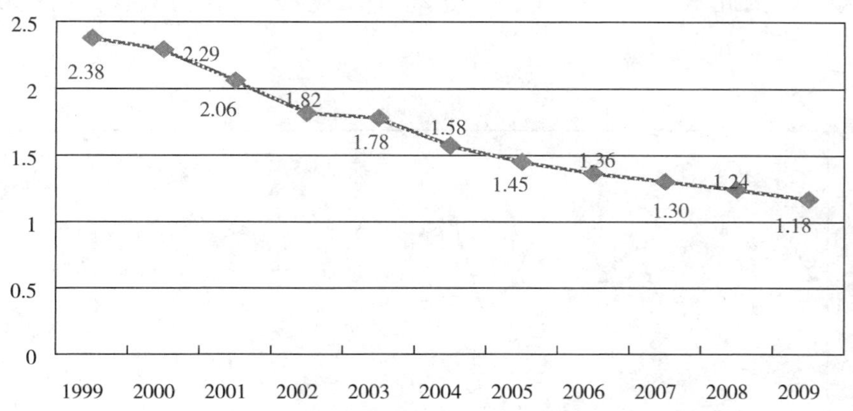

图 2.6　1999—2009 年中国内外资工业企业整体劳动生产率之比(外资/内资)

资料来源:依据《中国统计年鉴》和国研网相关数据计算。

外资企业进入中国工业各行业之后,凭借其本身具有的生产工艺、技术水平、管理经验、经营成本等各方面的优势,其劳动生产率水平比内资企业要高,但两者的劳动生产率差距在缩小。1999 年,在除皮革、毛皮、羽毛(绒)及其制品业(外资企业劳动生产率为 10.77 万元/人,内资为 11.09 万元/人)之外的 27 个工业行业中,外资企业的劳动生产率均高于内资企业,二者差距最高达 3.59 倍(电力、热力的生产和供应业)。但随着内资企业劳动生产率更快速地提升,二者差距不断缩小。2009 年,在纺织业(G10)、纺织服装、鞋、帽制造业、皮革、毛皮、羽毛(绒)及其制品业(G12)、木材加工及木、竹、藤、棕、草制品业、家具制造业、印刷业和记录媒介的复制、文教体育用品制造业(G17)、橡胶制品业、塑料制品业(G23)、金属制品业、电气机械制造业 11 个行业中,内资企业的劳动生产率均超过了外资企业,在其余的 17 个行业中,内外资工业企业劳动生产率的差距也大幅缩小。图 2.6 显示了 1999—2009 年内外资工业企业整体劳动生产率比率的变化趋势。通过计算各年度外资企业和内资企业劳动生产率(年度劳动生产率是 28 个工业行业的算术平均值）的比率可以发现，总体上看，外资企业与内资企业劳动生产率之间的比值从 1999 年的 2. 38 缩小至 2009 年的 1. 18，内资企业劳动生产率水平在不断提高，与外资企业劳动生产率的差距在不断缩小。

二、内外资工业企业全要素能源效率比较

外资企业从一开始就表现出比内资企业更高的生产率水平，然而内资企业劳动生产率水平在不断提高，与外资企业劳动生产率的差距在不断缩小。本节进一步比较内外资工业企业的全要素能源效率。本节的投入和产出指标选取及数据处理、来源同样已经在第一节得到说明，仍然选取 28 个工业行业。

虽然到目前为止，中国没有专门的外资企业能源消费量统计，但是考虑到外资企业的能源消费量在很大程度上既取决于外资企业的产值，也取决于外资企业的能源利用技术，因此本节采用如下公式间接计算得到：

$$EC_F = EC_T \times \lambda \times \frac{OLP_d/OLP_f}{1 + OLP_d/OLP_f} \tag{2.9}$$

式中，EC_F和 EC_T分别为各工业行业外资企业能源消费量和整个行业能源消费量；λ 为行业外资工业企业总产值占整个行业总产值的比重，即产量因素；OLP_f 和 OLP_d 分别为外资企业和内资企业的全员劳动生产率，因此 $\frac{OLP_d/OLP_f}{1 + OLP_d/OLP_f}$ 为外资企业能源利用技术系数。内资企业的工业总产值及从业人员数据用整个行业的数据减去外资企业（即“三资”企业）的数据计算得到。

借助 DEAP 2. 1 软件，本部分计算 1999—2009 年中国工业 28 个行业的内外资企业全要素能源效率。表 2. 4 和表 2. 5 分别给出了各年度各行业内外资企业的全要素能源效率值。

表 2. 4　1999—2009 年中国外资工业企业全要素能源效率

	1999 年	2000 年	2001 年	2002 年	2003 年	2004 年	2005 年	2006 年	2007 年	2008 年	2009 年
G6	0. 6769	0. 5986	0. 5192	0. 5952	0. 6185	0. 4710	0. 4996	0. 5907	0. 6400	0. 6461	0. 6733
G7	0. 2258	0. 2477	0. 2505	0. 2661	0. 3100	0. 2546	0. 2908	0. 3115	0. 3412	0. 3266	0. 3583
G8	0. 5159	0. 4669	0. 4330	0. 4167	0. 4065	0. 2899	0. 3229	0. 3621	0. 4054	0. 3949	0. 4447
G10	0. 4636	0. 4597	0. 4918	0. 4897	0. 4166	0. 2921	0. 3032	0. 3076	0. 3220	0. 3158	0. 3097
G11	0. 9770	0. 9517	0. 9592	0. 9353	0. 8774	0. 8511	0. 8631	0. 8581	0. 8221	0. 8498	0. 9195
G12	1. 0000	1. 0000	1. 0000	1. 0000	1. 0000	1. 0000	1. 0000	1. 0000	1. 0000	1. 0000	1. 0000
G13	0. 3372	0. 3720	0. 3569	0. 4046	0. 3921	0. 3495	0. 3817	0. 4795	0. 6300	0. 6953	0. 7953
G14	0. 5821	0. 5482	0. 5468	0. 6159	0. 5835	0. 7467	0. 7239	0. 6956	0. 7207	0. 8139	0. 8949
G15	0. 2007	0. 1673	0. 1530	0. 1519	0. 1468	0. 1054	0. 1077	0. 1218	0. 1411	0. 1415	0. 1597
G16	0. 6855	0. 5723	0. 5059	0. 4885	0. 3298	0. 3306	0. 4345	0. 4966	0. 4981	0. 5994	0. 6221
G17	0. 7910	0. 7473	0. 6159	0. 5487	0. 6374	0. 5378	0. 5419	0. 5693	0. 5614	0. 5990	0. 5815
G18	1. 0000	1. 0000	1. 0000	1. 0000	0. 1839	0. 1406	0. 1453	0. 1569	0. 1183	0. 1215	0. 1137
G19	0. 1744	0. 1855	0. 1677	0. 1827	0. 1208	0. 0908	0. 0874	0. 0966	0. 0957	0. 1012	0. 1228
G20	0. 5339	0. 5403	0. 5288	0. 5713	0. 4933	0. 4342	0. 4605	0. 5365	0. 5904	0. 5801	0. 6439
G21	0. 1560	0. 1307	0. 1687	0. 2595	0. 1688	0. 1425	0. 1735	0. 1974	0. 2004	0. 2083	0. 2163
G22	0. 2812	0. 2106	0. 1901	0. 2052	0. 1940	0. 1569	0. 1413	0. 1561	0. 1637	0. 1633	0. 1740
G23	0. 3535	0. 3123	0. 3077	0. 3323	0. 3128	0. 2319	0. 2023	0. 2440	0. 2874	0. 2746	0. 2956
G24	0. 1366	0. 1155	0. 1138	0. 1256	0. 1170	0. 0733	0. 0768	0. 0881	0. 1008	0. 1026	0. 1162
G25	0. 3446	0. 3555	0. 3542	0. 4502	0. 1923	0. 1213	0. 1085	0. 1092	0. 1049	0. 1012	0. 1058
G26	0. 2740	0. 2389	0. 2588	0. 2861	0. 1997	0. 1407	0. 1390	0. 1593	0. 1524	0. 1548	0. 1788
G27	0. 5288	0. 4398	0. 3797	0. 3440	0. 3214	0. 2886	0. 2811	0. 2994	0. 3275	0. 3611	0. 3685
G28	0. 7340	0. 7295	0. 7339	0. 7152	0. 7021	0. 6812	0. 7228	0. 7422	0. 8030	0. 8556	0. 8693
G29	1. 0000	1. 0000	0. 9661	0. 9112	0. 8428	0. 5917	0. 6136	0. 6407	0. 6964	0. 7392	0. 8036
G30	0. 9833	0. 9682	1. 0000	1. 0000	1. 0000	0. 8060	0. 8342	0. 9428	0. 9671	0. 9869	1. 0000
G31	1. 0000	1. 0000	0. 9957	0. 8567	0. 8119	0. 8714	0. 8833	0. 9779	1. 0000	1. 0000	1. 0000
G32	1. 0000	1. 0000	1. 0000	1. 0000	1. 0000	1. 0000	1. 0000	1. 0000	1. 0000	1. 0000	1. 0000
G33	0. 7834	0. 7738	0. 7126	0. 3593	0. 7564	0. 8230	0. 8706	0. 9043	0. 9445	0. 9391	0. 8978
G34	0. 5316	0. 4656	0. 4250	0. 4034	0. 2970	0. 6164	0. 4849	0. 6143	0. 6382	0. 7042	0. 7769
均值	0. 5811	0. 5571	0. 5405	0. 5327	0. 4797	0. 4443	0. 4534	0. 4878	0. 5097	0. 5277	0. 5515

在外资企业方面,其 TFEE 值平均为 0.5 左右,这意味着,外资总体上存在 50%左右的能源浪费。以 1999 年为例,皮革、毛皮、羽毛(绒)及其制品业、石油加工及炼焦业、专用设备制造业、电气机械及器材制造业和电子及通信设备制造业的外资企业都达到了能源效率的前沿面上,其 TFEE 都为 1。纺织服装、鞋、帽制造业和交通运输设备制造业的外资企业 TFEE 也超过了 0.9,说明外资在以上几个行业的能源使用都达到高效率。而食品制造业、造纸及纸制品业、化学原料及化学品制造业、化学纤维制造业、橡胶制品业、非金属矿物制品业等的外资企业 TFEE 都处在 0.3 以下。在内资企业方面,纺织服装、鞋、帽制造业、皮革、毛皮、羽毛(绒)及其制品业、石油加工及炼焦业、专用设备制造业、电气机械及器材制造业和电子及通信设备制造业能源效率较高,TFEE 均超过了 0.9,而食品制造业、纺织业、木材加工及竹、藤、棕、草制品业、造纸及纸制品业和化学原料及化学品制造业等的 TFEE 还不到 0.2。总体上看,内资企业的能源效率还处在较低的水平,通过 2008 年对比发现,文教体育用品制造业和塑料制品业中内资企业的能源效率高于外资企业,在除此以外的 26 个行业中,外资企业的能源效率均要高于或等于内资企业。

表 2.5 1999—2009 年中国内资工业企业全要素能源效率

	1999 年	2000 年	2001 年	2002 年	2003 年	2004 年	2005 年	2006 年	2007 年	2008 年	2009 年
G6	0.2110	0.1849	0.1774	0.1677	0.1862	0.1679	0.1761	0.1781	0.3058	0.3206	0.3574
G7	0.1250	0.1257	0.1224	0.1224	0.1367	0.1147	0.1211	0.1247	0.1863	0.1871	0.2261
G8	0.2189	0.1989	0.1971	0.1848	0.1855	0.1038	0.1142	0.1191	0.1429	0.1356	0.1495
G10	0.1590	0.1334	0.1305	0.1273	0.1149	0.1028	0.1026	0.0950	0.1691	0.1727	0.1808
G11	0.8529	0.7889	0.7333	0.6989	0.6776	0.6633	0.6434	0.6322	0.8221	0.8498	0.8675
G12	1.0000	1.0000	1.0000	1.0000	1.0000	1.0000	1.0000	1.0000	1.0000	1.0000	1.0000
G13	0.1752	0.1669	0.1514	0.1493	0.1248	0.1142	0.1085	0.1149	0.2467	0.1879	0.2582
G14	0.3895	0.3937	0.3781	0.4590	0.4645	0.6730	0.6207	0.5605	0.6955	0.7754	0.8949
G15	0.0665	0.2246	0.0525	0.0470	0.0447	0.0397	0.0413	0.0422	0.0519	0.0481	0.0485
G16	0.6855	0.4738	0.4918	0.4885	0.1330	0.1366	0.1856	0.1813	0.1968	0.2107	0.5620
G17	0.8502	0.7534	0.6335	0.5675	0.7190	0.6362	0.6466	0.7071	0.7461	0.7662	0.7491
G18	1.0000	1.0000	1.0000	1.0000	0.0191	0.0162	0.0165	0.0154	0.0155	0.0164	0.0136

续表

	1999 年	2000 年	2001 年	2002 年	2003 年	2004 年	2005 年	2006 年	2007 年	2008 年	2009 年
G19	0. 1563	0. 1906	0. 1360	0. 1238	0. 0206	0. 0190	0. 0183	0. 0182	0. 0202	0. 0203	0. 0236
G20	0. 1640	0. 1741	0. 1436	0. 2510	0. 2097	0. 1218	0. 1328	0. 1366	0. 1598	0. 1577	0. 2874
G21	0. 6311	0. 5698	0. 4706	0. 4979	0. 0379	0. 0468	0. 0522	0. 0531	0. 0583	0. 0573	0. 0579
G22	0. 1308	0. 1097	0. 0935	0. 1011	0. 0931	0. 0960	0. 0815	0. 0782	0. 1086	0. 1208	0. 1353
G23	0. 2949	0. 2418	0. 2287	0. 2307	0. 2093	0. 1675	0. 1397	0. 1475	0. 2923	0. 2940	0. 2974
G24	0. 0272	0. 0229	0. 0225	0. 0233	0. 0197	0. 0151	0. 0159	0. 0167	0. 0251	0. 0236	0. 0246
G25	0. 2484	0. 3045	0. 2599	0. 1841	0. 0145	0. 0143	0. 0124	0. 0118	0. 0125	0. 0121	0. 0118
G26	0. 3079	0. 2007	0. 0720	0. 1369	0. 0242	0. 0254	0. 0242	0. 0248	0. 0313	0. 0305	0. 0261
G27	0. 2154	0. 1907	0. 1685	0. 1494	0. 1312	0. 1267	0. 1252	0. 1269	0. 2382	0. 2543	0. 2478
G28	0. 6365	0. 5386	0. 4253	0. 3697	0. 3174	0. 1886	0. 1980	0. 1889	0. 2989	0. 2398	0. 4996
G29	1. 0000	1. 0000	0. 6674	0. 6137	0. 5609	0. 1628	0. 1753	0. 1789	0. 2874	0. 3044	0. 5385
G30	0. 8240	0. 6205	1. 0000	1. 0000	1. 0000	0. 2561	0. 2885	0. 3081	0. 3566	0. 3569	1. 0000
G31	1. 0000	1. 0000	0. 9957	0. 6240	0. 4732	0. 5262	0. 5401	0. 5546	1. 0000	1. 0000	1. 0000
G32	1. 0000	1. 0000	1. 0000	1. 0000	1. 0000	1. 0000	1. 0000	1. 0000	1. 0000	1. 0000	1. 0000
G33	0. 7558	0. 5263	0. 5263	0. 6281	0. 4469	0. 5846	0. 6464	0. 6607	0. 9445	0. 9391	0. 8978
G34	0. 5410	0. 2193	0. 2469	0. 1311	0. 0287	0. 0478	0. 0464	0. 0433	0. 0478	0. 0493	0. 0478
均值	0. 4881	0. 4412	0. 4116	0. 3956	0. 2998	0. 2560	0. 2598	0. 2614	0. 3379	0. 3404	0. 4073

图 2. 7 从时序角度显示了内外资工业企业的效率变化趋势。从图 2. 7 可以看到,内外资工业企业全要素能源效率与工业整体部门的全要素能源效率变化趋势相似,即在 1999—2003 年期间下降后,2004—2009 年期间出现了一定程度的上升;中国外资工业企业的 TFEE 平均值在 0. 5 左右,而内资工业企业的 TFEE 平均值在 0. 35 左右,这意味着,中国内外资工业企业总体上存在 50%—65%的能源浪费,不过外资企业的能源效率在每一年都比内资企业的能源效率高。同时,不管是外资企业还是内资企业,其全要素能源效率表现都不尽如人意,内外资企业的能源效率差距也没有明显缩小,这主要跟中国的外资政策、环境规制政策相关。

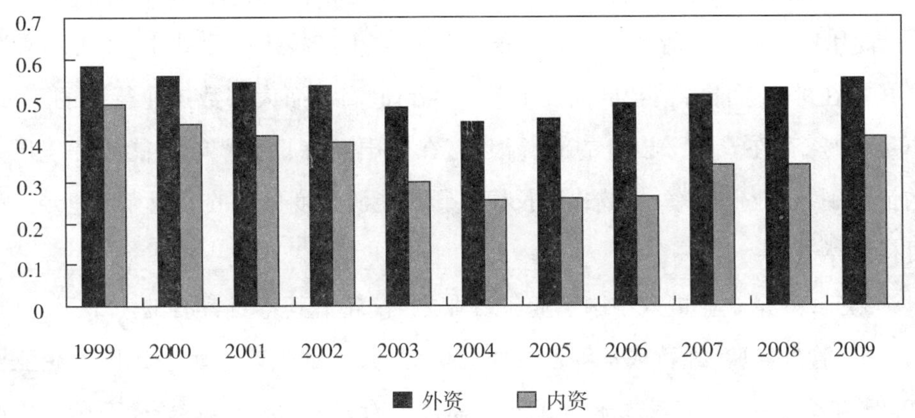

图 2.7　1999—2009 年中国内外资工业企业全要素能源效率变化趋势

◇　◇　◇

本章运用非参数数据包络分析的 DEA-Malmquist 指数方法，对中国工业 36 个行业 1999—2009 年全要素生产率和全要素能源效率进行了测算，并进一步考察了中国工业 28 个行业内外资企业的全要素能源效率，得到的结论可以概括为三条：

第一，总体来看，中国工业全要素生产率呈现稳步增长趋势，平均增长率为 9.1%。从行业细分看，36 个行业中全要素生产率最高的前五个行业分别是燃气生产和供应业(1.208)、电力、热力的生产和供应业(1.184)、烟草加工业(1.146)、黑色金属冶炼及压延加工业(1.132)和煤炭采选业(1.124)，这五个行业全要素生产率增长率在 12.4%—20.8%之间，而全要素生产率最低的五个行业增长率在-0.5%—6%之间，行业之间差异显著。从分解结果看，工业全要素生产率增长主要得益于技术进步的贡献，其平均增长率 7.4%，贡献为 81.3%；其次为纯技术效率，平均增长率 1.6%，贡献为 17.6%；规模效率的贡献为 0。

第二，在中国工业全要素生产率和技术进步在这期间不断增长的情况下，中国工业部门的全要素能源效率(TFEE)表现却不尽如人意，整体都在 0.4 以下。TFEE 在经过了 1999—2003 年的缓慢下降后，出现了一定程度的上升。分行业层看，烟草制品业(G9)、皮革、毛皮、羽毛(绒)及其制品业(G12)和通信设备、计算机及其他电子设备制造业(G32)这三个工业行业在所有样本期间的 TFEE 最高,都为 1,即这三个行业一直处于能源消耗的生产技术前沿线上,工业行业生产技术在考虑了能源消耗的前提下效率达到最高。而大多数工业行业的 TFEE 不足 40%,存在着 60%以上的能源浪费,在中国面临日益严峻的能源环境压力的情况下,工业低效率、粗放式增长模式影响能源强度目标的实现和工业经济的可持续增长。

第三,外企企业进入中国工业各行业之后,凭借其本身具有的生产工艺、技术水平、管理经验、经营成本等各方面的优势,其劳动生产率水平比内资企业要高,但两者的劳动生产率差距在缩小。总体上看,外资企业与内资企业劳动生产率之间的比值从 1999 年的 2. 38 缩小至 2009 年的 1. 18。然而,不管是外资企业还是内资企业,其全要素能源效率表现都不尽如人意,外资企业能源效率高于内资企业,内外资企业的能源效率差距也没有明显缩小,这主要跟中国的外资政策、环境规制政策相关。

综合来看,中国工业部门的增长总体上是伴随着全要素生产率提升和技术进步的,但是全要素能源效率却一直比较低。中国工业部门的全要素生产率提升、技术进步与全要素能源效率的表现背道而驰。中国工业部门的低能源效率可能在于工业的高耗能发展模式、能源价格机制扭曲、能源管理体制的多头与分散以及地方政府的"GDP 冲动"。因此,实现工业可持续发展的战略目标,只有从行业、企业等微观经济单元的性质出发,重点对待能源效率低且改进余地大的行业、企业,考虑行业、企业之间的异质性,制定行业、企业节能目标。同时,重视能源研发投入、能源资源的优化配置以及能源管理知识技能的提高与运用。在中国工业能源效率整体偏低的情况下,外资企业能源效率高于内资企业的能源效率,中国希望借助外资的技术(溢出)效应来提高工业部门的能源效率,那么外资对于中国工业能源效率影响如何?需要通过实证进一步研究。

第三章　FDI 技术效应对中国工业能源消耗的影响

中国由于其巨大的市场规模和快速的经济增长，成为吸引 FDI 最多的发展中国家，然而，能源问题直接制约中国经济的可持续稳定发展，尤其是在引进外资推动自身经济增长时更不能以大量能源消耗为代价。FDI 在推动东道国经济增长的同时，也可能给东道国环境造成一定的负面影响，尤其是对于那些迫切要求发展经济而放松环境规制水平吸引外资的国家，外资的进入将会导致一系列的能源环境问题。然而有学者认为，外资企业进入东道国，将带来先进能效技术、设备及能源管理经验，并通过技术溢出促进内资企业使用高效节能技术。贸易对环境的影响可分解为规模效应、结构效应及技术效应。其中，技术效应在许多研究中被认为具有较重要的地位，技术效应的方向和大小对于总效应的形成和变化具有较为显著的影响（Hettige 等，2000；罗堃，2007、2010）。[①] 因此，本章通过建立理论模型和计量模型，以中国 1999—2008 年地区工业面板数据为样本，采用静态和动态面板模型主要研究 FDI 技术效应（包括外资环境收益效应和外资向底线赛跑效应）对中国工业能源消耗的影响。

① Hettige, H., Mani, M. and Wheeler, D., "Industrial Pollution in Economic Development: Kuznets Revisited", *Journal of Development Economics*, Vol. 62, No. 2(2000), pp. 445-476；罗堃：《中国污染密集型产品贸易的环境效应及其扭曲——兼论效应分解与估计方法的改进》，《国际贸易问题》2010 年第 4 期。

第一节 FDI 技术效应的基本理论

一、FDI 技术溢出效应

外资企业进入东道国，能够在很长时间之内同内资企业进行竞争，是因为外资企业本身具有某种优势。国际直接投资理论中的垄断优势理论（Monopolistic Advantage Theory）又称特定优势理论，是用来解释外资企业在东道国投资具有一定垄断优势的理论。海默（Stephan Hymer）于 1960 年最早提出了该理论，并随后由金德贝格（Kindberg）进一步完善和发展。他们都认为，垄断优势是外资企业到东道国投资的根本原因，垄断优势既包括生产技术、管理与组织技能及销售技能等优势，也包括规模经济带来的技术研发、创新优势以及低成本优势。而 FDI 技术溢出效应发生的前提之一是外资企业拥有相对于东道国内资企业的某些特定优势。具体而言，FDI 技术溢出效应是指 FDI 通过示范模仿、竞争、人员流动、前后向关联等途径无意识地导致技术的非自愿扩散，促进当地企业技术水平的提高，带来积极的技术扩散效应。

根据 FDI 技术溢出理论的阐述，FDI 技术溢出效应是通过四类溢出渠道产生的：

第一，示范和模仿效应（Demonstration and Imitation Effect），指只有技术差距存在的情况下才可能出现示范和模仿作用，外资企业进入本国市场不仅带来了新设备、新产品或新的加工方法，还带来了管理与组织技能及销售技能等非物化技术，内资企业通过观察学习、模仿邻近的外资企业可以提高自己的技术和生产率水平。①

第二，竞争效应（Competition Effect）。这一效应多发生于产业内外资企业之间（Intra-industry），一方面外资企业的进入加剧了市场竞争，从而刺激内资企业

① Swan（1973）、Findlay（1978）、Koizumi & Kopecky（1977）、Mansfield & Romeo（1980）和 Das（1987）对此进行了开创性研究。

更有效地使用现有资源，推动自身技术的提高；另一方面，在本来具有强大壁垒或垄断的行业，由于外资企业的强行进入而在一定程度上消除垄断，社会福利水平和技术水平得以提高。同时，外资企业和内资企业可能存在相互博弈，内资企业技术水平的提高又会迫使外资企业采用更先进的技术，从而引发新一轮的技术溢出。[①]

第三，人员培训效应（Training Effect）。外资企业海外投资项目的有效运转，往往和当地人力资源的开发结合在一起。所谓人员培训效应是指：外资企业培训当地的管理人员和技术人员，当地技术人员参与对技术、产品和工艺的改进工作甚至研发活动，而这些员工后来又被本土企业雇用或者自办企业时，可能把由在外资企业从业获得的技术、营销、管理知识扩散出去。[②]

第四，关联效应（Linkage Effect）。关联效应被视为一种产业间溢出（Inter-industry），外资企业通常具有技术和信息上的优势，当它与当地的供应商或客户发生联系时，与供应商等上游企业发生后向联系以及与销售商等下游企业发生前向联系。当地厂商就有可能从其先进的产品、工序技术或市场知识中"免费搭车"，于是就发生了溢出，外资企业更高的技术标准也会促使当地合作企业提高技术水平。[③]

二、FDI向底线赛跑效应

另外一方面，"向底线赛跑"假说认为，投资或贸易自由化推动的竞争将导致世界范围内环境规制的降低。这是因为在自由贸易体系下各国的竞争将更加激烈，资本要素流动更加自由，资本将大量涌入环境规制较低的国家。为了阻止这种资金外流现象，其他国家也会降低环境规制，企业也会减少对排污、节能减排技术研发活动的投入。简言之，所有国家为了取得国际贸易的竞争优势，不断

---

① Das（1987）、Caves（1974）、Kokko（1996）和Wang & Blömstrom（1992）都分析了外资的竞争效应。

② Caves（1982）最早提出了人员培训效应。

③ Ariken & Harrison（1991）、林毅夫、平新乔和杨大勇（2000）、Castellani & Zanfei（2002）和Gorg & Strobl（2001）等学者都关注了FDI的关联效应，只是侧重点不一样。

地在环境规制标准上竞相探底。部分研究认为“向底线赛跑”的情况是存在的。从理论上说,为了设定有效的环境规制,一国政府应使规制的边际收益等于边际成本。但是,不同的国家削减等量污染物的成本是不同的,而这并不必然会导致经济上无效率的污染排放水平。另外,基于各国的环境自净能力、污染水平和环境偏好不同,不同国家在环境规制上的差异具有其合理性。即使生产过程标准存在某种程度的国际协调,但国家之间为达到这一目标的成本是有差别的。正如巴格瓦蒂(Bhagwati,1993)所指出的,从效率的角度来看,完全没有必要担心不同的国家设置不同的环境标准,只要这些标准是最优的且不存在全球或跨境外部性。① 但是,如果投资或贸易自由化使一国为了吸引资本的流入而故意设置次优的环境规制,这种战略性的行为就需要引起重视。波特和林德(Porter & Claas van der Linde,1995)认为,尽管那些已经有较高环境规制的国家不会参与到探底竞赛之中,但在环境标准较低和体制较差的国家,迫于竞争压力,会产生陷入环境标准底部(Stuck at the Bottom)效应,这可能导致国际环境条件的两极化。② 列文森(Levinson,1997)也建立了理论模型论证国家间对资本的竞争会导致次优的环境标准。③

中国经济具有明显的政府主导特征,各级地方政府在竞争 FDI 以推动本地经济增长方面的热情在世界范围内也是罕见的。从 20 世纪 80 年代开始,中国地方官员之间围绕 GDP 增长而进行的“晋升锦标赛”模式是理解政府激励与增长的关键线索之一,晋升锦标赛本身可以将关心仕途的地方政府官员置于强力的激励之下(周黎安,2007)④,具体到环境政策方面来说,中国环境政策的非完全执行(Incomplete Enforcement)在地区层面是普遍存在的现象(Wang & Jin, 2007)⑤,导致中国政府职能的转型和经济增长方式的转型变得困难重重。各地

---

① Bhagwati, Jagdish, “The Case for Free Trade”, *Scientific American*, Vol. 269, No. 5(1993), pp. 18-23.

② Porter, Michael, and Claas van der Linde, “Toward a New Conception of the Environment Competitiveness Relationship”, *Journal of Economic Perspectives*, Vol. 9, No. 4(1995), pp. 97-118.

③ Levinson, Arik, “A Note on Environmental Federalism: Interpreting Some Contradictory Results”, Journal of *Environmental Economics and Management*, Vol. 33, No. 3(1997), pp. 359-366

④ 周黎安:《中国地方官员的晋升锦标赛模式研究》,《经济研究》2007 年第 7 期。

⑤ Wang, H., Y. Jin, “Industrial Ownership and Environmental Performance: Evidence from China”, *Environmental and Resource Economics*, Vol. 36 No. 3(2007), pp. 255-273.

区为了维持或增强本地区的竞争优势以及对外资的吸引力，在很长一段时期内给予外资企业“超国民待遇”，具有优于内资企业在环境规制方面的“讨价还价能力”，可能会出现环境标准相对“竞次”现象，这将造成环境恶化，该现象得到了一些学者的研究支持（朱平芳等，2011）①。但是，更多学者的研究则认为，竞相降低环境标准的做法在现实中存在的可能性较小，环境标准“向底线赛跑”的论断缺乏足够的证据。还有一些研究甚至发现，投资贸易自由化与环境标准改善之间有一种积极的联系，以至于最后的结果可能是竞相提高环境标准。

第二节　计量模型、变量选取及数据说明

“FDI 降低东道国能源强度”是能源经济学中重要的研究问题之一。许多经验研究表明，FDI 与国际技术扩散和技术溢出密切相关。而本节也主要关注“FDI 技术效应是否能够降低中国工业能源强度。通过考虑技术效应的不同来源建立理论和计量模型，以中国省份工业面板数据为研究样本，实证分析 FDI 技术效应是否对中国工业能源消耗产生积极影响。

一、理论模型

在贸易与环境的文献中，许多学者认为贸易自由化对环境的影响主要可以分为三个方面：规模效应、结构效应和技术效应。同理，贸易和环境的分析框架也适用于能源消费，因为能源消费是大部分空气污染物的主要根源。在本章的分析中，本章主要考察 FDI 技术效应如何影响中国工业能源消费量和能源强度，将中国各省份工业能源消费量写成如下形式：

$$E_{it} = Y_{it} \sum_{j} \left(\frac{Y_{jit}}{Y_{it}} * \frac{E_{jit}}{Y_{jit}}\right) = Y_{it} \sum_{j} y_{ijt} e_{ijt} \quad (3.1)$$

① 朱平芳、张征宇、姜国麟：《FDI 与环境规制：基于地方分权视角的实证研究》，《经济研究》2011 年第 6 期。

其中,i 表示省份截面单元,j 表示工业部门各行业,t 表示时间;Y_{it} 表示第 i 个省份在第 t 年工业总产值,E_{it} 为工业部门能源消费量;Y_{ijt} 表示第 i 个省份在第 t 年的第 j 个工业行业总产值;E_{ijt} 为相应行业层面的能源消费量;$y_{ijt}=Y_{ji}/Y_i$ 为第 i 个省份第 j 个行业产出占整个工业部门的比例,$e_{ijt}=E_{jt}/Y_i$ 为行业单位产值能源消费量,反映能源技术水平。

将方程(3.1)两边取对数再微分,得到:

$$\hat{E}_{it} = \hat{Y}_{it} + \sum_j \hat{y}_{ijt} e_{ijt} + \sum_j y_{ijt} \hat{e}_{ijt} \tag{3.2}$$

方程(3.2)给出了影响中国工业能源消费量的三大直接因素:规模效应(工业总产值)、结构效应(工业行业结构)和技术效应(工业技术水平)。其中,规模效应是指,在工业行业结构和工业技术水平相对稳定的情况下,工业总产值增加的同时,需要能源投入越多,会造成工业能源消费量增加;结构效应是指工业行业结构变动在其他条件假定不变的情况下对工业能源消费量产生的影响,一般来说,在工业化阶段,工业行业结构将偏向能源密集型为主的重工业,工业能源消耗增加。而随着经济发展,工业行业结构优化升级,工业能源消耗减少;技术效应是指采用先进的技术和生产工艺,使用更有效的节能减排设备,减少工业能源消费量。

一些学者也对方程(3.2)的分析框架进行了分析和扩展,后续研究的主要贡献在于将政策效应和规制效应纳入分析框架中,然而,这些新增效应对工业能源消费量的影响作用往往是间接的,包含在规模效应、结构效应或技术效应之中。也就是说,方程(3.2)的分析框架最为简洁、最具解释力,本章以此为基础,进一步推导工业能源技术水平的影响因素。由于方程(3.2)等号右边结构效应和技术效应都存在其他因素的影响,为了更确切地显示结构效应和技术效应的意义,参考 He Jie(2008)①的研究,假设行业的能源强度可以认为是对省份能源强度进行一个行业平均能源强度指标的调整:$E_{ijt}/Y_{ijt}=e_{ijt} * E_{it}/Y_{it}$,因此方程可以写成:

---

① He, Jie,"Foreign Direct Investment and Air Pollution In China: Evidence From Chinese Cities", *Region et Developpement*, Vol. 28 No. 3(2008), pp. 131-150.

$$E_{it} = Y_{it} \sum_{j} (\frac{Y_{jit}}{Y_{it}} * e_{ijt}) \frac{E_{it}}{Y_{it}} \qquad (3.3)$$

$$E_{it} = Y_{it} \sum_{j} (\frac{Y_{jit}}{Y_{it}} * e_{ijt}) e(A) \qquad (3.4)$$

对数微分后得到：

$$\hat{z} = \hat{s} + \hat{\varphi} + \hat{e} \qquad (3.5)$$

方程(3.5)等号右边更加直接地表明中国工业能源消费量的三大影响因素:规模效应、结构效应和技术效应。其中,技术效应所体现的工业技术水平有着不同的获取途径,不同的途径可能对工业技术水平产生有差异的影响效果,下面分别说明获取技术的几种途径:

自主研发(R&D)是企业获得技术最重要且最主动的方式。张海洋(2005)均指出 R&D 投入增强了企业吸收现有知识和信息的能力,促进知识和技术的外溢。[①] 企业的科技活动除了依靠企业自身的 R&D 实现技术进步外,还可以通过购买国内其他企业的先进技术,增加先进的节能设备、技术和管理经验,也可能会提高自身技术水平及能源效率。

在经济全球化的背景下,一国除了依靠本土企业的 R&D 和购买国内技术实现技术进步外,另一个重要途径就是利用外部渠道充分吸收和利用世界各国的先进技术和经验。一般来说,引进国外技术主要有两种方式,一种方式是直接引进国外先进技术,另一种方式是通过 FDI 和国际贸易等渠道间接引进先进技术。通常认为,FDI 进入东道国必然带来更有效的技术,并通过示范效应、竞争效应以及人员培训效应等渠道将先进技术溢出到东道国本土企业。进出口将加剧国内外企业的竞争,也为进口国企业模仿蕴含在进口产品中的技术提供了机会,导致进口国企业的产品创新和技术效率提高。相对于国际贸易而言,FDI 的技术外溢效果和方式更加直接、多样化。

另外,环境库兹涅茨曲线(EKC)假说表明,在经济发展初期,人均收入水平较低,初期的能源消费和环境污染程度较轻,人们关注的焦点是如何摆脱贫困和实现快速的经济增长,从而忽视了对环境的保护,导致环境状况开始恶化。随着

① 张海洋:《R&D 两面性、外资活动与中国工业生产率增长》,《经济研究》2005 年第 5 期。

国民收入的提高,公众对环境质量提出更高的要求,在激励相容情况下,政府采取各种行政性或经济性手段提高环境规制水平的动力也逐渐增强,从而增加对节能减排技术的需求和供给,因此会导致能源消耗总量下降,能源效率提高。于布莱和凯勒(Hubler & Keller,2010)也称之为"收入引致的技术效应"。[①]

如上所述,写成如下技术效应函数:

$$e(A)=f(FDI,DR,FR,DP,PGDP) \tag{3.6}$$

其中, FDI 表示外商直接投资,DR 表示国内自主研发,FR 表示国外技术引进,DP 表示国内技术购买,$PGDP$ 表示人均实际 GDP。

对方程(3.6)微分后两边除以 $e(A)$ 得到:

$$e(\hat{A}) = f_{fdi}\,\hat{FDI} + f_{dr}\,\hat{DR} + f_{fr}\,\hat{FR} + f_{dp}\,\hat{DP} + f_{pgdp}\,\hat{PGDP} + f_{\eta}\hat{\eta} + f_{\delta}\hat{\delta} \tag{3.7}$$

其中,f_{FDI}表示 $e(A)$ 对 FDI 的偏弹性,即 $f_{FDI} = \partial \ln e(A)/\partial \ln FDI$; $\hat{x}$ 表示变量 x 的对数差分,即 $\hat{x} = \partial \ln x$,再将方程(3.7)代入方程(3.5)得到:

$$\hat{E} = \hat{s} + \hat{\varphi} + f_{fdi}\,\hat{FDI} + f_{dr}\,\hat{DR} + f_{fr}\,\hat{FR} + f_{dp}\,\hat{DP} + f_{pgdp}\,\hat{PGDP} + f_{\eta}\hat{\eta} + f_{\delta}\hat{\delta} \tag{3.8}$$

将方程(3.4)两边除以 Y_{it},整理得到:

$$\hat{EI} = \hat{\varphi} + f_{fdi}\,\hat{FDI} + f_{dr}\,\hat{DR} + f_{fr}\,\hat{FR} + f_{dp}\,\hat{DP} + f_{pgdp}\,\hat{PGDP} + f_{\eta}\hat{\eta} + f_{\delta}\hat{\delta} \tag{3.9}$$

FDI 对能源消费的影响主要通过规模、技术和结构三种路径来产生作用。FDI 规模效应:FDI 增长会促进经济规模增加,经济规模扩大会引起更多的能源消费。FDI 结构效应:FDI 会改变产业结构,各种不同的行业结构对能源消费有不同的影响。FDI 技术效应:FDI 会对本国技术水平产生影响。规模效应 s 包含了 FDI 所引起的经济规模增加,当然也包含其他因素引发的经济规模增加,结构效应 φ 也包含了 FDI 引起的产业结构变动,也就是说,FDI 规模效应和结构效应分别由 s 和 φ 所控制,[②]那么 f_{fdi} 就只表征 FDI 对中国工业能源消费量的技术效

① Antweiler 等(2001)在其理论模型中甚至把"收入引致的技术效应"当做唯一的技术效应。

② 在将理论模型转化为实证模型时,由于 FDI 的规模效应和结构效应测算工作量大,且因它很难与其他因素引发的规模效应和结构效应区分。

应关系，即在其他效应不变的情况下，如果 $f_{fdi}<0$，那么 FDI 技术效应对中国工业能源消费量的影响是正面的。

另外，根据本章第一节所述，FDI 技术效应有两方面效果：一是"外资环境收益效应"，即外资企业进入东道国带来了先进的能效技术、生产设备以及能源环境管理经验，并通过技术溢出效应促进东道国内资企业加大节能减排技术创新、提高能源效率，即 $f_{fdi}<0$。[①] 二是"向底线赛跑效应"，作为全球投资贸易自由化的结果，各国会降低各自的环境规制水平以维持或增强竞争力优势，出现所谓"向底线赛跑"或"特拉华效应"，甚至会出现消极对待或阻挠环境立法等漠视环境规制的现象，或者被称为"规制寒战"，即基于成本考虑或为避免竞争力优势流失而不再提高环境标准，这样做的结果导致外资企业或内资企业使用高耗能、高污染的生产技术，也会减少节能减排研发活动的投入，即 $f_{fdi}>0$。[②] FDI 是否降低东道国能源强度的问题已经引起许多学者的关注，而本章则主要研究 FDI 技术效应是否能够降低中国工业能源强度和能源消费量，理论上所论证的 FDI 技术效应与能源强度或能源消费量之间的关系，需要从实证的角度进一步确证。

二、计量模型及内生性

（一）静态模型设定

本章建立以下两个计量模型：

$$\ln EI_{it} = \underbrace{\alpha_1 COMP_{it}}_{\text{结构效应}} + \underbrace{\alpha_2 FDI_{it} + \alpha_3 \ln DR_{it} + \alpha_4 \ln FR_{it} + \alpha_5 \ln DP_{it} + \overbrace{\alpha_6 \ln PGDP_{it} + \alpha_7 (\ln PGDP_{it})^2}^{\text{收入引致的技术效应}}}_{\text{技术效应}}$$

---

① 在有关 FDI 的研究文献里，更多地称之为""FDI 技术溢出效应"。国内多数研究也认可外资技术外溢正效应的存在（姚洋，1998；沈坤荣等，1999；赖明勇等，2005）。

② 也有学者认为存在"FDI 负的技术溢出效应"（Haddad & Harrison，1993；Aitken & Harrison，1991；Djankov & Hoekman，1998；蒋殿春、夏良科，2005）。当外国公司在东道国所占的市场份额很大，并且与东道国技术差距较大时，此时 FDI 对东道国的技术进步不会发挥作用。

$$+ \delta_t + \eta_i + \varepsilon_{it} \qquad (3.10)$$

$$\ln E_{it} = \underbrace{\beta_1 \ln Y_{it}}_{\text{规模效应}} + \underbrace{\beta_2 COMP_{it}}_{\text{结构效应}} + \underbrace{\beta_3 FDI_{it} + \beta_4 \ln DR_{it} + \beta_5 \ln FR_{it} + \beta_6 \ln DP_{it}}_{\text{技术效应}} +$$

$$\delta_t + \eta_i + \varepsilon_{it} \qquad (3.11)$$

其中,i 表示省份截面单元,$i = 1,2\cdots\cdots,30$;t 表示时间;EI_{it} 和 E_{it} 分别以各省份工业能源消费量和能源强度来表示;Y_{it} 表示各省份工业总产值,$PGDP_{it}$ 表示各省份人均实际 GDP,$COMP_{it}$ 表示各省份工业经济结构;FDI_{it} 表示各地区 FDI;δ_t 表示时间非观测效应,主要反映经济增长以外,随时间变化的因素所发生的影响,例如环境政策、能源价格变化、节能减排技术的变化等;η_i 表示地区非观测效应,反映了省际持续存在的差异,诸如由于能源禀赋的差异所导致的不同的能源消费模式、规制的差别、偏好差异、社会责任等;ε_{it} 是与时间和地区都无关的随机误差项;DR_{it}、FR_{it} 和 DP_{it} 是其他控制变量,包括内资的自主研发、国外技术引进以及国内技术购买。对于方程(3.10),影响能源强度的直接因素只有结构效应和技术效应。根据环境库兹涅茨假说,考虑能源强度与人均收入之间可能存在的非线性关系,在方程中加入人均实际 GDP 平方项;对于方程(3.11),由于工业总产值越大,工业经济规模越大,人均收入也会越高,因此人均收入与工业总产值之间具有较强的相关性,无须再加入人均收入变量,一并用各省份工业总产值表示,那么此指标代表了规模效应和收入引致的技术效应的合效应。①

对于静态面板数据模型(3.10)和模型(3.11)而言,通常使用随机效应模型(Random Effects Model,REM)或固定效应模型(Fixed Effects Model,FEM)进行估计。两者的关键区别在于,地区非观测效应是否存在与模型解释变量有关的因素。REM 要求解释变量和地区非观测效应不相关,而 FEM 对解释变量和地区非观测效应之间没有要求,但是消耗更多的自由度,因此两者各有优劣。为此本章将通过豪斯曼检验(Hausman Test)在这两种估计方法之间进行选择。

方程(3.10)和方程(3.11)是本章基本的计量回归模型。在没有考虑内生性的情况下,对上述方程进行最小二乘法(OLS)和 FEM 估计,结果将是有偏的

① 也可以只用人均收入指标来表示,由于中国的人均收入水平仍处在能源消费量库兹涅茨曲线的左侧,没有越过转折点,所以经济规模扩大所带来的收入水平的提高在中国仍会引起更多的能源消费。

也是非一致的。这里的内生性主要体现在联立性。①

联立性(Simultaneity)的本质就是解释变量连带地由因变量决定,也即反向因果关系,或者因变量和解释变量同时受其他变量的影响。由联立性引起的内生性问题在现实中最为常见。具体表现在:

第一,FDI会促进经济增长。FDI不仅能通过增加物质资本投入直接作用于经济增长,还可以通过其“技术溢出效应”间接推动经济增长。而经济增长也会吸引更多的外资,传统的FDI区位理论和实证研究认为,较大的市场规模有利于吸引更多的外资企业。

第二,根据环境库兹涅茨曲线(EKC)假说,环境质量随着经济增长的积累呈现先恶化后改善的趋势。在经济发展初期,经济增长带来更多的能源消费及污染排放,随着收入提高,公众对环境质量的需求也会增加。这时对于政府来说,按照经济发展阶段变化的要求,识别节能减排的重要性,改变激励导向并制定和督促执行相应的环境规制水平。不过,更严格的环境规制(更少的能源消耗)通常对提高生产率和竞争力产生消极影响。因为严格环境规制在改善环境绩效的同时,将迫使企业改变生产方式或增加生产工艺流程,这都可能增加企业成本;或为达到相应的环境规制水平而投入的资源不会产生直接的生产价值;或产生挤出效应;等等。这些必然会降低企业的投入生产率,从而削弱企业竞争力。但也有可能通过积极的能源环境管理,推进技术创新,实现产品或生产工艺的创新,从而降低对环境的破坏;同时技术创新使企业的投入更具生产率,不仅弥补企业遵循严格环境规制的成本,而且为企业带来净收益,获得“创新补偿”(Porter Hypothesis)②。

第三,正如上面所分析的,FDI的能源环境影响存在着外资的环境收益和向底线赛跑两种效应相互作用,不过作用方向相反;另一方面,环境规制低的国家

① 为了使得OLS的估计具有无偏性、有效性、一致性,经典线性模型(CLM)要求外生性假定(一般情况下,放宽了强外生性的假定,用弱外生条件来进行替代),即模型中的解释变量独立于随机误差项,而内生性指的是模型中的解释变量与随机误差项同期相关,这样可能会造成参数估计的有偏和不一致。

② 波特假说是指:适当的环境规制将刺激技术创新,从而减少生产费用,提高产品质量,这样有可能使企业在国际市场上获得竞争优势,同时,有可能提高产业生产率。

会吸纳外资污染密集型产业集中，从而成为“污染天堂”。因此，这其中可能存在三个主要内生变量：能源消费、人均 GDP 和 FDI。

（二）动态模型设定

正如杜立民（2010）指出，任何经济因素变化本身具有一定的惯性和滞后性，前一期结果往往也会对后一期有一定影响。中国各省份的能源消费很可能存在滞后效应，引入因变量滞后项可以较好地控制滞后因素。对动态面板模型的估计可以使用差分 GMM 和系统 GMM。

以方程（3.10）为例，其动态模型为：

$$EI_{it} = \gamma EI_{i,t-1} + \alpha_1 COMP_{it} + \alpha_2 FDI_{it} + \alpha_3 \ln DR_{it} + \alpha_4 \ln FR_{it} + \alpha_5 \ln DP_{it} + \alpha_6 \ln PGDP_{it} + \alpha_7 (\ln PGDP_{it})^2 + \delta_t + \eta_i + \varepsilon_{it} \quad (3.12)$$

对方程（3.12）进行差分后，变成方程（3.13）：

$$\Delta EI_{it} = \gamma \Delta EI_{i,t-1} + \alpha_1 \Delta COMP_{it} + \alpha_2 \Delta FDI_{it} + \alpha_3 \Delta \ln DR_{it} + \alpha_4 \Delta \ln FR_{it} + \alpha_5 \Delta \ln DP_{it} + \alpha_6 \Delta \ln PGDP_{it} + \alpha_7 \Delta (\ln PGDP_{it})^2 + \Delta\delta_t + \Delta\varepsilon_{it} \quad (3.13)$$

在没有考虑内生性的情况下，对静态模型进行最小二乘法和固定效应估计，结果将是有偏的也是非一致的。考虑到与差分 GMM 估计相比，系统 GMM 方法通过对差分方程和水平方程同时进行估计，能够利用更多的样本信息，并且工具变量的有效性更强，得到的估计结果也更为有效。因此，本章在实证中也将使用动态模型中的系统 GMM 进行参数估计，该方法能够有效地解决解释变量的内生性问题。① 阿雷拉诺和邦德（Arellano & Bond，1991）假设残差项的一阶差分$\Delta\varepsilon_{it}$与所有解释变量（滞后二阶及以上）都不相关，即可以得到一阶差分的矩条件。并且该假设条件的满足需要差分方程（3.13）的残差项不存在二阶序列相关②，本章

① 这里的内生性主要体现在联立性（Simultaneity），其本质就是解释变量连带地由因变量决定，也即反向因果关系，或者因变量和解释变量同时受其他变量的影响。由联立性引起的内生性问题在现实中最为常见。如严格的环境规制（更少的能源消耗）通常对提高生产率和竞争力产生消极影响，也有可能刺激技术创新，提高产业生产率（Porter Hypothesis）。环境规制低的国家会吸纳外资污染密集型产业集中，从而成为“污染天堂”。因此，这其中可能存在三个主要内生变量：能源消费、人均 GDP 和 FDI。

② Arellano，Manuel and Bond，Stephen，1991，“Some Tests of Specification for Panel Data：Monte Carlo Evidence and an Application to Employment Equations”，*Review of Economic Studies*，Vol. 58，No. 2（1991），pp. 277-297.

也将在实证中给出该检验。

三、变量选取及数据说明

本章选取的变量构建情况说明如下：

（一）能源强度（*EI*）

工业以“全部国有及规模以上非国有工业企业”（以下简称“规模以上”）为统计口径。工业能源强度是工业终端能源消费量（*E*）与工业总产值（*Y*）的比值，即单位产值能源消费量（吨标准煤/万元）。将各省份工业部门原煤、原油、电力、天然气等消费量按照各自的标准煤折算系数换算成标准煤，为了统一计算，采用国家标准的折算系数，所以计算结果与各省份统计年鉴的数据结果有差异。各省份工业终端能源消费量的数据来源于《中国能源统计年鉴》中的“地区能源平衡表（实物量）”，工业总产值数据来源于《中国统计年鉴》。以 1999 年为基期，工业总产值采用各省份工业产品出厂价格指数进行平减，各省份工业品出厂价格指数来自于《中国统计年鉴》。

（二）工业行业结构（*COMP*）

参考 He Jie（2006）对结构效应的构造，采用基期全国各行业的能源强度作为权重对各省份工业行业总产值比重进行加权。[①] 公式为：$COMP_{it} = \sum (Y_{jit}/Y_{it} * e_{j0})$。其中，$Y_{jit}$、$Y_{it}$和 e_{j0}分别表示 t 时期 i 省份的 j 行业工业总产值、t 时期 i 省份的工业总产值和基期的全国 j 行业能源强度。本章以 1999 年为基期，由于采用全国各行业基期的能源强度进行加权，因此如果行业比重增加相同的份额，指标的值对于能源密集型行业要大于非能源密集型行业的数值，也就是说该指标的增加使得工业经济结构更加偏向于能源密集型的行业，因此预期该指标的估计系数应该为正。在计算工业行业结构指标时，考虑到统计口径一致性及数据来

① He，Jie，“Pollution Haven Hypothesis and Environmental Impacts of Foreign Direct Investment：The Case of Industrial Emission of Sulfur Dioxide（SO2）in Chinese Provinces”.

源,选取了 25 个工业行业。这 25 个工业行业的总产值占到整个工业总产值的 90%以上,因此能够较好地反映工业行业结构的变化。各省份 25 个工业行业的工业总产值、终端能源消费量数据来源于《中国工业经济统计年鉴》《中国能源统计年鉴》《中国经济普查年鉴 2004》。①

(三)外资进入度(*FDI*)

在研究 FDI 与环境关系方面,一些学者对于 FDI 指标的选取采用存量形式,也有学者采用流量形式。相对于流量数据只能考察 FDI 流入的短期效应,存量数据能够更为全面地考察 FDI 流入的长期累积效应,更好地反映 FDI 对经济规模、产业结构和技术水平的影响,所以本章 FDI 数据采用存量形式,并以工业"三资"企业为统计口径,用"三资"工业企业固定资产净值占规模以上工业企业固定资产净值来衡量,该变量将主要表征 FDI 技术效应。各省份规模以上工业企业和"三资"工业企业固定资产净值数据来源于《中国统计年鉴》。

(四)技术变量

本章根据企业获取技术的不同途径分为本国自主研发、国外技术引进和国内技术购买。由于《中国科技统计年鉴》没有明确公布上述三种技术获取方式的数据,根据该年鉴中企业不同类别的科技经费支出将其归类为本国自主研发、国外技术引进和国内技术购买。② 此外,这三个技术变量不仅影响当期的能源绩效,而且也会作用于以后若干时期的能源绩效,因此需要核算这三个变量的存

① 由于数据可得性,无法找到更细层面的行业结构指标。这 25 个工业行业分别是:这 25 个工业行业分别是:电力蒸汽热水生产供应业、电气机械及器材制造业、电子及通信设备制造业、纺织业、非金属矿物制品业、黑色金属矿采选业、黑色金属冶炼及压延加工业、化学纤维制造业、化学原料及化学制品制造业、交通运输设备制造业、金属制品业、煤炭开采和洗选业、普通机械制造业、石油和天然气开采业、石油加工及炼焦业、食品加工业、食品制造业、饮料制造业、烟草加工业、造纸及纸制品业、医药制造业、仪器仪表文化办公用机械制造业、有色金属冶炼及压延加工业、有色金属矿采选业和专用设备制造业。

② 在《中国科技统计年鉴》中,企业的科技支出包括企业科技经费内部支出(或技术开发经费内部支出)和其他技术活动经费支出。其中,其他技术活动经费支出包括技术改造经费、技术引进经费、消化吸收经费和购买国内技术经费。根据上述经费的用途和来源,将企业科技经费内部支出与技术改造经费之和代表本国自主研发数据;以技术引进经费与消化吸收经费之和代表国外技术引进数据;以购买国内技术经费代表国内技术购买数据。

量。同时,为了避免外资企业技术数据可能对实证结果造成的影响,本章采用剔除掉外资企业后的内资工业企业技术数据,在实证模型中将用人均内资工业企业国内自主研发存量(DR,用内资工业企业国内自主研发存量比上工业从业人员平均人数)、人均内资工业企业国外技术引进存量(FR)和人均内资工业企业国内技术购买存量(DP)。内资工业企业技术数据用工业部门规模以上工业企业的技术数据减去"三资"工业企业的技术数据求得。[①] 技术变量涉及的科技经费内部支出(或技术开发经费内部支出[②])、技术改造经费、技术引进经费、工业从业人员平均人数数据等来源于《中国统计年鉴》《中国科技统计年鉴》。

与物质资本存量一样,技术变量存量也可以用永续盘存法(Perpetual Inventory Method,PIM)来核算,以国内自主研发为例,核算公式为:

$$K_{it}^{R}=(1-D)K_{i,t-1}^{R}+E_{it}^{R} \tag{3.14}$$

K^R表示大中型内资工业企业国内自主研发存量,E^R表示大中型内资工业企业国内自主研发支出。D 为折旧率。i、t 分别代表省份和时间。

首先要将研发支出平减成实际值。关键是要设定研发支出价格指数。研发价格指数的构造一直是一个棘手的问题。文献中通常以消费物价指数和固定资产投资价格指数的加权平均值来表示研发价格指数。本章借鉴吴延兵(2006)的方法,[③]以各省份的消费者物价指数和固定资产投资价格指数的加权平均来表示,权重分别为 0.55 和 0.45,各省份消费物价指数和固定资产投资价格指数数据来源于中经网数据库。

对于研发存量的折旧率,已有文献通常将之设定为 25%。为了验证和比较不同折旧率造成研发存量对能源绩效的影响,除了设定 25%折旧率外,本章还设定了 15 %的折旧率。

对于基期研发存量,g 为样本期间内研发支出的平均增长率,则基期研发存量可以表示为:

---

① 《中国科技统计年鉴》只统计了大中型工业企业数据,考虑到小型工业企业在研发和技术引进等方面的不足,用大中型工业企业数据近似代表整体工业数据。

② 企业科技经费内部支出包括原材料费、劳务费、固定资产购建费和其他费用。

③ 吴延兵:《R&D 与生产率:基于中国制造业的实证研究》,《经济研究》2006 年第 11 期。

$$K_1 = E_1 + (1 - D)E_0 + (^{1} - D)2E_{-1} + L = E_1 + \frac{1 - D}{1 + g}E_1 + (^{)}2E_1 + L$$

$$= E_1 \sum_{s=0}^{\infty} (\frac{1 - D}{1 + g})^s = E_1 \frac{1 + g}{g + D}$$

(3. 15)

假定研发支出的平均增长率为 10%，则当折旧率 D = 15% 时，$K_1 = E_1(1+0.1)/(0.1+0.15) = 4.4E_1$，即基期研发存量是基期研发支出的 4. 4 倍；当折旧率 D = 25% 时，$K_1 = E_1(1+0.1)/(0.1+0.25) = 3.14\ E_1$，即基期研发存量是基期研发支出的 3. 14 倍。在不同的折旧率条件下，核算出基期研发存量后，就可以利用 PIM 计算出各省份 1999—2010 年历年的研发存量。

对于国外技术引进存量和国内技术购买存量，也同样可以使用测算国内自主研发存量的方法得到。国外技术引进经费和国内技术引进经费均以 1999 年为不变价用各省份相应年份的研发价格指数平减。国外技术引进存量和国内技术购买存量的折旧率分别取 15% 和 25%，并设样本前国外技术引进经费和国内技术购买经费的平均增长率均为 5%，则基期技术引进存量同样可以运用计算基期存量的方法得到。在此基础上，各省份的国外技术引进存量和国内技术购买存量同样根据 PIM 计算得到。

（五）人均 GDP（*PGDP*）

人均 GDP 衡量地区的经济发展水平，用来反映人均收入。① 通常，人均收入越高，公众对环境质量有更高的要求，政府也会采取措施投入更多的资源到节能减排领域。为保证可比性，以 1999 年为基期，通过 GDP 指数得到各省份 1999—2010 年的实际 GDP。分省份 GDP、GDP 指数及人口数据来源于《中国统计年鉴》。

下面对本章所使用的变量进行简要的统计描述。由于《中国科技统计年鉴》从 1999 年才开始对大中型工业企业的科技活动数据进行统计，本章选择

① 由于人均 GDP 反映了收入水平，劳均 GDP 反映了技术效率，根据环境库兹涅茨假说所表达的意思，不用工业增加值（或工业总产值）比上工业从业人员。

1999 年作为时间起点。另外，考虑到 2010 年之后，《中国科技统计年鉴》只公布规模以上工业企业科技活动的数据，而不再提供大中型工业企业的科技活动信息。为了统计口径的一致，将 1999—2010 年作为本章的研究区间。表 3.1 给出了各变量的描述性统计。在 1999—2010 年期间内能源消费量最大达到 10.115 万吨标准煤(对数)，最小只有 5.249 万吨标准煤。而能源强度在样本期间内的平均值为 0.151 吨标准煤/万元(1999 年不变价)，结构效应指标（*COMP*）平均也达到 1.385 吨标准煤/万元(1999 年不变价)。中国各省份工业的外资进入度都不大，平均为 16%，虽然外资主要投向了工业部门，但工业部门还是内资份额更大一些。外资进入度最大的可以达到 54%，最小的只有 0.7%。

表 3.1　单方程模型相关变量的描述性统计

变量	单位	平均值	标准差	最小值	最大值	样本
ln*E*	万吨标准煤	8.389	0.816	5.249	10.115	356
ln*EI*	吨标准煤/万元	0.151	0.729	−1.641	2.019	356
COMP	吨标准煤/万元	1.385	0.398	0.649	2.498	360
FDI	—	0.161	0.142	0.007	0.540	360
ln*Y*	亿元	8.207	1.295	5.080	11.307	360
lnP*GDP*	万元/人	0.123	0.634	−1.403	1.824	360
lnDR	元/人	9.541	0.583	7.973	10.607	360
		(9.816)	(0.585)	(8.192)	(10.825)	360
ln*FR*	元/人	7.038	0.696	1.919	8.674	360
		(7.440)	(0.696)	(2.449)	(8.757)	360
ln*DP*	元/人	6.222	0.727	1.959	8.168	360
		(6.748)	(0.688)	(2.365)	(8.297)	360

注：海南 2002 年，宁夏 2000 年、2001 年、2002 年能源消费量和能源强度数据缺失；ln*DR*、ln*FR* 和 ln*DP* 括号内数字为 15%折旧率的统计值。

中国 30 个省份大中型工业内资企业在 1999—2010 年期间人均自主研发平均支出存量约 9.541 元/人(按折旧率 25%计算)。人均国外技术引进经费和国内技术购买经费存量的均值分别约为 7.038 元/人和 6.222 元/人，从原始数字来看，两者之和相当于人均自主研发平均支出存量的 12.5%。由此可见，国内自主研发是中国创新能力的主要物质基础，国外技术引进和国内技术购买还有很大潜力。从表 3.1 的标准差及最大值和最小值可知，不同省份之间国内自主研发支出和技术引进经费的差异很大，这反映了各省份创新能力基础有很大差别。

第三节　FDI 技术效应影响中国工业能源消耗的实证分析

本节在计量模型的基础上，以中国省份工业面板数据为研究样本，并考虑变量之间的内生性问题，采用静态面板和动态面板模型实证分析 FDI 技术效应（包括外资环境收益效应和外资向底线赛跑效应）对中国工业能源能耗的影响。

一、基本回归分析

表 3.2 是因变量为中国工业部门能源强度自然对数的回归结果。模型（1）—模型（4）用固定效应模型估计了静态回归方程（3.10）。随机效应模型要求外生变量和个体非观测效应不相关，而固定效应模型没有这一要求。通过 Hausman 检验在这两种估计方法之间进行选择，结果都显示固定效应模型更优一些。

本章使用静态和动态面板两种模型设置，静态面板模型中的固定效应估计是除去组内均值的回归，动态面板模型不论是差分还是系统 GMM 估计都包含有对差分模型的估计，因此，这些估计方法都可以消除个体非观测效应。随时间变化的因素所发生的影响，例如能源价格变化、节能减排技术的变化、有关节能减排的政策等，这些时间非观测效应对各省份的影响是类似的，作用大小会略有差别，可以考虑加入时间虚拟变量捕捉这种变化的影响。但就本章而言，不管是固定效应模型，还是 GMM 模型，加入 9 个虚拟变量[①]，从而耗费更多的自由度，

① 本章研究时段为 1999—2008 年，共 10 年，可以加入 10 个时间虚拟变量，但为了防止共线性，一般去掉一个时间虚拟变量，余下 9 个时间虚拟变量加入模型。

使模型中待估计参数的方差增大。因此,本章采用相关研究中常用的方法,加入时间趋势变量 (ln$t$),以控制能源政策、节能技术等对所有省份能源绩效的共同影响。

表 3.2　因变量为工业能源强度自然对数 (lnEI) 的回归结果

	(1)	(2)	(3)	(4)	(5)	(6)	(7)	(8)
	FE	FE	FE	FE	IV-FE	Sys-GMM	Sys-GMM	Sys-GMM
COMP	0.481 ***	0.510 ***	0.448 ***	0.371 ***	0.449 ***	0.0885 ***	0.0813 **	0.0804 **
	(0.0846)	(0.0864)	(0.0909)	(0.107)	(0.0928)	(0.0317)	(0.0319)	(0.0328)
FDI	-0.586 **	-0.413			-1.067 **	-0.182 *	-0.221 **	-0.238 **
	(0.258)	(0.279)			(0.439)	(0.105)	(0.107)	(0.119)
ln*PGDP*	-0.715 ***	-0.751 ***	-0.721 ***	-0.554 ***	-0.753 ***	-0.0444 *	-0.0440 *	-0.0455 *
	(0.0561)	(0.0608)	(0.0822)	(0.145)	(0.0850)	(0.0265)	(0.0265)	(0.0268)
$(\text{Ln}PGDP)^2$	-0.108 ***	-0.115 ***	-0.104 ***	-0.0507	-0.087 ***	0.00096	0.0035	0.0047
	(0.0241)	(0.0250)	(0.0280)	(0.0388)	(0.0289)	(0.0136)	(0.0137)	(0.0144)
lnDR	-0.132 ***	-0.115 ***			-0.124 **	-0.0433 **	-0.0673 ***	-0.0682 ***
	(0.0396)	(0.0409)			(0.0505)	(0.0201)	(0.0238)	(0.0239)
ln*FR*		-0.0380 *			-0.00977		0.0234 *	0.0253 *
		(0.0227)			(0.0310)		(0.0121)	(0.0142)
ln*DP*		0.0110			-0.0402			-0.00309
		(0.0187)			(0.0273)			(0.0139)
ln*t*	0.0576 *	0.0685 **	0.0937 *	-0.0527	0.0731	-0.0141	0.00143	0.000608
	(0.0328)	(0.0334)	(0.0552)	(0.124)	(0.0617)	(0.0184)	(0.0202)	(0.0205)
L.*FDI*			-0.602 **					
			(0.291)					
L.*lnDR*			-0.115 ***					
			(0.0432)					
Lln*FR*			-0.0390					
			(0.0237)					
L.lnDP			0.0204					
			(0.0204)					
M.*FDI*				-1.193 ***				

续表

	(1)	(2)	(3)	(4)	(5)	(6)	(7)	(8)
	FE	FE	FE	FE	IV-FE	Sys-GMM	Sys-GMM	Sys-GMM
				(0.400)				
M.ln*DR*				-0.0971				
				(0.0643)				
M.ln*FR*				-0.0146				
				(0.0383)				
M.ln*DP*				-0.0138				
				(0.0331)				
L.ln*EI*						0.915***	0.916***	0.913***
						(0.0303)	(0.0302)	(0.0302)
Constant	0.882**	0.844**	0.829**	1.117**	1.216***	0.289	0.341*	0.362*
	(0.346)	(0.351)	(0.361)	(0.500)	(0.397)	(0.193)	(0.196)	(0.212)
AR(1)						-6.31(0.00)	-5.98(0.00)	-5.90(0.00)
AR(2)						0.77(0.44)	0.71(0.476)	0.71(0.477)
Hansen 检验						25.04(1.0)	22.02(1.00)	21.22(1.00)
F 值	214.6(0.0)	161.8(0.0)	144.0(0.0)	101.4(0.0)	141.4(0.0)			
样本	356	356	326	268	326	324	324	324
R^2	0.801	0.803	0.800	0.779	0.796			

注：*、**、*** 分别表示10%、5%和1%水平上显著；回归系数下面括号里的数为稳健标准误；AR、Hansen检验和F统计量下面括号里的数分别为prob>z、prob>z和prob>F(chiz)的值；在系统GMM估计中，回归中的前定变量为$\ln EI_{it-1}$，其一阶及更高阶的滞后项为工具变量，内生变量为*FDI*、ln*PGDP*及$(\ln PGDP)^2$，其二阶及更高阶的滞后项为工具变量。

从模型(1)的结果可以看出，外资进入度和工业能源强度显著负相关，这说明中国工业部门的外资存量所产生的技术效应是正面的，“FDI技术效应降低当地能源强度”的假说初步得到成立。人均GDP的一次项、二次项的系数在统计上显著，并且一次项和二次项的系数为负，这说明人均GDP与工业能源强度成显著的倒U型关系，环境库兹涅茨假说成立，并且人均GDP已经超过倒U型曲线的拐点，收入引致的技术效应也是正面的。随着人均收入的提高，环境服务由奢侈品变成正常品，公众对环境质量的需求增加了，政府采用各种行政性或经济性手段提高环境规制水平的动力也逐渐增强。为了检验模型(1)的稳健性,在模型(1)的基础上加入一些控制变量。模型(2)是在模型(1)的基础上增加了内资的国内自主研发、国内技术购买和国外技术引进三个变量,从回归结果来看,FDI在15%水平上显著为负,中国工业部门的外资存量所产生的技术效应是正面的,向底线赛跑效应小于外资的环境收益效应,[①]"FDI的技术效应降低当地能源强度"的假说仍然成立。人均GDP的二次项在1%水平显著为负,环境库兹涅茨假说仍然成立。工业内结构变量显著为正,结构效应是负面的。由于工业内结构指标的构造是采用基期能源强度做权重,因此该值越大表明工业内结构越偏向能源密集型。从回归结果可知,省份工业内部向能源密集型行业调整的结构变动会导致能源强度上升,高耗能的工业化发展方向是推动中国能源强度上升的重要因素之一基本符合中国事实。如从1999年到2004再到2010年,全国工业经济结构指标的平均数值(30个省份的平均值)依次为1.273吨标准煤/万元、1.429吨标准煤/万元和1.442吨标准煤/万元,说明工业部门产业结构更加偏向于能源密集型的行业。

另外,内资的国内自主研发和国外技术引进变量估计系数显著为负,表明中国工业部门内资企业的自主研发和国外技术引进可以降低能源强度,也就是说,国内自主研发和国外技术引进每提高1个百分点,工业部门能源强度将会分别降低0.115%和0.038%,鉴于目前发达国家在节能环保技术上的优势,一些有实力的企业率先走在前列,引进相关技术的同时降低能源强度。而国内技术购买变量显著为正,这反映了国内企业的国内技术购买经费在节约能源上的效果不好。

由于模型(1)和模型(2)不能够捕捉到外资滞后的技术溢出效应。同时,变量之间可能存在内生性,估计结果可能是有偏的和不一致的。模型(3)考虑技术溢出的滞后效应,这是因为技术溢出的效果相对于技术的产生是一种非及时的反应,并且这种溢出效应可能会在不同的时间阶段呈现不同的特点。因此,应当在一定的时间周期内考察技术溢出的滞后效应问题,这样才能更加完整的刻

---

① 朱平芳等(2011)发现环境规制对FDI的作用方向与FDI本身的水平高低密切相关,向底线赛跑效应在FDI水平最高的城市明显弱化,而这一效应在FDI中高水平的城市最为显著。

画技术溢出的效果。本章接着采用外资进入度、内资的国内自主研发、国外技术引进和国内技术购买这四个变量的滞后一期(用 L.表示滞后一期)进入方程,回归结果显示外资进入度的估计系数显著为负。为了进一步考虑更长时间滞后的技术溢出效应,模型(4)采用外资进入度、内资的国内自主研发、国外技术引进和国内技术购买这四个变量过去三年的移动平均值(用 M.表示过去三年的移动平均值)进入方程,回归结果同样显示外资进入度的估计系数显著为负。

模型(5)采用滞后期工具变量策略,在时间序列和面板数据中,以内生变量的滞后一期作为内生变量当期值的工具变量是一种很常见的选取工具变量的方法。滞后一期的内生变量与当期值有较强的相关性,通过当期值对能源强度产生影响,而当期的能源强度对前一期的内生变量则没有影响。从模型(5)的估计结果看,外资进入度变量在 1%水平上显著为负。

模型(6)—模型(8)估计了动态方程(3. 12),进一步将能源强度的一阶滞后项纳入分析。滞后项系数体现了上期能源强度对本期能源强度的影响。如前所述,本章应用系统 GMM 进行了估计,而 GMM 估计量的一致性有一个重要的前提,即一阶差分以后的扰动项不存在二阶序列相关,但是一阶序列相关是允许的。估计结果如表 3. 2 所示,系统 GMM 估计都不能拒绝模型没有二阶序列相关的原假设,因此系统 GMM 估计量是一致的。同时,本章通过 Hansen 检验考察了工具变量的有效性,Hansen 检验的原假设为所选工具变量是有效的。表 3. 2 的结果显示,Hansen 检验不能拒绝原假设。[①] 因此,系统 GMM 估计是有效的。

从模型(6)的结果来看,前期的能源强度和当期的能源强度显著正相关,这说明能源强度是一个连续、累积的调整过程。本章所主要关注的外资变量在动态模型里显著地和能源强度负相关,这说明外资进入所产生的技术效应是节能的,向底线赛跑效应小于外资环境收益效应。模型(7)—模型(8)增加了内资的国外技术引进和国内技术购买二个变量,重新进行系统 GMM 估计,结果表明外资进入度显著负相关。

---

① 与 Sargan 检验相比,Hansen 检验更加适用于异方差状况。

整体上看,中国内资企业的自主研发能够显著降低工业能源强度。国外技术引进变量估计结果不是很稳健,国外技术引进作为中国改革开放进程中企业提高技术水平的重要方式之一,也引入了一些先进的能效技术。然而中国内资企业的国内技术购买经费支出没能促进工业能效技术进步,甚至提高了工业能源强度,说明企业购买的国内技术在某种程度上是低能效的。所以中国工业内资企业的经费支出,不管是用作国内自主研发,还是国外技术引进或国内技术购买,都需要优化研发结构,提高质量和效率,切实提高工业能源效率。

本章接着将回归方程的因变量换成工业能源消费量,并对此进行了回归,回归结果见表 3. 3。从模型(1)的结果来看,工业总产值与能源消费量成正相关,规模效应为正①,表明工业总产值每增加 1%,中国工业能源消费量将增加 0. 476%。外资变量为负,但不显著。在模型(1)的基础上,模型(2)增加了内资的国内自主研发、国外技术引进和国内技术购买三个变量,外资变量同样不显著。另外,内资的国内自主研发估计系数显著为负,国外技术引进和国内技术购买变量不显著,表明中国工业企业的国内自主研发可以降低能源消费量,而国外技术引进和国内技术购买没能促进工业领域运用于节能减排的环境技术进步。这个结果与能源强度的估计结果类似。

表 3. 3 因变量为工业能源消费量自然对数 (ln$E$) 的回归结果

	(1)	(2)	(3)	(4)	(5)	(6)	(7)	(8)
	FE	FE	FE	FE	IV-FE	Sys-GMM	Sys-GMM	Sys-GMM
COMP	0. 592 ***	0. 613 ***	0. 519 ***	0. 308 ***	0. 522 ***	0. 0795 **	0. 0696 **	0. 0665 **
	(0. 0721)	(0. 0741)	(0. 0767)	(0. 0863)	(0. 0761)	(0. 0309)	(0. 0310)	(0. 0329)
FDI	−0. 230	−0. 073	−0. 289	−0. 519 *	−0. 534 *	−0. 365 ***	−0. 398 ***	−0. 408 ***
	(0. 229)	(0. 245)	(0. 246)	(0. 307)	(0. 329)	(0. 102)	(0. 104)	(0. 116)
ln$Y$	0. 476 ***	0. 445 ***	0. 416 ***	0. 324 ***	0. 423 ***	0. 959 ***	0. 962 ***	0. 964 ***
	(0. 0259)	(0. 0283)	(0. 0376)	(0. 0639)	(0. 0402)	(0. 0131)	(0. 0133)	(0. 0127)

① 外资所带来的经济规模增加,但由于人均收入与经济规模之间具有较强的相关性,同时人均 GDP 也会增加,变量 ln$Y$ 其实包含了规模效应和收入引致的技术效应,但与相对量能源强度不一样,对于绝对的能源消费量,收入引致的技术效应效果不大,更多的是规模效应,因为人均 GDP 还未越过其拐点。

续表

	(1)	(2)	(3)	(4)	(5)	(6)	(7)	(8)
	FE	FE	FE	FE	IV-FE	Sys-GMM	Sys-GMM	Sys-GMM
ln*DR*	-0.164 ***	-0.144 ***	-0.139 ***	-0.0500	-0.141 ***	-0.058 ***	-0.078 ***	-0.078 ***
	(0.0333)	(0.0339)	(0.0347)	(0.0499)	(0.0405)	(0.0184)	(0.0223)	(0.0223)
ln*FR*		-0.0347 *	-0.0320	-0.0523 *	-0.0256		0.0199 *	0.0230 *
		(0.0192)	(0.0195)	(0.0304)	(0.0252)		(0.0120)	(0.0139)
ln*DP*		-0.0177	-0.0130	-0.0476 *	-0.061 ***			-0.00694
		(0.0157)	(0.0170)	(0.0263)	(0.0207)			(0.0133)
ln*t*	0.131 ***	0.142 ***	0.232 ***	0.338 ***	0.177 ***	-0.00353	0.0103	0.00543
	(0.0294)	(0.0296)	(0.0477)	(0.0950)	(0.0504)	(0.0202)	(0.0217)	(0.0214)
L.ln*E*						0.868 ***	0.874 ***	0.876 ***
						(0.0317)	(0.0318)	(0.0314)
Constant	5.025 ***	5.380 ***	5.504 ***	5.900 ***	5.876 ***	0.790 ***	0.821 ***	0.831 ***
	(0.323)	(0.344)	(0.381)	(0.507)	(0.404)	(0.197)	(0.198)	(0.211)
AR(1)						-6.28(0.0)	-6.11(0.0)	-6.09(0.0)
AR(2)						0.86(0.39)	0.80(0.43)	0.79(0.43)
Hansen 检验						25.06(1.0)	22.49(1.0)	22.03(1.0)
F 值	569.3(0.0)	416.1(0.0)	365.9(0.0)	233.0(0.0)	379.290.0)			
样本	356	356	326	268	326	324	324	324
R^2	0.899	0.901	0.899	0.876	0.902			

注：*、**、*** 分别表示 10%、5%和 1%水平上显著；回归系数下面括号里的数为稳健标准误。在系统 GMM 估计中，回归中的前定变量为 $\ln E_{it-1}$，其一阶及更高阶的滞后项为工具变量，内生变量为 *FDI* 及 *Y*，其二阶及更高阶的滞后项为工具变量；模型(3)中 FDI 和技术变量为其滞后一期，模型(4)中 FDI 和技术变量为其过去三年的移动平均值。

模型(3)和模型(4)考虑到技术溢出的滞后效应。模型(3)采用外资进入度、内资的国内自主研发、国外技术引进和国内技术购买这四个变量的滞后一期进入方程；模型(4)为了进一步考虑更长时间滞后的技术溢出效应，采用外资进入度、内资的国内自主研发、国外技术引进和国内技术购买这四个变量过去三年的移动平均值进入方程，回归结果显示外资存量的估计系数显著为负，这表明外资对能源消费量的技术效应存在显著滞后效应。

模型(5)考虑到变量可能的内生性问题,同样采用滞后一期工具变量,外资变量在 10%水平显著为负,和能源强度的估计结果类似。另外,动态模型(6)—模型(8)的估计结果表明,前期工业能源消费量和当期工业能源消费量正相关,这说明能源消费量也是一个连续的调整过程。外资变量也显著地和能源消费量负相关,这说明外资技术效应对中国工业能源消费量影响是正面的,并且和表 3. 2 的结论一致。另一方面,静态模型和动态模型的估计结果表明工业行业结构是影响工业能源消费量的主要因素,这反映了工业行业结构的能源密集型发展方向促进工业能源消费量不断上升。所以应加快调整优化工业行业结构,适度限制高耗能行业的过快增长。而内资的国内技术购买和国外技术引进对工业能源消费量的影响不是很稳健,这同样表明内资企业在国内技术购买和国外技术引进上的经费支出没能有效减少工业能源消费量。不管怎样,中国工业企业在国内自主研发、国外技术引进和国内技术购买上的经费支出比例都很低,如 2009 年和 2010 两年,中国工业企业的总研发支出占工业总产值的比重分别仅为 0. 158%和 0. 162%。总之,中国政府应采取有效措施鼓励企业加大研发投资力度,通过提高研发程度来降低能耗的空间还是很大的。

二、稳健性分析

下面将从两个方面进行稳健性分析,第一个是从样本界定方面,考虑到国内自主研发数据 2008 年以前都是采用"科技活动经费支出"指标来表示,而 2008 以后《中国科技统计年鉴》不再报告该指标,而本章中 2009 年和 2010 年数据是用"研究与试验发展经费支出"指标近似代替。为了保持样本的统一性,重新界定样本为 1999—2008 年。另一个从变量处理方面,对于本章三个研发存量的折旧率,已有文献通常将之设定为 25%(吴延兵,2008),①而刘思明等(2015)也采

① 吴延兵:《自主研发、技术引进与生产率——基于中国地区工业的实证研究》,《经济研究》2008 年第 8 期。

用了15%的折旧率。[①] 为了验证和比较不同折旧率造成研发存量对能源绩效的影响，本章重新设定为15%，并对表3.2和表3.3重新估计。通过以上两个方面的分析，看是否会导致估计结果发生显著的改变。

表3.4和表3.5报告了稳健性检验结果。从中可以发现，我们主要关注的外资变量（*FDI*），其估计系数显著为负，这意味着，在其他条件相同的情况下，外资进入中国所带来的技术是积极的，能够有效减少中国工业能源强度和能源消费量，这与我们上一章的分析结果相符合。因此我们基于不同估计方法所得到类似的结论是比较稳健的。

表3.4 稳健性分析——因变量为工业能源强度自然对数（ln*EI*）

	(1)	(2)	(3)	(4)	(5)	(6)	(7)	(8)
	FE	FE	FE	FE	IV-FE	Sys-GMM	Sys-GMM	Sys-GMM
COMP	0.411 ***	0.435 ***	0.351 ***	0.240 *	0.398 ***	0.109 ***	0.106 ***	0.105 ***
	(0.0990)	(0.100)	(0.105)	(0.136)	(0.113)	(0.0388)	(0.0389)	(0.0403)
FDI	-0.707 **	-0.527 *	-1.037 ***	-1.687 ***	-1.632 ***	-0.325 **	-0.352 ***	-0.365 ***
	(0.290)	(0.316)	(0.360)	(0.564)	(0.615)	(0.126)	(0.127)	(0.139)
ln*PGDP*	-0.644 ***	-0.674 ***	-0.626 ***	-0.447 **	-0.617 ***	-0.0529	-0.0523	-0.0537
	(0.0763)	(0.0843)	(0.111)	(0.210)	(0.131)	(0.0329)	(0.0329)	(0.0335)
$(\text{Ln}PGDP)^2$	-0.116 ***	-0.129 ***	-0.0870 **	-0.0104	-0.0553	4.14e-05	0.00284	0.00370
	(0.0319)	(0.0331)	(0.0385)	(0.0567)	(0.0449)	(0.0169)	(0.0171)	(0.0176)
ln*DR*	-0.121 ***	-0.107 **	-0.0774	0.00528	-0.109 *	-0.0516 **	-0.0730 **	-0.0736 **
	(0.0446)	(0.0459)	(0.0479)	(0.0795)	(0.0615)	(0.0248)	(0.0299)	(0.0300)
ln*FR*		-0.0372	-0.0260	-0.0249	0.0150		0.0199	0.0214
		(0.0256)	(0.0286)	(0.0498)	(0.0428)		(0.0151)	(0.0172)
ln*DP*		0.0220	0.0269	-0.0169	-0.0615 *			-0.00289
		(0.0208)	(0.0221)	(0.0469)	(0.0370)			(0.0172)
ln*t*	0.0388	0.0500	0.0426	-0.178	0.0100	-0.00535	0.00815	0.00734
	(0.0336)	(0.0348)	(0.0633)	(0.170)	(0.0717)	(0.0230)	(0.0255)	(0.0259)
L.ln*EI*						0.868 ***	0.869 ***	0.867 ***

① 刘思明、侯鹏、赵彦云：《知识产权保护与中国工业创新能力》，《数量经济技术经济研究》2015年第3期。

续表

	(1)	(2)	(3)	(4)	(5)	(6)	(7)	(8)
	FE	FE	FE	FE	IV-FE	Sys-GMM	Sys-GMM	Sys-GMM
						(0.0379)	(0.0379)	(0.0380)
Constant	0.928 **	0.849 **	0.623	0.715	1.286 **	0.366	0.414 *	0.432
	(0.406)	(0.415)	(0.436)	(0.681)	(0.508)	(0.238)	(0.242)	(0.263)
样本	296	296	266	208	266	264	264	264
R^2	0.801	0.803	0.800	0.779	0.796			

注：限于篇幅，我们只报告了主要变量的估计结果，其他有关说明同表 3.2。

表 3.5　稳健性分析——因变量为工业能源消费量自然对数（ln*E*）

	(1)	(2)	(3)	(4)	(5)	(6)	(7)	(8)
	FE	FE	FE	FE	IV-FE	Sys-GMM	Sys-GMM	Sys-GMM
COMP	0.586 ***	0.614 ***	0.478 ***	0.233 **	0.517 ***	0.0822 **	0.0814 **	0.0950 **
	(0.0859)	(0.0887)	(0.0901)	(0.105)	(0.0913)	(0.0387)	(0.0379)	(0.0464)
FDI	-0.544 **	-0.396	-0.780 **	-0.605	-0.929 *	-0.544 ***	-0.559 ***	-0.480 ***
	(0.261)	(0.282)	(0.303)	(0.430)	(0.483)	(0.126)	(0.127)	(0.154)
ln*Y*	0.532 ***	0.510 ***	0.508 ***	0.335 ***	0.467 ***	0.957 ***	0.955 ***	0.963 ***
	(0.0340)	(0.0388)	(0.0503)	(0.0872)	(0.0589)	(0.0160)	(0.0160)	(0.0154)
ln*DR*	-0.143 ***	-0.130 ***	-0.111 ***	0.0387	-0.127 **	-0.0735 ***	-0.0986 ***	-0.0899 ***
	(0.0381)	(0.0392)	(0.0408)	(0.0641)	(0.0502)	(0.0234)	(0.0284)	(0.0285)
ln*FR*		-0.0337	-0.0194	-0.0818 *	-0.0123		0.0249 *	0.0222
		(0.0253)	(0.0277)	(0.0454)	(0.0371)		(0.0150)	(0.0175)
ln*DP*		0.00438	0.00675	-0.0697	-0.109 ***			0.00112
		(0.0231)	(0.0242)	(0.0517)	(0.0398)			(0.0209)
ln*t*	0.0957 ***	0.107 ***	0.154 ***	0.298 **	0.143 **	0.0191	0.0340	0.0210
	(0.0315)	(0.0328)	(0.0568)	(0.127)	(0.0572)	(0.0268)	(0.0287)	(0.0276)
L.ln*E*						0.831 ***	0.828 ***	0.839 ***
						(0.0398)	(0.0395)	(0.0392)
Constant	4.532 ***	4.734 ***	4.585 ***	5.582 ***	5.816 ***	0.979 ***	1.036 ***	0.891 ***
	(0.369)	(0.444)	(0.514)	(0.734)	(0.567)	(0.249)	(0.252)	(0.297)
样本	296	296	266	208	266	264	264	264
R^2	0.882	0.883	0.881	0.857				

注：限于篇幅，我们只报告了主要变量的估计结果，其他有关说明同表 3.3。

◇　　◇　　◇

本章运用 1999—2010 年中国 30 个省区工业面板数据，采用不同的计量模型——静态和动态面板模型，主要考察 FDI 技术效应对中国工业部门能源强度和能源消费量的影响，同时也对内资企业的国内自主研发、国外技术引进和国内技术购买与工业能源强度、能源消费量之间的关系进行了实证分析，主要结论如下：

第一，对于相对的工业能源消费水平，静态面板模型的计量结果显示，FDI 技术效应对中国工业能源强度影响是正面的，FDI 的环境收益效应大于向底线赛跑效应，"FDI 技术效应能够降低当地能源强度"假说可以成立。在考虑 FDI 滞后的技术效应情况下，外资进入度变量系数显著为负，在考虑内生性的情况下，基于工具变量的两阶段最小二乘法和动态面板模型也证实了该假说。另外，静态和动态面板模型都证实了结构效应是负面的，收入引致的技术效应是正面的，国内自主研发效应显著为负，计量结果比较稳健，而国外技术引进和国内技术购买还有很大潜力，甚至国内技术购买变量增加了工业能源强度。

第二，对于绝对的工业能源消费水平，静态和动态面板模型的估计结果表明，规模效应（包含收入引致的技术效应）和结构效应是负面的，工业经济规模的增加（人均收入也会增加）和工业经济结构能源密集化发展方向都增加了工业能源消费量。而外资技术效应能够降低工业能源消费量。另外，总体来说，不管是国内自主研发，还是技术引进变量，比率都比较低，增加研发强度来降低能耗的空间还是很大的。

外资进入所带来的技术效应确实可以提高中国工业能源强度和降低工业能源消费量。中国近些年越来越重视工业经济增长所造成的能源环境问题。但是，由于中国整体环境规制水平较低，部分地区存在强烈的 GDP 冲动，为了吸引外资促进经济增长，甚至采取更为放松的环境规制水平。也就是说，FDI 在某些方面给中国能源环境造成了一定的负面影响。由于 FDI 与能源消费的互相影响机理较为复杂，FDI 对能源消费的各种正面和负面效应还未有深刻认识。本章主要对 FDI 技术效应影响中国工业能源强度和能源消费量进行独立分析，但这只是一个初步探索。本章没有考虑 FDI 规模效应、结构效应以及收入引致的技术效应的作用大小和方向，即这些效应的效果还不能确定，可以考虑多元联立方程组方法进一步深化研究，因此，下一章将主要研究 FDI 影响中国工业能源消耗的总效应。

第四章 FDI 影响中国工业能源消耗的总效应

随着全球经济的日益融合和要素流动的全球化,FDI 作为资本和技术要素国际流动的综合体,对东道国经济、社会和环境产生着愈发显著影响。目前,FDI 对中国工业能源能耗的影响效应尚没有深入的理论和实证研究,大多数文献都主要关注“污染天堂假说”,即从 FDI 区位选择方程中检验环境规制变量是否存在显著影响(Xing & Kolstad,2002;耿强等,2010)。① 就像理论和模型分析的结果,FDI 或对外贸易通过影响一国或地区的经济规模、产业结构与技术水平,从而间接作用于其污染排放水平。同样,能源作为许多大气污染物的主要根源,FDI 与能源消费也是一个相互作用的大系统,建立单方程回归模型进行独立研究,只能得到 FDI 的部分影响效应,没能考虑 FDI 影响能源消费量或能源效率的总效应,同时,由于内生性问题,参数估计可能有偏且不一致。因此本章利用 1999—2008 年间中国 30 个省份工业面板数据,厘清 FDI 诱致的规模效应、结构效应、技术效应和收入引致的技术效应之间的关系,接着建立 FDI 影响中国工业能源消耗总效应的联立方程组(包括能源消费量或能源强度分解方程、FDI 规模效应方程、FDI 结构效应方程、FDI 技术效应方程、FDI 收入引致的技术效应方程、FDI 区位选择方程),采用三阶段最小二乘法(3SLS)估计 FDI-中国工业能源强度(能源消费量)联立方程组。并用弹性分析法计算出 FDI 路径下的不同影响效应的弹性大小和方向,这样将研究问题统一在一个系统框架中进行,结合计

① Xing,Y.,C.D.Kolstad,“Do Lax Environmental Regulations Attract Foreign Investment?” *Environmental and Resource Economics*,Vol. 21,No. 1(2002),pp. 1-22;耿强、孙成浩、傅坦:《环境管制程度对 FDI 区位选择影响的实证分析》,《南方经济》2010 年第 6 期。

量回归分析和效应分解弹性计算，以期得到 FDI 影响中国工业能源消耗总效应的研究结果，从而为中国利用外资的节能减排策略提供有益参考，对中国 2020 年碳减排承诺的兑现和经济转型目标的实现均具有重要的现实意义。

第一节　FDI 影响能源消耗的理论机制

一国或地区的污染排放水平可以分解成规模效应、结构效应和技术效应。能源作为主要大气污染物的主要根源，其同样受到规模效应、结构效应和技术效应的作用。(1)规模效应。一国或地区的经济规模增大，就需要投入更多的生产要素，能源作为其中一个生产要素，同样随着一国或地区的经济规模增大而消耗更多的能源，其规模效应是负面的；另外一方面，一国或地区的经济规模增大也会提高其人均收入水平，人均收入水平越高，公众将会对环境质量提出更高的要求，政府通过激励相容采取有利于节能减排的措施，促进企业使用更清洁、更高效的能源。也就是说，经济规模的扩大通过提高人均收入水平，进而对能源消耗产生正面影响。[①] (2)结构效应。产业不同，其单位产值的能源消费量不同。通常，随着一国或地区的经济发展，产业结构变动对能源消耗的影响先恶化后改善，当一国或地区的国民经济处于工业化或重工业阶段时，其产业结构是向高耗能方向发展，此时产业结构变动要消耗更多的能源，结构效应是负面的；而当一国或地区的产业结构向轻工业或第三产业转变时，此时产业结构变动会造成能源消耗量减少，结构效应变成正面的。(3)技术效应。一国或地区在节能减排领域的技术研发、先进设备及能源管理经验会提高其能源效率，也就是说，导致该国或地区单位 GDP 或产值的能源消耗量下降，所以技术效应一般情况下是正面的。

一、FDI 规模效应

一国或地区引进 FDI，可以弥补物质资本短缺的目的。FDI 进入该国或地

① 即“收入引致的技术效应”。

区可以增加其物质资本存量,从而促进经济增长,因为资本是决定经济增长的基本投入要素。同时,引进 FDI 除了带来了资本,更重要的是带来了先进的生产技术,外资企业的进入通过技术转移或技术溢出等促进该国或地区生产率提高,从而使经济规模扩大。此外,能源消费与经济增长的关系不是单向的,能源消费也会反作用于经济增长,能源同样作为一国或地区经济规模的生产要素之一,影响其生产活动。如果此时该国或地区生产活动的能源技术水平和产业结构的布局保持不变,经济规模的扩张就会同比例地增加能源消费量。所以,单从规模效应这一方面来讲,FDI 规模效应应该是负面的。

二、FDI 结构效应

FDI 对一国或地区能源消费量的结构效应可能正面的,也可能是负面的。如果对于发展中国家而言,FDI 往往使发展中国家产业结构向高耗能化、高污染化方向发展。一方面,发展中国家整体的环境规制强度不严厉,甚至为了吸引外资保持竞争力,在一定程度上降低环境规制标准或对外资企业实行双重标准,使得外商倾向于在能源密集型或污染密集型行业投资;另一方面,发展中国家由于所处的发展阶段,需要引入外资发展经济,其选择外资的能力有限,很可能依赖大量高耗能行业,而外资政策只有到更高的经济发展阶段时才会提高外资准入门槛,引导外资投向清洁行业。因此,产业结构高耗能化应与 FDI 同向变化,单从结构效应这一方面来讲,FDI 结构效应应该是负面的。

三、FDI 技术效应①

FDI 的正面技术效应最终取决于外资企业是否提高了东道国的能源效率水平。外资带来的积极技术效应在于:外资企业本身的高能效技术、先进设备及能源管理经验直接促进东道国能源效率提高,同时也会通过示范模仿效应、竞争效

① FDI 技术效应指 FDI“直接”引起能源技术水平的变动,而不是通过其他变量“间接”引起能源技术水平的变动,如“FDI 收入引致的技术效应”。

应、人员流动效应和垂直关联效应对东道国内资企业产生积极的能效技术溢出。外资带来的消极技术效应在于,为了吸引外资增强或保持竞争力,放松环境规制水平,使得进入环境规制水平较低地区的外资企业可能使用高耗能、高污染技术或者把低能效技术转移给东道国,同时,也会减少能效技术研发。因此,理论上的 FDI 技术效应效果需要通过实证去解决。

四、FDI 收入引致的技术效应

FDI 会促进经济增长。FDI 可以通过增加物质资本投入作用于东道国经济增长,也可以通过技术转移或技术溢出促进该国或地区生产率提高,从而作用于经济增长。经济规模增大也会提高其人均收入水平,人均收入水平越高,公众将会对环境质量提出更高的要求,政府通过激励相容采取有利于节能减排的措施,促进企业使用更清洁、更高效的能源。也就是说,经济规模的扩大通过提高人均收入水平,进而对能源消耗产生正面影响。对中国而言,当前仍处于能源消费量库兹涅茨曲线的左侧、未跨越拐点,因此人均收入提高只会增加能源消费,其积极功效还未显现。

图 4.1 显示,FDI 主要通过规模效应、结构效应、技术效应和收入引致的技术效应四种路径[①]对能源消费产生影响。同时,经济规模、产业结构和技术水平之间是相互决定的,第一,经济总量的扩大、人均收入的提高会引起产业结构的升级;第二,经济规模的扩大会增加政府和社会投资于节能减排的意愿,从而促进节能减排技术的不断创新发展;第三,产业结构的升级提高了生产率;第四,生产率的提高又有利于经济增长;第五,节能减排技术的发展与使用从短期来看增加了企业的成本负担,降低经济增长,但从长期来看,改善了生态环境,有助于实现经济的可持续发展,FDI 又影响以上三个影响因素,可见 FDI 是由 FDI—能源消费系统本身内生决定的。

① 需要说明的是,在理论模型转变为实证模型时,可能没有四种路径发生作用。

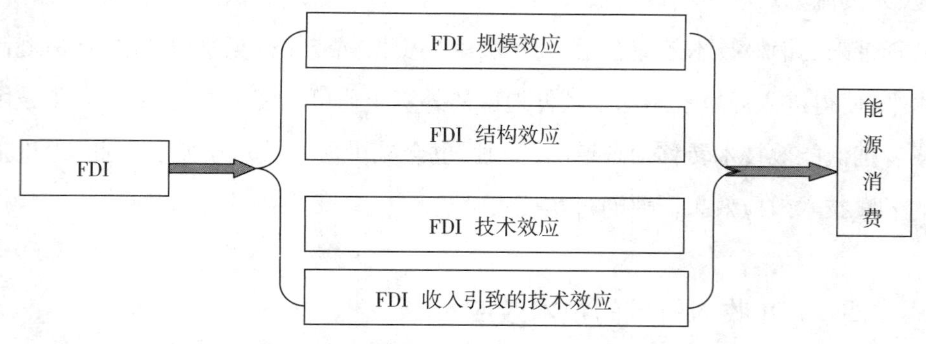

图 4.1 FDI 影响能源消费的理论机制

第二节 联立方程组模型、变量选取及数据说明

外资进入一国或地区,将对该国或地区的经济规模、产业结构和技术水平等产生影响。FDI 与能源能耗也是一个相互作用的大系统,建立单方程回归模型进行独立研究,只能得到 FDI 的一部分效应,没能考虑到 FDI 的其他影响效应,同时由于内生性问题,参数估计可能有偏且不一致。本节为了全面考虑 FDI 对中国工业能源能耗的影响效应,采用联立方程组模型估计,通过多方程得到的 FDI 对中国工业能源能耗影响总效应应该是较为准确的。

一、联立方程组模型

根据理论分析结果,FDI 对中国工业部门能源消费的影响途径分为经济规模、产业结构和技术水平。本章构建了以下联立方程组来考察 FDI 与能源消费之间的相互作用关系。一般来说,FDI、经济规模、产业结构、技术水平和能源消费是一个相互联系、相互影响的有机整体。鉴于此,本章构建了五个单方程的联立方程组:

$$E = e(Y, COMP, T) \tag{4.1}$$

$$GDP = g(PK, PL, PE, H, FDI) \tag{4.2}$$

$$Y = y(K, L, E, FDI) \tag{4.3}$$

$$COMP = \varphi(FDI, DI, TC, PGDP) \tag{4.4}$$

$$T = t(FDI, DR, FR, DP, PGDP) \tag{4.5}$$

$$FDI = f(W, L, DM, GDP, INFRA) \tag{4.6}$$

方程(4.1)是关于影响中国工业能源消费的经济因素分解,根据理论分析结果,将影响中国工业能源消费的因素分解为经济规模、产业结构和技术水平。其中 E 代表工业能源消费量,Y 代表工业经济规模,φ 代表工业行业结构,T 表示技术水平。方程(4.2)到方程(4.5)通过建立 FDI 与经济规模、产业结构和技术水平之间的联系,从而达到建立 FDI 和能源消费之间联系的目的。

方程(4.2)表示省份经济规模方程,因此根据 C-D 函数模型,实证中以 GDP 来衡量经济规模,PK 为省份物质资本存量,PL 为省区劳动力总量,PE 为省份一次能源消费总量,H 为人力资本存量,理论上,物质资本、劳动力、一次能源消费总量及人力资本与经济规模变量应同向变动。为考察外资进入度对省份经济规模的直接影响,在方程(4.2)中加入了 FDI 变量,FDI 应该与省份经济规模同向变动。

方程(4.3)表示工业经济规模方程,除了传统的生产要素资本和劳动常规要素外(K 为工业物质资本存量,L 为工业从业人员),能源消费变量也作为一个生产要素被加入方程(E 为工业终端能源消费量),理论上,能源消费变量与经济规模变量应同向变动。为考察外资进入度对工业经济规模的直接影响,在方程中加入了 FDI 变量。FDI 应该与工业经济规模同向变动。

方程(4.4)表示工业经济结构方程。一国的进出口贸易行为会影响其经济产业结构,本章用贸易竞争力指数(Trade Competitiveness,TC)①来表示,计算公式为:$TC = (EX - IM)/(EX + IM)$,其中,IM、EX 分别表示按境内目的地和货

① TC 指数是对国际竞争力分析时比较常用的测度指标之一,TC 指数在-1—1 之间。其值越接近于 0 表示竞争力越接近于平均水平;该指数越接近于-1 时表示竞争力越薄弱,只进口不出口;该指数越接近于 1 则表示竞争力越大,只出口不进口。

源地分货物进口总额和出口总额。基于恩格尔系数与人均收入的固定关系,[①]人均 GDP 在经济发展的不同阶段对于产业结构的影响不同,产业结构与人均 GDP 之间可能存在非线性关系。此外,内外资都会影响其产业结构,因此方程中还纳入了外资变量(FDI)和内资变量(DI)。

方程(4.5)表示工业技术水平方程。正如第三章所分析的,主要有内部和外部两种渠道。内部渠道一种是自主研发(DR),这是获得技术最重要而且最主动的内部渠道;另一种内部渠道是国内技术购买(DP),通过购买国内企业相关的设备、先进技术和管理经验等。外部渠道通过 FDI 技术转让或者溢出获得先进的技术。外资企业也可以通过竞争效应、示范模仿效应和人员流动效应等对本行业内资企业的技术水平发生影响;另一种外部渠道是国外技术引进(FR)。

方程(4.6)表示 FDI 区位选择方程。借鉴黄肖琦等(2006)的做法,FDI 区位选择的影响因素主要有三个方面:比较优势、地区性制度和新经济地理因素。[②] 选用劳动力的丰富程度(L)和劳动力成本(W)反映各地区的比较优势,这也是传统的 FDI 区位理论所普遍关注和认可的;市场经济制度越完善,资源的配置效率越高,经济行为人的交易成本越小。所以在其他条件相同的情况下,FDI 倾向于投资市场化程度(DM)高的地区,以开辟当地市场;运输成本($INFRA$)是 FDI 选择投资场所时考虑的重要因素。这是因为外资企业生产的目的无论是为了出口还是内销,其产品的市场价格都要受到东道国交通运输条件的影响;传统的 FDI 理论和实证研究认为,较大的市场规模(GDP)有利于吸引更多的外资企业,特别是水平型的 FDI。

二、变量选取及数据说明

本章使用的是中国 30 个省份 1999—2008 年的分省份工业面板数据,本章

① 恩格尔定律指食品支出占消费支出随收入变化而变化的一定趋势。用食品支出占消费总支出的比例来说明生产发展、收入增加对生活消费的影响程度。

② 黄肖琦、柴敏:《新经济地理学视角下的 FDI 区位选择——基于中国省际面板数据的实证分析》,《管理世界》2006 年第 10 期。

所用的工业部门数据以“规模以上工业企业”为统计口径，FDI 数据则以“三资”工业企业为统计口径。下面依次说明各个变量和数据来源。

（一）实际产出

各省份的实际产出用实际 GDP 表示，以人均 GDP 作为人均收入指标，工业经济规模采用工业总产值来表征工业总产出，三个指标均以 1999 年为基期，根据 GDP 指数和工业品出厂价格指数得到 1999—2008 年的实际值。各省份名义 GDP、工业总产值、GDP 指数、工业品出厂价格指数及人口数来源于《中国统计年鉴》和《中国工业经济统计年鉴》。

（二）劳动力

各省份劳动力采用各省份年底全社会从业人员数。除 2006 年外，各省份 1999—2008 年年底全社会从业人员数来自于中经网统计数据库，2006 年各省份劳动力数据取 2005 年和 2007 年数据的平均值得到。对于工业劳动力数据，2004—2008 年工业全部从业人员年平均人数数据直接来源于《中国统计年鉴》，1999—2003 年工业全部从业人员年平均人数数据根据《中国统计年鉴》中的“工业增加值”和“全员劳动生产率”计算所得。内资工业企业从业人员数据使用规模以上工业企业从业人员数据减去“三资”工业企业的从业人员数据求得。

（三）人力资本存量

人力资本的度量方法主要有人均受教育年限法、教育经费法、中等教育入学率和大学生的比率等。按照巴罗和李（Barro & Lee，1993）的方法，用中国全部 6 岁及 6 岁以上人口的平均受教育年限来衡量。① 根据中国实际情况，小学、初中、高中、大学及以上文化程度分别为 6、9、12 和 16 年。各省份 6 岁及 6 岁以上人口中不同学历层次人群的比重数据来源于 1999—2008 年《中国统计年鉴》“各地区按性别和受教育程度分的人口”，其中，2000 年数据来自于第五次全国

---

① Barro，R.J.and Jong-Wha，Lee，“International Comparisons of Educational Attainment”，*Journal of Monetary Economics*，Vol. 32，No. 3（1993），pp. 361-394.

人口普查,其余各年的人口抽样比重稍有不同。

(四)物质资本存量

本章同样采用永续盘存法(PIM)来核算各省份的物质资本存量。由于资本存量估算对于样本初始年份的选择比较敏感,在 PIM 意义下,初始年份选择得越早,则基年资本存量估算误差对后续年份影响就越小(张军、吴桂英和张吉鹏,2004)。[①] 参考此方法,本章使用 1990—2008 年的数据来测算各省份 1999—2008 年的资本存量。

首先以 1999 年为基期,根据固定资产投资价格指数对各省份名义固定资本形成总额进行平减。其次,估算 1990 年的资本存量,假设资本存量的增长率等于固定资本形成总额的增长率,根据初始年份资本存量的估算公式(折旧率取 9.6%)可以算出各省份 1990—2008 年的物质资本存量。各省份固定资本形成总额、固定资产投资价格指数来自于《新中国六十年统计资料汇编》、中经网数据库。

(五)能源消费量

各省份能源消费量采用一次能源消费总量,各省份工业能源消费量采用工业终端能源消费量。一次能源消费总量所用到的能源终端消费、转换数据以及工业终端能源消费量数据都取自历年《中国能源统计年鉴》中的“地区能源平衡表(实物量)”,工业能源强度是工业终端能源消费量与规模以上工业总产值的比值(以 1999 年为基期),能源实物量数据的标准量折算采用《中国能源统计年鉴》所附的“各种能源折标准煤参考系数”。

(六)工业行业结构

一些学者如于峰和齐建国(2007)用资本劳动比率(资本密集度)表示产业

① 张军、吴桂英、张吉鹏:《中国省际物质资本存量估算:1952—2000》,《经济研究》2004 年第 10 期。

结构。[①] 一般来说,资本密集度越高的行业,能源密集度也越高。如冶金、石油和电力等行业,技术装备多、投资量大、容纳劳动力较少,这类行业一般都会消耗大量的能源,故而能源强度也会很大。但是资本劳动比率高的行业不一定是能源密集性行业,如烟草等行业,所以不能简单认为资本密集型行业就是能源密集型行业。[②]

因此,本章构造一个合成指标来表征工业经济结构(φ)。公式为:$COMP_{it}=\sum(Y_{jit}/Y_{it}*e_{j0})$。其中 Y_{jit}、Y_{it}和 e_{j0}分别表示 t 时期 i 省份的 j 行业工业总产值、t 时期 i 省份的工业总产值和基期的全国 j 行业能源强度。这是因为行业不同、能源强度不同,若用所有行业的总产值占工业总产值的比重的总和表征经济结构,则等价于认为各行业的能源强度相同,与现实相去甚远。使用合成指标 φ 表征产业结构,一方面通过给各工业行业贴上耗能级别的标签,使 φ 的经济含义清晰,即表征产业结构重耗能化程度。另一方面 φ 中"能源强度始终为基年数值"的做法剔除了能源技术对产业结构的影响,这符合能源消费或环境污染分解方程中的结构效应定义,即在控制了经济规模和能源环境技术的条件下,产业结构对能源消费的影响。对于工业行业结构指标,考虑到统计口径一致性及数据来源,选取了 25 个工业行业。这 25 个工业行业的总产值占到整个工业总产值的 90%以上,因此能够较好地反映工业行业结构的变化。各省份 25 个工业行业的工业总产值、终端能源消费量数据来源于《中国工业经济统计年鉴》《中国能源统计年鉴》《中国经济普查年鉴 2004》。

(七)技术水平

一些学者用人均收入(因内生性考虑滞后的人均收入或过去三年人均收入的移动平均指标)作为技术效应的代理变量,甚至把人均收入作为唯一技术效

① 于峰、齐建国:《开放经济下环境污染的分解分析——基于 1990—2003 年间我国各省市的面板数据》,《统计研究》2007 年第 1 期。

② 在 Antweiler 等(2001)的模型中,资本密集型产业和劳动密集型产业分别被认为是高耗能(高污染)产业和低耗能产业,是一个抽象简化模型,现实中无论是资本密集型产业还是劳动密集型产业都有高耗能的行业,只不过前者相对于后者高耗能的行业更多而已。

应的代理变量。但是,人均收入引致的技术效应只是技术效应的一部分,不能代表所有的技术效应。另外,一些学者也用环境规制作为技术效应的代理变量,但是目前缺乏针对能源消费的环境监管指标,环境规制水平是不可观察的,因此指标的可获得性及数据质量会影响经验分析结论。[①]

(八)外资进入度

相对于用 FDI 绝对存量的变动来衡量 FDI 规模的变化。采用 FDI 进入度相对规模指标,能更加直观地反映 FDI 规模的变动,由于缺乏各省份工业部门实际利用 FDI 数据,外资进入度用"三资"工业企业固定资产净值比上规模以上工业企业固定资产净值表示,规模以上工业企业和"三资"工业企业固定资产净值数据来源于《中国统计年鉴》。

(九)研发数据

本章同样根据企业获取技术的不同途径分为本国自主研发、国外技术引进和国内技术购买。由于《中国科技统计年鉴》没有明确公布上述三种技术获取方式的数据,根据该年鉴中企业不同类别的科技经费支出将其归类为本国自主研发、国外技术引进和国内技术购买。[②] 此外,这三个技术变量不仅影响当期的能源绩效,而且也会作用于以后若干时期的能源绩效,因此需要核算这三个变量的存量,具体测算过程请见第三章。同时,为了避免外资企业技术数据可能对实证结果造成的影响,本章采用剔除掉外资企业后的内资工业企业技术数据,在实证模型中将用人均内资工业企业国内自主研发存量(DR ,用内资工业企业国内

① 对于环境规制的衡量指标,已有文献主要从三个角度进行度量:一是从各省份对于环境规制政策的反应上进行度量,如排污费、排污税率、污染治理支出和创新支出等(Dean 等,2005);二是从环境规制政策上考察环境治理成效的高低,如国外文献采用的环境条约的参与率指标;三是从环境规制的结果上度量,即用各种污染物排放量的绝对量变化或相对量变化来度量。基于中国环境规制水平整体较低,环境规制指标由于具有较大的主观性而往往难以令人信服。

② 在《中国科技统计年鉴》中,企业的科技支出包括企业科技经费内部支出(或技术开发经费内部支出)和其他技术活动经费支出。其中,其他技术活动经费支出包括技术改造经费、技术引进经费、消化吸收经费和购买国内技术经费。根据上述经费的用途和来源,将企业科技经费内部支出与技术改造经费之和代表本国自主研发数据;以技术引进经费与消化吸收经费之和代表国外技术引进数据;以购买国内技术经费代表国内技术购买数据。

自主研发存量比上工业从业人员平均人数)、人均内资工业企业国外技术引进存量(*FR*)和人均内资工业企业国内技术购买存量(*DP*)。内资工业企业技术数据用规模以上工业企业的技术数据减去“三资”工业企业的技术数据求得。[①]技术变量涉及的科技经费内部支出(或技术开发费用支出[②])、技术改造经费、技术引进经费、工业从业人员平均人数等数据来源于《中国统计年鉴》《中国科技统计年鉴》。

本章样本的时间跨度选择了 1999—2008 年的中国 30 个省份的面板数据。计量方法需要估计的联立方程组有 5 个内生变量,使用秩条件和阶条件判定,每个方程都属于过度识别,此时由于存在内生性问题,尤其是对于有限样本而言,使用 OLS 会使得估计有偏,对于内生性问题需要使用两阶段最小二乘法(2SLS)[③]。一般而言,该方法只适用于单方程估计,对于两个或两个以上的方程组估计需要使用三阶段最小二乘法(3SLS)估计或广义矩估计方法(GMM),两种估计方法同属于扩展的两阶段最小二乘法(H2SLS)。3SLS 就是对联立方程组中逐个方程进行 2SLS。GMM 是在 2SLS 的基础之上进行最优加权矩阵的处理,对于增加其有同性降低异方差具有很大作用。表 4. 1 给出了相关变量的描述性统计。

表 4. 1　联立方程组模型相关变量的描述性统计

变量	单位	平均值	标准差	最小值	最大值	样本数
ln*EI*	吨标准煤/万元	0. 236	0. 696	−1. 374	2. 019	296
FDI	—	0. 158	0. 143	0. 007	0. 540	300
COMP	万吨标准煤	1. 374	0. 395	0. 649	2. 498	300
ln*DR*	万元/人	9. 723	0. 573	8. 165	10. 835	300
ln*DP*	万元/人	6. 781	0. 701	2. 365	8. 297	300

① 《中国科技统计年鉴》只统计了大中型工业企业数据,考虑到小型工业企业在研发和技术引进等方面的不足,用大中型工业企业数据近似代表整体工业数据。

② 企业科技经费内部支出包括原材料费、劳务费、固定资产购建费和其他费用。

③ 2SLS 也是一种工具变量法,其具体机理是:第一步,将结构式方程先转换为简化式方程,可以直接采用 OLS 进行估计。第二步,由第一步得到内生变量的估计量替换原始值。它不仅可以适合于可识别的方程,也适合于过度识别的方程。

续表

变量	单位	平均值	标准差	最小值	最大值	样本数
ln*FR*	万元/人	7.427	0.710	2.449	8.767	300
ln*PGDP*	万元/人	0.013	0.602	-1.403	1.762	300
ln*GDP*	亿元	8.129	0.962	5.474	10.138	300
ln*PK*	亿元	8.837	0.872	6.397	10.791	300
ln*PL*	万人	7.418	0.839	5.476	8.672	300
ln*H*	年	2.066	0.116	1.761	2.406	300
DI	—	0.855	0.160	0.344	0.994	300
TC	—	0.074	0.206	-0.653	0.587	300
W	万元/年	0.174	0.067	0.071	0.414	300
DM	—	0.504	0.218	0.040	0.899	300
INFRA	公里/平方千米	0.602	0.437	0.025	2.414	300
ln*Y*	亿元	8.026	1.241	5.080	11.024	300

注:海南 2002 年,宁夏 2000 年、2001 年、2002 年一次能源消费总量和工业终端能源消费量数据缺失。

第三节　FDI 影响中国工业能源消耗总效应的实证分析

本节运用 1999—2008 年中国 30 个省份的工业面板数据,通过构建多维度的 FDI 工业部门能源强度和 FDI 工业部门能源消费量联立方程组模型,采用三阶段最小二乘法(3SLS)对联立方程组模型进行了实证估计,并用弹性分析方法计算了 FDI 不同影响效应(包括规模效应、结构效应、技术效应和收入引致的技术效应)的弹性大小及方向,以便得到外资进入度提高 1%对中国工业能源强度及能源消费量影响总效应的研究结果。

一、联立方程组模型估计结果

方程(4.1)建立了中国工业能源消费量与其分解因素之间的联系,方程

(4.2)到方程(4.5)分别建立了外资进入度与省份经济规模、工业经济规模、工业行业结构和工业技术水平之间的联系,方程(4.6)建立了外资进入度与其区位选择影响因素的联系,对方程(4.1)—方程(4.6)进行全微分,整理得到:

$$\frac{dE}{E} = \frac{\partial E}{\partial Y}\frac{Y}{E}\frac{dY}{Y} + \frac{\partial E}{\partial \varphi}\frac{COMP}{E}\frac{dCOMP}{COMP} + \frac{\partial E}{\partial T}\frac{T}{E}\frac{dT}{T} = \eta_{E-Y}\hat{Y} + \eta_{E-COMP}\hat{COMP} + \eta_{E-T}\hat{T} = \hat{E} \tag{4.7}$$

$$\hat{EI} = \eta_{EI-COMP}\hat{COMP} + \eta_{EI-T}\hat{T} \tag{4.8}$$

$$\hat{GDP} = \eta_{GDP-PK}\hat{PK} + \eta_{GDP-PL}\hat{PL} + \eta_{GDP-PE}\hat{PE} + \eta_{GDP-H}\hat{H} + \eta_{GDP-FDI}\hat{FDI} \tag{4.9}$$

$$\hat{Y} = \eta_{Y-K}\hat{K} + \eta_{Y-L}\hat{L} + \eta_{Y-E}\hat{E} + \eta_{Y-FDI}\hat{FDI} \tag{4.10}$$

$$\hat{COMP} = \eta_{COMP-FDI}\hat{FDI} + \eta_{COMP-DI}\hat{DI} + \eta_{COMP-TC}\hat{TC} + \eta_{COMP-PGDP}\hat{PGDP} \tag{4.11}$$

$$\hat{T} = \eta_{T-FDI}\hat{FDI} + \eta_{T-DR}\hat{DR} + \eta_{T-FR}\hat{FR} + \eta_{T-DP}\hat{DP} + \eta_{T-PGDP}\hat{PGDP} \tag{4.12}$$

$$\hat{FDI} = \eta_{FDI-W}\hat{W} + \eta_{FDI-L}\hat{L} + \eta_{FDI-DM}\hat{DM} + \eta_{FDI-GDP}\hat{GDP} + \eta_{FDI-INFRA}\hat{INFRA} \tag{4.13}$$

其中,η_{Y-X}表示 Y 对 X 的偏弹性,即 $\eta_{Y-X} = \partial \ln Y/\partial \ln X$;$\hat{X}$表示变量 X 的对数差分,即 $\hat{X} = d\ln X$ 。鉴于技术效应无法找到合适的代理变量,如人均收入只能反映技术效应的一部分、环境规制无法观测等,而且对规模效应、结构效应和技术效应分别找一个代理变量,就对能源强度或能源消费量的经济因素分解方程进行回归,可能会有遗漏变量偏误,同时,规模效应、结构效应能够找到很好的代理变量(工业总产值 Y、工业合成结构指标 $COMP$),因此将方程(4.12)代入方程(4.7)和方程(4.8),分别得到 FDI 能源强度和 FDI 能源消费量两个联立方程组。

(一)FDI 中国工业能源强度联立方程组模型

对于方程(4.14),影响能源强度的直接因素只有结构效应和技术效应。根据环境库兹涅茨曲线假说,考虑能源强度与人均收入之间可能存在的非线性关系,在方程中加入人均 GDP 平方项; δ_t 表示时间非观测效应,主要反映随时间变化的因素所发生的影响,例如环境政策、能源价格变化、节能减排技术的变化等;μ_i 表示地区非观测效应,反映了省际持续存在的差异,诸如由于能源禀赋的差异所导致的不同的能源消费模式、规制的差别、偏好差异、社会责任等;ε_{it} 是与时间和地区都无关的随机误差项。①

$$\ln EI_{it} = \underbrace{\alpha_1 COMP_{it}}_{\text{结构效应}} + \underbrace{\alpha_2 FDI_{it} + \alpha_3 \ln DR_{it} + \alpha_4 \ln FR_{it} + \alpha_5 \ln DP_{it} + \overbrace{\alpha_6 \ln PGDP_{it} + \alpha_7 (\ln PGDP_{it})^2}^{\text{收入引致的技术效应}}}_{\text{技术效应}} + \delta_t + \eta_i + \varepsilon_{it} \quad (4.14)$$

$$\ln GDP_{it} = \beta_0 + \beta_1 \ln PK_{it} + \beta_2 \ln PL_{it} + \beta_3 \ln H_{it} + \beta_4 FDI_{it} + \mu_i + \delta_t + \varepsilon_{it} \quad (4.15)$$

$$COMP_{it} = \chi_0 + \chi_1 FDI_{it} + \chi_2 DI_{it} + \chi_3 TC_{it} + \chi_4 \ln PGDP_{it} + \chi_5 (\ln PGDP)^2_{it} + \mu_i + \delta_t + \varepsilon_{it} \quad (4.16)$$

$$FDI_{it} = \gamma_0 + \gamma_1 W_{it} + \gamma_2 DM_{it} + \gamma_3 INFRA_{it} + \gamma_4 \ln Y_{it} + \mu_i + \delta_t + \varepsilon_{it} \quad (4.17)$$

本章分别使用 2SLS、GMM 和 3SLS 方法估计联立方程组模型,其中,2SLS 和 3SLS 方法都采用固定效应模型。② 由于面板中的固定效应模型是除去组内均值的回归,GMM 方法包含有对一阶差分模型的估计,因此,这些估计方法都可以消除个体非观测效应。而时间非观测效应对各省份的影响是类似的,作用大小会略有差别,可以通过加入时间虚拟变量捕捉这种变化的影响。但就本章而言,不管是固定效应模型,还是 GMM 模型,加入 11 个虚拟变量③,从而耗费更多的自由度,使模型中待估计参数的方差增大。因此,本章采用相关研究中常用的方法,加入时间趋势变量 (ln$t$), 以控制政策、技术等随时间变化的因素对所有省份的共同影响。

---

① 其他联立方程中的时间非观测效应和地区非观测效应不再说明。

② 随机效应模型要求外生变量和个体效应不相关,而固定效应模型没有这一要求。

③ 本章研究时段为 1997—2008 年,共 12 年,可以加入 12 个时间虚拟变量,但为了防止共线性,一般去掉一个时间虚拟变量,余下 11 个时间虚拟变量加入模型。

表 4.2 FDI 中国工业能源强度联立方程组模型回归结果

模型(1)		模型(2)		模型(3)		模型(4)	
变量	ln*EI*	变量	ln*GDP*	变量	*COMP*	变量	*FDI*
FDI	-1.952***	*FDI*	0.563***	*FDI*	1.879***	*W*	-0.250**
	(0.691)		(0.141)		(0.343)		(0.106)
ln*PGDP*	-0.630***	ln*PK*	0.446***	ln*PGDP*	0.112*	*DM*	-0.224***
	(0.134)		(0.0220)		(0.0652)		(0.0465)
$(\ln PGDP)^2$	-0.0428	ln*PL*	0.205***	$(\ln PGDP)^2$	-0.0901***	L.ln*Y*	0.0572***
	(0.0488)		(0.0751)		(0.0245)		(0.0145)
COMP	0.618***	ln*H*	0.348**	*DI*	1.107***	*INFRA*	-0.0169
	(0.157)		(0.148)		(0.410)		(0.0130)
ln*DR*	-0.137**	ln*t*	0.187***	*TC*	-0.0477	ln*t*	-0.0283**
	(0.0664)		(0.0177)		(0.0522)		(0.0111)
ln*FR*	0.00923	常数项	1.563***	ln*t*	0.0739*	常数项	-0.0807
	(0.0518)		(0.544)		(0.0389)		(0.110)
ln*DP*	-0.0364			常数项	0.0469		
	(0.0532)				(0.421)		
ln*t*	0.0401						
	(0.0705)						
常数项	1.180**						
	(0.573)						
F 值	69.18 (0.00)	F 值	1867.8 (0.00)	F 值	42.23 (0.00)	F 值	31.01 (0.00)
Within-R^2	0.697	Within-R^2	0.976	Within-R^2	0.505	Within-R^2	0.398
样本	266	样本	264	样本	264	样本	270

注：*、**、*** 分别表示 10%、5%和 1%水平上显著，回归系数下面括号里的数为标准误。

表 4.2 是使用 2SLS 估计方法的联立方程组模型回归结果。2SLS 方法的估计结果表明，从中国工业能源强度的经济因素分解方程（模型(1)）结果上看，结构效应指标显著为正，表明前后两年间工业行业结构每提高 1%，省份工业能源强度增长率（能源强度的对数取差分表示增长率）将会提高 0.618%，高耗能的工业化发展方向是阻碍中国工业能源强度快速下降的重要因素之一，这基本符合中国事实。外资进入度和工业能源强度显著负相关，由于外资变量系数反映

了 FDI 技术效应与中国工业能源强度之间的关系，这说明中国工业部门的外资存量所产生的技术效应是正面的，“向底线赛跑”效应小于“一冲到天”效应，即前后两年间 FDI 每提高 1%，省份工业能源强度增长率将会降低 1.952%。在结构效应和收入引致的技术效应假定不变的情况下，外资进入度的提高可以通过拉升技术水平而促使能源强度减少。收入引致的技术效应也显著为负，表明人均 GDP 增加 1%，省份工业能源强度将会降低 0.630%（人均 GDP 二次项不显著），随着人均收入的提高，环境服务由奢侈品变成正常品，公众对环境质量的需求增加了，政府采用各种行政性或经济性手段提高环境规制水平的动力也逐渐增强。其他影响技术水平的变量中，只有内资的自主研发能够显著降低工业能源强度，而国外技术引进和国内技术购买在节能减排上效果不大。不过，中国工业企业在国内自主研发，国外技术引进和国内技术购买上的经费支出比例都很低，如 2007 年和 2008 两年，中国工业企业的总研发支出占工业总产值的比重分别仅为 0.152%和 0.159%。[①] 也就是说，中国政府采取有效措施鼓励企业加大研发投资力度，通过提高研发程度来降低能源强度的空间还是很大的。

再从省份经济规模方程（模型（2））的回归结果上看，前后两年间 FDI 每提高 1%，省份 GDP 增长率将会提高 0.563%。外资进入度的提高，必然会引起工业经济规模的增加，并促进省份经济规模扩大，人均 GDP 也会上升（人口是外生变量），在其他效应假定不变的情况下，由于收入引致的技术效应是负向的，会致使工业能源强度减少。其他经济增长的要素，如省份物质资本、从业人员和人力资本，都显著增加了经济规模，符合经济理论预期。省份物质资本、从业人员和人力资本每提高 1%，省份实际 GDP 将会分别提高 0.446%、0.205% 和 0.348%。

中国工业行业结构方程（模型（3））的估计结果表明，外资进入度对中国工业行业结构有显著正向影响，即外资进入度每提高 1%，工业行业结构指标将提高 1.879%，这说明外资的进入造成中国工业行业向高耗能行业集中。由于结构效应是负面的，外资进入度通过正向影响工业行业结构，在技术效应假定不变

① 数据来源于《中国科技统计年鉴》，作者计算。

的情况下，这会进一步促使工业能源强度增加。内资也有同样的结果，可见，不管是内资企业，还是外资企业，都倾向于投资能源密集型行业，从而对工业能源强度产生了巨大压力。人均收入与工业行业结构成非线性关系，国内外产业发展的历史经验表明，随着人均收入水平提高，居民消费结构变化呈现出典型的非线性特征，受此影响，行业结构的变化和升级过程也具有非线性特征。另外，贸易竞争力指标对工业行业结构没有产生显著的影响。图 4.2 显示了 1999—2008 年中国工业内结构变化趋势。从 1999 年中国工业各行业能源强度可知，工业各行业能源强度差别较大，能源强度较大的行业大多集中在煤炭开采和洗选业、黑色金属矿采选业、造纸及纸制品业、石油加工、炼焦及核燃料加工业、化学原料及化学制品制造业、化学纤维制造业、非金属矿物制品业、石油和天然气开采业、黑色金属冶炼及压延加工业、有色金属冶炼及压延加工业、电力、热力的生产和供应业。中国工业内结构指标从 1999 年的 1.2725 万吨标准煤(30 个省份的平均值)上升到 2008 年的 1.4966 万吨标准煤，上升幅度 17.61%，说明中国工业行业正在向高耗能的产业结构转变。

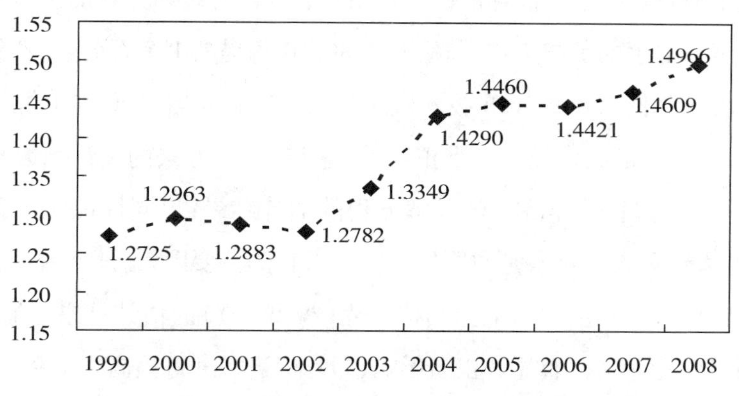

图 4.2　1999—2008 年中国工业行业结构变化趋势

FDI 区位选择方程(模型(4))的估计结果表明，劳动力成本显著为负，这也是传统的 FDI 区位理论所普遍认可的。市场化程度对外资进入度也有显著负向影响，表明 FDI 不愿意进入国有经济比重高的地区，而倾向于投资市场机制完善的地区。市场规模的回归系数显著为正，表明 FDI 喜欢进入市场规模大、消费能力高的地区。对于基础设施变量，估计结果不显著，原因可能在于在这一时间内各省份的基础设施差异不是海外投资者重要的考虑因素,在运输成本较高的情况下,企业倾向于把厂址设在大规模的市场周围以降低运输成本。

接着,本章应用 GMM 方法对联立方程组模型进行了估计,而 GMM 估计量的一致性有一个重要的前提,即一次差分以后的扰动项不存在二阶序列相关,但是一阶序列相关是允许的。从表中的检验结果可以看出,GMM 估计都不能拒绝模型没有二阶序列相关的原假设,因此 GMM 估计量是一致的。同时,我们通过 Sargan 检验考察了工具变量的有效性,Sargan 检验的原假设为所选工具变量是有效的。表 4. 3 的结果显示,Sargan 检验不能拒绝原假设。因此,GMM 估计是有效的。

从模型(1)的结果来看,结构效应也是负面的,由于该指标越大表明工业行业结构越偏向能源密集型,前后两年间工业内结构每提高 1 个百分点,省份工业能源强度增长率将会提高 0. 58%。通过分析中国 1999—2008 年工业行业结构变化趋势,我们发现中国工业行业结构指标从 1999 年的 1. 2725 万吨标准煤(30 个省份的平均值)上升到 2008 年的 1. 4966 万吨标准煤,上升幅度达到 17. 6%,说明中国工业行业正在向高耗能的产业结构转变。外资所体现的技术效应对工业能源强度有显著的负向影响,前后两年间 FDI 每提高 1 个百分点,省份工业能耗增长率将会降低 1. 06%,FDI 技术效应是正面的。人均 GDP 与能源强度之间负相关,收入引致的技术效应也是正面的,这与 2SLS 方法的估计结果相同。模型(2)显示了中国省份经济规模分解方程的估计结果,也同样证实了省份物质资本、从业人员和人力资本是中国经济规模增长的主要因素,外资变量也显著增加了省份经济规模。从中国工业结构方程(模型(3))的估计结果上看,外资变量对中国工业行业结构有显著正向影响,即外资进入度每提高 1 个百分点,工业行业结构指标将提高 0. 67%,这说明外资的进入造成中国工业行业向高耗能行业集中。内资也倾向于进入高耗能的行业。模型(4)的回归结果表明,劳动力成本变量此时不显著,而市场化程度显著为负、工业经济规模显著为正,符合经济理论预期。

表 4.3　FDI 中国工业能源强度联立方程组模型回归结果——GMM 方法

模型(1)		模型(2)		模型(3)		模型(4)	
变量	ln*EI*	变量	ln*GDP*	变量	*COMP*	变量	*FDI*
FDI	-1.169***	*FDI*	1.038***	*FDI*	0.670***	*W*	-0.0419
	(0.166)		(0.0633)		(0.119)		(0.0445)
ln*PGDP*	-0.590***	ln*PK*	0.592***	ln*PGDP*	0.0214*	*DM*	-0.112***
	(0.0305)		(0.0120)		(0.0116)		(0.0398)
(ln*PGDP*)^2	-0.0371**	ln*PL*	0.489***	(ln*PGDP*)^2	0.00348	L.ln*Y*	0.0084***
	(0.0172)		(0.00906)		(0.00946)		(0.00254)
COMP	0.580***	ln*H*	0.955***	*DI*	2.170***	*INFRA*	0.0188**
	(0.0425)		(0.0537)		(0.105)		(0.00793)
ln*DR*	0.0775***	ln*t*	-0.00849*	*TC*	0.320***	ln*t*	-0.00820
	(0.0250)		(0.00479)		(0.0190)		(0.00882)
ln*FR*	0.0412***	常数项	-2.857***	ln*t*	0.169***	L.*FDI*	0.852***
	(0.0129)		(0.0930)		(0.00650)		(0.0693)
ln*DP*	-0.0693***			常数项	-0.867***	常数项	0.159***
	(0.0149)				(0.111)		(0.0499)
ln*t*	-0.128***						
	(0.0160)						
常数项	-0.744***						
	(0.265)						
AR(1)	-1.74 (0.081)	AR(1)	1.66 (0.096)	AR(1)	4.07 (0.00)	AR(1)	-5/75 (0.00)
AR(2)	-0.26 (0.765)	AR(2)	0.76 (0.446)	AR(2)	-0.86 (0.388)	AR(2)	0.86 (0.390)
Sargan 检验	566.12 (0.00)	Sargan 检验	794.86 (0.00)	Sargan 检验	2841.5 (0.00)	Sargan 检验	40.96 (0.00)

注：*、**、*** 分别表示 10%、5%和 1%水平上显著，回归系数下面括号里的数为标准误；AR 和 Sargan 检验统计量括号里的数分别为 prob>z、prob>z 的值；由于模型(4)中解释变量中无内生变量，故在回归方程中加入因变量的滞后一期。

最后，本章最后采用系统估计方法继续探讨外资与中国工业能源强度之间的影响关系，3SLS 就是估计联立方程组模型全部方程的系统估计方法，基本思路是：首先对联立方程组模型中逐个方程进行 2SLS，然后再用广义最小二乘法

(GLS)估计联立方程组模型系统。表4.4是采用3SLS估计方法的联立方程组模型回归结果。观察估计结果,我们发现本章主要关注的变量估计结果与上述两种方法估计结果基本一致。模型(1)的回归结果显示,FDI技术效应和收入引致的技术效应都是积极的,结构效应是消极的;模型(2)的回归结果显示,FDI对省区经济规模有显著正向影响,省份物质资本存量和从业人员也显著增加省份经济规模;模型(3)的回归结果表明,外资和内资都显著造成中国工业结构趋向于高耗能化;模型(4)的估计结果表明,市场化程度和工业经济规模是吸引外资的重要影响因素。

表4.4 FDI中国工业能源强度联立方程组模型回归结果——3SLS方法

模型(1)		模型(2)		模型(3)		模型(4)	
变量	ln*EI*	变量	ln*GDP*	变量	*COMP*	变量	*FDI*
FDI	-2.379***	*FDI*	1.256***	*FDI*	2.391***	*W*	-0.0484
	(0.483)		(0.155)		(0.387)		(0.0811)
ln*PGDP*	-0.734***	ln*PK*	0.472***	ln*PGDP*	0.0471	*DM*	-0.174***
	(0.100)		(0.0188)		(0.0451)		(0.0362)
$(\ln PGDP)^2$		ln*PL*	0.313***	$(\ln PGDP)^2$	-0.103***	L.ln*Y*	0.0442***
			(0.0676)		(0.0210)		(0.0110)
COMP	0.609***	ln*H*	0.115	*DI*	0.859**	*INFRA*	-0.00929
	(0.210)		(0.141)		(0.377)		(0.0105)
ln*DR*	-0.0567	ln*t*	0.111***	*TC*	-0.0261	ln*t*	-0.0243***
	(0.0470)		(0.0127)		(0.0442)		(0.00558)
ln*FR*	-0.00724	常数项	1.041**	ln*t*	0.0554***	常数项	-0.0513
	(0.0348)		(0.510)		(0.0206)		(0.0857)
ln*DP*	0.00860			常数项	0.212		
	(0.0256)				(0.388)		
ln*t*	0.0629*						
	(0.0350)						
常数项	0.246						
	(0.422)						
Chi2	776.27 (0.00)	Chi2	9588.6 (0.00)	Chi2	313.25 (0.00)	Chi2	227.26 (0.00)

续表

模型(1)		模型(2)		模型(3)		模型(4)	
R^2	0. 696	R^2	0. 965	R^2	0. 413	R^2	0. 396
样本	296	样本	296	样本	296	样本	296

注：*、**、*** 分别表示 10%、5%和 1%水平上显著，回归系数下面括号里的数为标准误；Chi2 统计量括号里的数为 prob>chiz 的值；在用 3SLS 估计联立方程组模型时，模型（1）中变量 $(\ln PGDP)^2$ 不显著，与 2SLS 结果一致，表 4. 4 报告的是去掉该变量之后的估计结果。

（二）FDI 中国工业能源消费量联立方程组模型

FDI 对工业能源消费量的影响通过规模效应、结构效应和技术效应产生如下三种路径：（1）FDI 规模效应：FDI 增长会促进经济规模增加，经济规模扩大会引起更多的能源消费量。（2）FDI 结构效应：FDI 会改变行业结构，各种不同的行业结构对能源消费量有不同的影响。（3）FDI 技术效应：FDI 会对本国技术水平产生两方面影响。因此，我们建立如下 FDI 中国工业能源消费量联立方程组模型：

$$\begin{cases} \ln E_{it} = \underbrace{\beta_1 \ln Y_{it}}_{\text{规模效应}} + \underbrace{\beta_2 COMP_{it}}_{\text{结构效应}} + \underbrace{\beta_3 FDI_{it} + \beta_4 \ln DR_{it} + \beta_5 \ln FR_{it} + \beta_6 \ln DP_{it}}_{\text{技术效应}} + \\ \mu_i + \delta_t + \varepsilon_{it} \\ \ln GDP_{it} = \gamma_0 + \gamma_1 \ln PK_{it} + \gamma_2 \ln PL_{it} + \gamma_3 \ln PE_{it} + \gamma_4 \ln H_{it} + \gamma_5 FDI_{it} + \mu_i \\ + \delta_t + \varepsilon_{it} \\ \ln Y_{it} = \chi_0 + \chi_1 \ln K_{it} + \chi_2 \ln L_{it} + \chi_3 \ln E_{it} + \chi_4 FDI_{it} + \mu_i + \delta_t + \omega_{it} \\ COMP_{it} = \lambda_0 + \lambda_1 FDI_{it} + \lambda_2 DI_{it} + \lambda_3 TC_{it} + \lambda_4 \ln PGDP_{it} + \lambda_5 (^P_1 n + \mu_i + \\ \delta_t + \varepsilon_{it} \end{cases} \tag{4.18}$$

表 4. 5 给出了 FDI 中国工业能源消费量联立方程组模型回归结果。从中国工业能源消费量的经济因素分解方程回归结果上看（模型（1）），发现工业经济规模、工业行业结构和工业技术水平对工业能源消费量有显著影响。其中，工业总产值显著增加工业能源消费量，其规模效应是负面的，即工业总产值每提高 1%，工业能源消费量将提高 0. 46%。结构效应也是负面的，由于该指标越大表

明工业行业结构越偏向能源密集型。从回归结果可知，前后两年间工业内结构每提高 1 个百分点，省份工业能源消费量增长率将会提高 0.69%，省份工业内部向能源密集型行业调整的行业结构变动会导致能源消费量上升，显然与理论预期相符。中国工业行业结构指标从 1999 年的 1.2725 万吨标准煤(30 个省份的平均值)上升到 2008 年的 1.4966 万吨标准煤，上升幅度达到 17.6%，说明中国工业行业正在向高耗能的产业结构转变。外资所体现的技术效应对工业能源消费量有显著的负向影响，前后两年间 FDI 每提高 1 个百分点，省份工业能源消费量增长率将会降低 1.06%，FDI 技术效应是正面的。从内资的技术效应来看，只有国内自主研发和国外技术引进能够显著降低工业能源消费量，不过，中国工业企业在国内自主研发，国外技术引进和国内技术购买上的经费支出比例都很低。

表 4.5　FDI 中国工业能源消费量联立方程组模型回归结果

	2SLS				GMM			
	(1)	(2)	(3)	(4)	(5)	(6)	(7)	(8)
	ln*E*	ln*GDP*	ln*Y*	*COMP*	ln*E*	ln*GDP*	ln*Y*	*COMP*
FDI	−1.06**	0.54***	1.21***	1.88***	−0.54*	0.39***	0.75***	1.26***
	(0.50)	(0.15)	(0.33)	(0.34)	(0.29)	(0.11)	(0.23)	(0.15)
ln*PGDP*				0.11*				0.24***
				(0.065)				(0.026)
$(\ln PGDP)^2$				−0.090***				−0.12***
				(0.025)				(0.015)
COMP	0.69***				0.41***			
	(0.12)				(0.11)			
ln*DR*	−0.15***				0.030			
	(0.051)				(0.036)			
ln*FR*	−0.027				−0.075***			
	(0.038)				(0.026)			
ln*DP*	−0.096*				−0.0009			
	(0.040)				(0.020)			
ln*Y*	0.46***				0.50***			
	(0.060)				(0.031)			

续表

	2SLS				GMM			
	(1)	(2)	(3)	(4)	(5)	(6)	(7)	(8)
	lnE	lnGDP	lnY	COMP	lnE	lnGDP	lnY	COMP
lnPE (lnE)		0.30***	0.30***			0.38***	0.64***	
		(0.040)	(0.069)			(0.031)	(0.061)	
lnPK (lnK)		0.29***	0.28***			0.32***	0.11	
		(0.028)	(0.074)			(0.026)	(0.068)	
lnPL (lnL)		0.28***	0.44***			0.56***	0.49***	
		(0.072)	(0.061)			(0.058)	(0.053)	
lnH		0.31**				0.29***		
		(0.14)				(0.092)		
DI				1.11***				0.21
				(0.41)				(0.24)
TC				-0.048				-0.077**
				(0.052)				(0.039)
lnt	0.16***	0.14***	0.27***	0.074*	0.024	0.04***	0.070***	-0.022*
	(0.057)	(0.018)	(0.042)	(0.039)	(0.026)	(0.007)	(0.021)	(0.012)
样本	266	264	264	270	266	264	264	270

注：*、**、*** 分别表示 10%、5%和 1%水平上显著；回归系数下面括号里的数为标准误；解释变量括号里的 lnE、lnK 和 lnL 对应于模型(3)和模型(7)；所有模型都加入时间趋势变量(lnt)，以控制随时间变化的因素对所有省区的共同影响，以避免加入时间虚拟变量消耗模型更多的自由度。

再从省份经济规模方程的回归结果上看(模型(2))，前后两年间 FDI 每提高 1 个百分点，省份 GDP 增长率将会提高 0.54%。其他经济增长的要素，如省份物质资本、从业人员和人力资本，都显著增加了经济规模，符合经济理论预期。省份物质资本、从业人员和人力资本每提高 1%，省份实际 GDP 将会分别提高 0.29%、0.28%和 0.31%。而能源作为一种生产要素，也显著增加了省份实际 GDP，省份实际 GDP 对一次能源消费总量的弹性为 0.30。

中国工业经济规模方程的估计结果表明(模型(3))，前后两年间 FDI 每提高 1 个百分点，工业总产值增长率将会提高 1.21%。也就是说，外资进入度的提高，扩大了工业经济规模，而工业经济规模对工业能源消费量产生的规模效应是负面的,在工业行业结构和工业技术水平不变的情况下,又会进一步增加工业能源消费量。其他生产要素如工业物质资本、从业人员和能源消费量都显著增加了工业总产值,即工业物质资本、从业人员和能源消费量每提高 1%,工业总产值将分别提高 0.28%、0.44%和 0.30%。

中国工业行业结构方程的估计结果表明(模型(4)),外资进入度对中国工业行业结构有显著正向影响,即外资进入度每提高 1%,工业行业结构指标将提高 1.88%,这说明外资的进入造成中国工业行业向高耗能行业集中。由于结构效应是负面的,外资进入度通过正向影响工业行业结构指标,在规模效应和技术效应假定不变的情况下,这会进一步促使工业能源消费量增加。内资也有同样的结果,可见,不管是内资企业,还是外资企业,都倾向于投资能源密集型行业,从而对工业能源消费量产生了巨大压力。人均收入与工业行业结构成非线性关系,国内外产业发展的历史经验表明,随着人均收入水平提高,居民消费结构变化呈现出典型的非线性特征,受此影响,行业结构的变化和升级过程也具有非线性特征。贸易竞争力指数变量不显著。

同时,本章采用 GMM 方法进行稳健性检验,对联立方程组模型重新估计,模型(5)—模型(8)给出 GMM 方法的估计结果。与 2SLS 方法的结果相比,本章所关注的各方程主要核心变量的估计结果基本一致,因此,实证结果比较稳健。①

二、FDI 影响中国工业能源能耗的总效应

从前面的理论分析可以知道,FDI 分别通过作用于经济规模、产业结构和技术进而影响能源消费水平,FDI 影响中国工业能源强度(或能源消费量)的总效应取决于 FDI 诱致的各直接影响因素的效应的符号和数值,本节接着计算出中国工业能源强度(能源消费量)对经济规模、产业结构和能源技术的弹性,以及经济规模、产业结构和能源技术对外资进入度的弹性,由此可以得到能源强度(能源消费量)相对于外资进入度的总弹性。

① 同时,GMM 方法估计结果也通过了 AR(2)和 Sargan 检验,限于篇幅,没有在表中报告。

对方程(4.7)—方程(4.12)两边除以 $\mathrm{dln}FDI$，整理得到：

$$\frac{\mathrm{dln}EI}{\mathrm{dln}FDI}=\eta_{EI-COMP}\frac{\mathrm{dln}COMP}{\mathrm{dln}FDI}+\eta_{EI-FDI}+\eta_{EI-PGDP}\frac{\mathrm{dln}PGDP}{\mathrm{dln}FDI} \tag{4.19}$$

$$\frac{\mathrm{dln}GDP}{\mathrm{dln}FDI}=\eta_{GDP-PK}\frac{\mathrm{dln}PK}{\mathrm{dln}FDI}+\eta_{GDP-PE}\frac{\mathrm{dln}PE}{\mathrm{dln}FDI}+\eta_{GDP-FDI} \tag{4.20}$$

$$\frac{\mathrm{dln}COMP}{\mathrm{dln}FDI}=\eta_{COMP-FDI}+\eta_{COMP-PGDP}\frac{\mathrm{dln}PGDP}{\mathrm{dln}FDI} \tag{4.21}$$

$$\frac{\mathrm{dln}E}{\mathrm{dln}FDI}=\eta_{E-Y}\frac{\mathrm{dln}Y}{\mathrm{dln}FDI}+\eta_{E-COMP}\frac{\mathrm{dln}COMP}{\mathrm{dln}FDI}+\eta_{E-FDI} \tag{4.22}$$

$$\frac{\mathrm{dln}Y}{\mathrm{dln}FDI}=\eta_{Y-K}\frac{\mathrm{dln}K}{\mathrm{dln}FDI}+\eta_{Y-E}\frac{\mathrm{dln}E}{\mathrm{dln}FDI}+\eta_{Y-FDI} \tag{4.23}$$

(一)FDI 影响中国工业能源强度的总效应

FDI 影响中国工业能源强度的总效应取决于 FDI 诱致的各直接影响因素的效应的符号和数值,本章接着计算出中国工业能源强度对经济规模、行业结构和技术水平的弹性,以及经济规模、行业结构和技术水平对外资进入度的弹性,由此可以得到工业能源强度相对于外资进入度的总弹性。

通过以上方程整理得到外资进入度与中国工业能源强度之间的弹性联系，即 EI 相对于 FDI 的弹性为：

$$\frac{\mathrm{dln}EI}{\mathrm{dln}FDI}=\overbrace{\eta_{EI-COMP}\left[\eta_{COMP-FDI}+\eta_{COMP-PGDP}\left(\eta_{GDP-PK}\frac{\mathrm{dln}PK}{\mathrm{dln}FDI}+\eta_{GDP-FDI}\right)\right]}^{FDI\text{结构效应}}$$

$$+\underbrace{\eta_{EI-FDI}}_{FDI\text{技术效应}}+\underbrace{\eta_{EI-PGDP}\left(\eta_{GDP-PK}\frac{\mathrm{dln}PK}{\mathrm{dln}FDI}+\eta_{GDP-FDI}\right)}_{FDI\text{收入引致的技术效应}} \tag{4.24}$$

由于弹性会随不同省份不同年份而变化,为了能清晰全面地展示中国工业能源强度对各经济因素弹性(以及各经济因素对外资进入度弹性)的整体平均水平,上述变量值选用了所有省份所有年份的均值,如 $\eta_{EI-COMP}=\alpha_1\overline{COMP}$，$\eta_{COMP-FDI}=\chi_1\overline{FDI}/\overline{COMP}$。

表 4.6 显示了不同估计方法计算的 FDI 路径下的中国工业能源强度分解效应。如计量经济学理论所预期的一样,3SLS 估计结果的标准误会增大,以模型

(1)变量 COMP 为例,3SLS 的估计标准误是 2SLS 的近 1.3 倍,GMM 的近 4.9 倍,其 95%的置信区间为 0.198—1.020,包含了 2SLS 和 GMM 估计的置信区间(0.308—0.928;0.497—0.664)。随着标准误的增大,3SLS 的估计结果由于置信区间很宽,相对来说并不是很精确。因此,2SLS 和 GMM 的估计结果相对稳健些①,在下文中,我们以单方程估计方法的实证结果进行分析。

表 4.6 FDI 路径下的中国工业能源强度弹性分解效应

FDI 效应种类	效应影响路径	不同估计方法下的影响效果		
		2SLS	GMM	3SLS
FDI 结构效应	$\eta_{EI-COMP}\dfrac{\mathrm{dln}COMP}{\mathrm{dln}FDI}$	0.192	0.064	0.230
FDI 技术效应	$\eta_{EI-FDI}=\alpha_2\overline{FDI}$	-0.308	-0.185	-0.376
FDI 收入引致的技术效应	$\eta_{EI-PGDP}\dfrac{\mathrm{dln}PGDP}{\mathrm{dln}FDI}$	-0.077	-0.122	-0.171
总效应	$\dfrac{\mathrm{dln}EI}{\mathrm{dln}FDI}$	-0.193	-0.243	-0.317

从表 4.6 可以发现,总体而言,中国工业能源强度相对于外资进入度的弹性系数是-0.193—-0.243,表明外资进入度每提高 1%,中国工业能源强度将降低 0.193%—0.243%,总效应是正面的。但从 FDI 影响中国工业能源强度的不同效应来看,即 FDI 结构效应、FDI 技术效应和 FDI 收入引致的技术效应,其影响程度又存在一定差异。FDI 对工业能源强度影响途径中,FDI 技术效应最大(-0.185%—-0.308%),另外两种效应是 FDI 结构效应(0.064%—0.192%)和 FDI 收入引致的技术效应效应(-0.077%—-0.122%),而且,正面的 FDI 技术效应和 FDI 收入引致的技术效应已经超过了负面的 FDI 结构效应。因此,FDI 影响中国工业能源强度的总效应是积极的。

1. FDI 结构效应

具体而言,工业行业结构对外资进入度的弹性系数为 0.08—0.225,即外资

① 一般而言,在大样本情况下,3SLS 估计量比 2SLS 估计量更有效。

进入度增加1个百分点,工业行业结构指标将增加0.080—0.225个百分点。外资的进入使工业行业结构更加高耗能化。而中国工业能源强度的结构效应是负面的,工业行业结构指标增加1%,工业能源强度上升0.797%—0.849%。也就是说,在其他影响效应不变的情况下,FDI结构效应总体上增加了中国工业能源强度,外资的进入通过改变工业行业结构进而对中国工业能源强度产生负面影响,即外资进入度增加1%,中国工业能源强度增长0.064%—0.192%。

2. FDI技术效应

中国工业能源强度对于外资进入度的技术效应弹性系数为-0.185—-0.308,即外资进入度增加1个百分点,通过技术效应使中国工业能源强度降低0.185—0.308个百分点。显然,外资企业进入中国工业各行业之后,通过控制成本,加大技术投入,率先使用节能减排技术,从而提高投入产出效率,之后再通过技术的溢出与扩散,促进整个产业或行业技术水平的提升以及能源效率的提高。也就是说,在其他影响效应相对稳定的情况下,外资的进入通过提升工业技术水平对中国工业能源强度产生积极影响。

3. FDI收入引致的技术效应

省份经济规模对于外资进入度的弹性系数为0.122—0.207,即外资进入度增加1个百分点,省份经济规模(实际GDP)将增加0.122—0.207个百分点。依据弹性关系,人均收入(人均实际GDP)对于外资进入度的弹性系数也为0.122—0.207(人口是外生变量),即外资进入度提高1%,人均收入也会提高0.122%—0.207%,表明外资的进入促进了人均收入提高。同时,中国工业能源强度对于人均收入的弹性系数为-0.592—-0.630,这意味着人均收入增加对中国工业能源强度有显著的负向影响,其效应是正面的,也就是说,在其他条件不变的情况下,FDI诱致的人均收入增加对中国工业能源强度有负向影响,外资进入度增加1%,中国工业能源强度将减少0.077%—0.122%。

(二)FDI影响中国工业能源消费量的总效应

FDI影响中国工业能源消费量的总效应取决于FDI诱致的各直接影响因素的效应的符号和数值,本章接着计算出中国工业能源消费量对经济规模、行业结

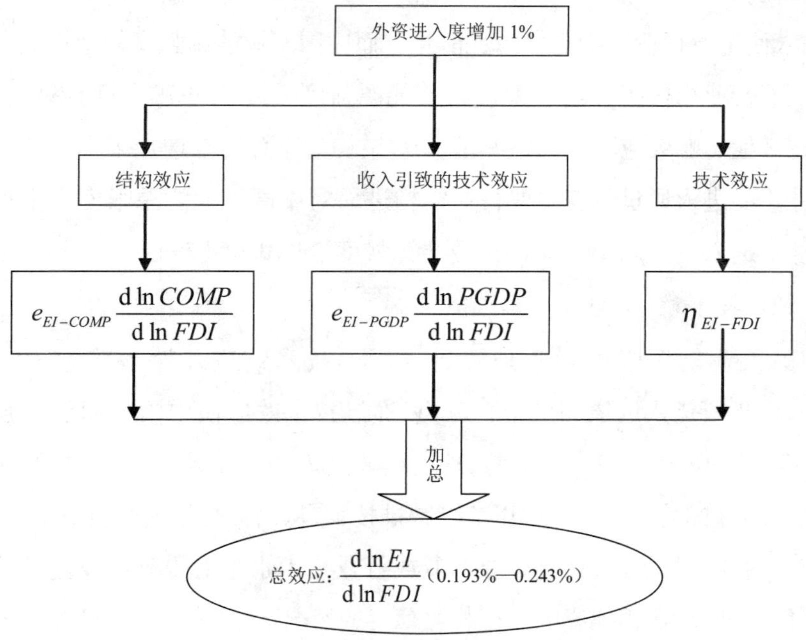

图 4.3　外资进入度对中国工业能源强度影响效果

构和技术水平的弹性，以及经济规模、行业结构和技术水平对外资进入度的弹性，由此可以得到工业能源消费量相对于外资进入度的总弹性，即 E 相对于 FDI 的弹性为：

$$\frac{d\ln E}{d\ln FDI}=\overbrace{\eta_{E-Y}\left(\eta_{Y-K}\frac{d\ln K}{d\ln FDI}+\eta_{Y-E}\frac{d\ln E}{d\ln FDI}+\eta_{Y-FDI}\right)}^{FDI\text{规模效应}}+\underbrace{\eta_{E-COMP}\left(\eta_{COMP-FDI}+\eta_{COMP-PGDP}\frac{d\ln PGDP}{d\ln FDI}\right)}_{FDI\text{结构效应}}+\underbrace{\eta_{E-FDI}}_{FDI\text{技术效应}} \tag{4.25}$$

表 4.7　FDI 路径下的中国工业能耗弹性分解效应

效应种类	效应影响路径	影响效果
FDI 规模效应	$\eta_{E-Y}\frac{d\ln Y}{d\ln FDI}$	0. 46 * 0. 33 = 0. 15

续表

效应种类	效应影响路径	影响效果
FDI 结构效应	$\eta_{E-COMP}\frac{\mathrm{dln}COMP}{\mathrm{dln}FDI}$	0. 95 * 0. 22 = 0. 21
FDI 技术效应	$\eta_{E-FDI} = \beta_3\overline{FDI}$	−1. 06 * 0. 16 = −0. 17
总效应	$\frac{\mathrm{dln}E}{\mathrm{dln}FDI}$	0. 19

表 4. 7 显示了 FDI 路径下的中国工业能源消费量分解效应。总体而言，中国工业能源消费量相对于外资进入度的弹性系数是 0. 19，即外资进入度每提高 1%，中国工业能源消费量将增加 0. 19%，总效应是负面的。但从 FDI 影响中国工业能源消费量的不同效应来看，即 FDI 规模效应、FDI 结构效应和 FDI 技术效应，其影响程度又存在一定差异。FDI 对中国工业能源消费量影响途径中，FDI 结构效应最大（0. 21%），依次是 FDI 技术效应（−0. 17%）和 FDI 规模效应（0. 15%），而且，负面的 FDI 规模效应和 FDI 结构效应已经超过了正面的 FDI 技术效应，FDI 对中国工业能源消费量的总效应是消极的。

1. FDI 规模效应

具体而言，工业经济规模对于外资进入度的弹性系数为 0. 33，即外资进入度增加 1 个百分点，工业经济规模将增加 0. 33 个百分点，表明外资进入度提高将会扩大工业经济规模。而中国工业能源消费量的规模效应是负面的（弹性系数为 0. 46），即工业总产值增加 1%，工业能源消费量将会增加 0. 46%。也就是说，在工业行业结构和工业技术水平相对稳定的情况下，外资进入度诱致的工业经济规模扩大进而对中国工业能源消费量有正向影响，外资进入度提高 1%，中国工业能源消费量将增加 0. 15%。

2. FDI 结构效应

外资的进入使工业行业结构更加高耗能化，外资进入度增加 1 个百分点，工业行业结构指标将增加 0. 22 个百分点。而中国工业能源消费量的结构效应同样是负面的，工业行业结构指标增加 1%，工业能耗上升 0. 95%。也就是说，在其他影响效应一定的情况下，FDI 结构效应总体上增加了中国工业能耗，外资的

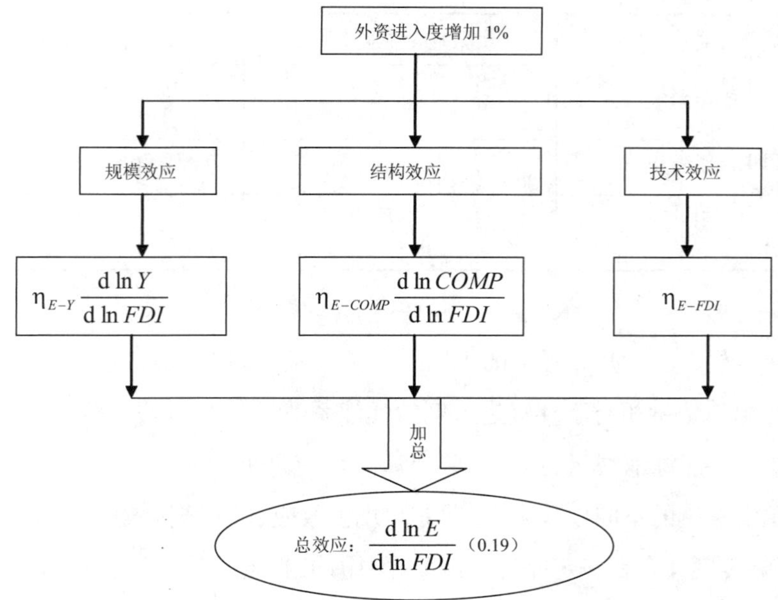

图4.4　外资进入度对中国工业能源消费量影响效果

进入通过改变工业行业结构进而对工业能耗产生消极影响，即外资进入度增加1%，中国工业能耗增长0.21%。

3. FDI技术效应

中国工业能耗对于外资进入度的技术效应弹性系数为-0.17，即外资进入度增加1个百分点，中国工业能耗因FDI技术效应将降低0.17个百分点。外资企业进入中国工业各行业之后，通过示范模仿效应、竞争效应及人员流动效应等渠道提升了中国工业能效技术水平，总之，在其他影响效应假定不变的情况下，外资的进入通过提升工业技术水平对中国工业能耗产生积极影响。

总之，通过用弹性分析方法计算FDI不同影响效应（包括规模效应、结构效应、技术效应和收入引致的技术效应）的弹性大小及方向，得到了FDI对中国工业能源强度和能源消费量的影响总效应结果：FDI对中国工业能源强度产生的总效应是正面的，"FDI降低东道国能源强度"假说此时得到成立。而FDI对中国工业能源消费量影响的总效应却是负面的，外资进入中国工业部门增加了工业部门的能源消费量。

◇　　　◇　　　◇

本章首先理论分析 FDI 对中国工业能源消费量（能源强度）不同的影响机制。通过构建多维度的 FDI 工业部门能源强度和 FDI 工业部门能源消费量联立方程组模型，以 1999—2008 年中国 30 个省份的工业面板数据为研究样本，分别采用 2SLS、GMM 和 3SLS 方法对 FDI 中国工业能源强度与能源消费量的联立方程组模型进行了实证估计，并用弹性分析方法计算了 FDI 不同影响效应（包括规模效应、结构效应、技术效应和收入引致的技术效应）的弹性大小及方向，从而得到以下研究结果：

第一，工业行业结构和技术水平是影响中国工业能源强度的主要决定因素。FDI 分别通过影响工业行业结构和技术水平进而对能源强度产生作用。外资进入度的增加导致工业行业结构的高耗能化，进而使能源强度增加；外资进入度的增加提高了人均收入，同时也促进了能源技术水平的提高，进而减少了能源强度；外资进入度对中国工业能源强度产生的总效应是正面的。具体地，中国工业外资进入度每提高 1%，通过促进工业行业结构高耗能化对能源强度产生的影响是，使工业能源强度增加 0. 064%—0. 192%；通过直接提高技术水平和间接提高人均收入对能源强度产生的影响是，使工业能源强度分别减少 0. 185%—0. 308%和 0. 077%—0. 122%；总效应是使能源强度减少 0. 193%—0. 243%。

第二，经济规模、行业结构和技术水平是影响中国工业能耗的三个决定因素。经济规模的扩大和行业结构的高耗能化增加了工业能耗。FDI 分别通过影响工业经济规模、工业行业结构和技术水平进而对工业能耗产生作用。外资进入度的提高导致经济规模的扩张和行业结构的高耗能化，进而使能耗增加，同时也促进了技术水平的提高，进而减少了能耗，外资进入度对中国工业能耗量产生的总效应是负面的。具体地，外资进入度每提高 1%，通过扩大工业经济规模和促进工业行业结构高耗能化对工业能耗产生的影响是，使工业能耗分别增加 0. 15%和 0. 21%；通过提高技术水平对工业能耗产生的影响是，使工业能耗减少 0. 17%；总效应是使工业能耗增加 0. 19%。

对于处于工业化快速增长时期的中国而言，不能继续依靠消耗大量的能源来维持工业经济增长，否则中国规划的能源强度目标和 2020 年碳强度承诺无法实现。因此，在经济开放条件下，需要积极利用外部渠道来降低中国工业能源消费量和能源强度。其中要调整和优化中国工业的高耗能行业结构，调整外资政策引导外资投向清洁行业。而更为重要的是有效利用外资企业的技术（溢出）效应来提高中国工业能源能耗，然而外资企业的技术外溢并非是自发的、无条件的，内资企业要想获得更多技术溢出取决于自身的技术吸收能力，也取决于与外资企业之间的相互关联。因此，外资通过哪种渠道影响中国工业能源能耗？不同的传导渠道影响效果怎样？这些问题将在下一章加以研究。

第五章　FDI 影响中国工业能源消耗的传导渠道

在第三章和第四章已实证发现 FDI 可以降低中国工业部门能源强度，FDI 被认为是技术进步的重要来源，外资企业本身采取的先进能源技术以及对内资企业技术的溢出会造成行业能源效率的上升，然而外资企业进入某行业不仅通过竞争、模仿等途径可能会影响该行业的能源强度，而且通过产业链的垂直关联关系对其上下游行业的能源强度产生作用，也就是说，FDI 一般会通过水平关联、前向关联与后向关联三种渠道影响能源强度。在这种背景下，研究外资对中国工业能源强度的传导渠道就显得尤为重要。现有文献主要基于国家或地区 FDI 的绝对数据进行研究，基于行业 FDI 的相对数据的研究较少，FDI 对能源效率的影响主要基于工业部门的生产活动，且不同类型的行业在能源消耗模式、外资进入程度等方面均有较大差异，故从行业角度进行研究十分必要。有鉴于此，本章首先利用中国工业 36 个行业 1999—2008 年的面板数据，研究 FDI 影响中国工业能源强度的传导渠道，接着利用时间序列的脉冲响应函数研究 FDI 影响中国工业能源强度的作用渠道。

第一节　FDI 传导渠道的理论背景

FDI 传导渠道效应并不是在同一个层面发生作用的。示范和模仿效应、竞争效应和人员培训效应主要发生在产业内，属于水平关联（Horizontal Linkage），其具体途径包括：外资企业通过示范效应加速内资企业采用新技术的速度，内资企业通过观察学习、模仿邻近的外资企业可以提高自己的技术和生产率水平；外资企业的进入加剧了市场竞争，迫使内资企业采用更有效率的生产和管理手段更有效地使用现有能源，推动自身技术的提高；外资企业培训当地的管理人员和技术人员，这些流向内资企业的管理人员和技术人员产生了人力资本积累（Kokko，1996；Gorg & Strobl，2001）。①

联系效应被视为一种产业间溢出，属于垂直关联（Vertical Linkage），与供应商等上游企业发生后向关联（Backward Linkage）以及与销售商等下游企业发生前向关联（Forward Linkage）。其具体途径包括：当地内资供应商为更好地对外资企业提供相关配套产品或服务主动学习而带来的效率提高，一个外资企业也可能只向遵守外企本身所明确的环境规制的中间产品供应商购买中间产品，而该内资企业是否选择遵守外企所指定的环境规制要取决于其供给该外企或具有与其类似环境规制的其他外企的产品比重，当然，当地供应商也有可能从外资企业直接得到技术支持而带来效率的提高；另外，下游内资企业利用由外资企业制造的质量优异的中间品，进行进一步加工和制造时从中获得的效率提高，而外资企业中间产品供应商又更可能愿意将产品卖给遵守相关环境规制的下游内资企业，如化工行业的外资中间产品供应商不愿意将产品出售给破坏环境的下游企业。②

内资企业在与上下游外资企业建立垂直关联时，外资企业与当地企业之间通过供应链的关系而产生的外部效应，因 FDI 的行业间（前、后向关联）技术溢出的存在而获益（Castellani & Zanfei，2002）。③ 可见，FDI 一般会通过三种传导

① Kokko，A.，"Productivity Spillovers from Competition between Local Firms and Foreign Affiliates"，*Journal of International Development*，Vol. 8，No. 4（1996），pp. 517－530；Gorg，H. and D. Greenaway，"Much Ado about Nothing? Do Domestic Firms Really Benefit from Foreign Direct Investment?" *World Bank Research*，Vol. 19，No. 2（2004），pp. 171－197.

② Lall（1980）从五个方面较为系统地研究外资企业的技术溢出渠道：提供或者帮助购买中间产品和原材料；提供技术支持以提高中间供应商产品质量或者鼓励创新；帮助潜在的中间供应商建立相关生产性设施；在人员组织管理上提供相关培训和帮助；支持供应商从事多样化经营。

③ Castellani Davide & Zanfei Antonello，"Technology Gaps，Absorptive Capacity and the Impact of Inward Investments on Productivity of European Firms"，*Economics of Innovation and New Technology*，Vol. 12，No. 6（2003），pp. 555－576.

渠道即水平关联、前向关联与后向关联对东道国企业产生影响。

从对影响渠道的研究看，大多数学者，如陈涛涛和陈娇（2006）等，以地区、行业或企业为研究对象发现 FDI 水平关联效应是显著存在的。[①] 在水平关联的基础上，对于垂直专业化分工中前、后向关联即行业间的技术关联效应问题的研究逐渐增加，相继验证了垂直关联效应作为一种新的渠道不仅存在，有的比水平关联效应更加明显（Aitken & Harrison，1999；Albornoz，2009）。[②]

第二节　FDI 影响中国工业能源消耗的传导渠道分析——基于水平、前向和后向关联

根据理论分析结果，FDI 一般会通过三种传导渠道即水平关联、前向关联与后向关联对东道国企业产生影响。那么这三种渠道对工业能源强度的效果怎样？不同传导渠道是否存在差异？本节利用中国行业面板数据并结合投入产出表实证检验 FDI 影响中国工业能源强度的传导渠道。

一、计量模型设定

本节采用中国 1999—2008 年 36 个工业行业的面板数据，同样以各工业行业能源强度[③]来表征行业能源效率水平。为了考察行业能源效率与 FDI 在同一行业内以及行业之间的关系，参考邱斌等（2008）[④]设定如下计量模型：

① 陈涛涛、陈娇：《行业增长因素与我国 FDI 行业内溢出效应》，《经济研究》2006 年第 6 期。

② Aitken，B.J.and A.E.Harrison，"Do Domestic Firms Benefit from Direct Foreign Investment? Evidence from Venezuela"，*American Economic Review*，Vol. 89，No. 3（1999），pp. 605-618；Albornoz，et al.，"In Search of Environmental Spillovers，"*The World Economy*，Vol. 32，No. 1（2009），pp. 136-163.

③ 由能源强度相关公式可分为两个层次：一个是反映全社会一般生产效率的技术，另一个是反映节能环保能力的特殊技术，表示单位投入产生的能源消费量。也就是说，节能环保技术越先进、生产率越高，能源强度越小。

④ 邱斌、杨帅、辛培江：《FDI 技术溢出渠道与中国制造业生产率增长研究：基于面板数据的分析》，《世界经济》2008 年第 8 期。

$$\ln EI_{it} = \beta_0 + \beta_1 HL_{it} + \beta_2 BL_{it} + \beta_3 FL_{it} + \beta_4 \ln RD_{it} + \beta_5 \ln PGDP_{it} + \eta_t + \delta_i + \varepsilon_{it} \tag{5.1}$$

其中,下标 i 和 t 分别表示行业和年份,β_0代表截距项,η_i表示不随时间变化的行业特定效应,反映了行业间持续存在的差异,诸如由于能源禀赋的差异所导致的不同的能源消费模式、规制的差别、偏好差异、社会责任等;δ_t表示随时间变化的非观测效应,主要反映随时间变化的因素所发生的影响,例如能源环境政策、能源价格变化、节能减排技术的变化等;ε_{it}代表整个回归方程的误差项。各个变量的具体含义如下:

EI_{it}为行业的能源强度,用各行业的终端能源消费量比上各行业的工业总产值,各行业终端能源消费量来源于《中国能源统计年鉴》;以 1999 年为基期,各行业工业总产值以各行业工业产品出厂价格指数平减,各行业工业总产值、各行业工业产品出厂价格指数来源于《中国统计年鉴》《中国工业经济统计年鉴》。

RD_{it}表示行业的自主研发。企业自主研发支出不仅可以提升企业在节能减排技术的创新能力,还可以提高企业对国外引进高能效技术和管理经验的消化吸收能力,因此自主研发被认为是企业获取技术最重要和最主动的方式。由于《中国科技统计年鉴》只统计了大中型工业企业的技术数据,因此用各个行业大中型工业企业的科技活动经费内部支出来表示。为了剥离出外资企业技术数据可能造成的影响,采用内资企业研发数据。内资工业企业研发数据用规模以上工业企业的研发数据减去“三资”工业企业的研发数据求得。国内行业人均自主研发存量同样用永续盘存法来测算。① 行业科技活动经费内部支出数据来源于《中国科技统计年鉴》。

HL_{it}为 FDI 的水平关联效应②,由于水平关联中的行业竞争效应和示范模仿效应主要是从外资进入程度体现的,用“三资”工业企业固定资产净值与全部国有及规模以上非国有工业企业固定资产净值的比值来体现这种效应。

① 这里折旧率取 15%,行业研发存量比上行业从业人员平均人数即得到行业人均自主研发存量。

② FDI 水平关联效应有两方面:相对于内资企业,外资本身采取的先进能源技术会直接造成行业能源强度的下降;外资企业对内资企业技术的水平溢出也可能造成行业能源强度的下降(也可能上升),在文中更多称为水平溢出效应。

垂直联系包括后向关联和前向关联两种渠道。其中 BL_{it} 为后向关联效应，定义为除了本行业之外，其所有下游行业中外资企业购买到本行业中间投入品的加权平均，用来描述上游产业与下游外资企业之间的联系。下游产业 m 中外资企业对上游产业 i 的关联效应的具体表达式为：

$$BL_{it} = \sum_{m(m \neq i)} a_{im} HL_{mt} \tag{5.2}$$

其中，α_{im} 为后向链接系数，表示第 i 行业向第 m 行业提供的中间投入产品占第 i 行业总投入的比重；HL_{mt} 是第 t 年下游产业 m 中“三资”工业企业固定资产净值与全部国有及规模以上非国有工业企业固定资产净值的比值。

FL_{it} 为前向关联效应，定义为除了本行业之外，该行业 i 购买到其所有上游行业 k 中外资企业产出的中间投入品的加权平均，用来描述上游产业 k 中外资企业对下游产业 i 的关联效应。具体表达式为：

$$FL_{it} = \sum_{k(k \neq i)} a_{ki} HL_{kt} \tag{5.3}$$

其中，HL_{kt} 是第 t 年上游产业 k 中“三资”工业企业固定资产净值与全部国有及规模以上非国有工业企业固定资产净值的比值；α_{ki} 为前向链接系数，是第 t 年下游产业 i 从上游产业 k 购买的中间投入品占产业 i 全部投入品的比例。

另外，也可以采用外资企业从业人员与行业所有从业人员之比来表示水平关联、前向关联和后向关联，因此在本节后文中也尝试采用这种方法来进行稳健性检验。

$PGDP_t$ 为全国人均实际 GDP，用来衡量实际人均收入水平。人均 GDP 对能源技术的影响体现在两方面：其一，人均收入越高，意味着居民对环境质量具有更高的需求，因而迫使政府采用更为严格的环境规制政策，减少对煤炭等高污染品种的消费，进而会导致能源强度下降；其二，人均 GDP 越高，意味着经济发展程度较高，因而更有可能将更多的资源投入到能源环境治理方面，也会造成能源强度下降。

二、数据来源及说明

本研究所采用的样本是 1999—2008 年中国 36 个工业行业。所需数据来源于《中国能源统计年鉴》《中国工业经济统计年鉴》《中国科技统计年鉴》《中国统计年鉴》以及 2002 年和 2007 中国投入产出表。外资企业数据均采用“三资”工业企业的对应指标。由于数据所限,行业的科技活动内部支出费用采用大中型企业的数据代替。工业总产值采用各行业工业产品出厂价格指数平减到 1999 年。由于中国的投入产出表每五年修订一次,在本节中,测量的数据来自于 2002 年全国 122 个部门与 2007 年全国 135 个部门投入产出表。对 1999—2004 年的数据采用 2002 年全国 122 个部门投入产出表计算,对 2005—2008 年数据采用 2007 年全国 135 个部门投入产出表计算,分别通过合并 2002 年的 122×122 部门和 2007 年的 135×135 部门基本流量表计算而得到 36×36 部门的直接消耗系数矩阵。本章不包括“木材和竹材采运业”“其他采矿业”“工艺品及其他”“废弃资源和废旧材料回收加工业”的行业数据,最终采用 1999—2009 年中国 36 个工业行业的样本数据进行分析,36 个工业行业占到全国工业总产值的 97%左右。由于在测度前向、后向关联时涉及投入产出表中的直耗系数,因此本节在剔除了上述 4 个行业之后,根据投入产出表所列的工业行业,将原始数据中有关行业进行归口,最终得到包含了 36 个二位码工业行业 1999—2008 年的 360 个观测值。这 36 个工业行业分别是:煤炭采选业(G1)、石油和天然气开采业(G2)、黑色金属矿采选业(G3)、有色金属矿采选业(G4)、非金属矿采选业(G5)、农副食品加工业(G6)、食品制造业(G7)、饮料制造业(G8)、烟草制品业(G9)、纺织业(G10)、纺织服装、鞋、帽制造业(G11)、皮革、毛皮、羽毛(绒)及其制品业(G12)、木材加工及木、竹、藤、棕、草制品业(G13)、家具制造业(G14)、造纸及纸制品业(G15)、印刷业和记录媒介的复制(G16)、文教体育用品制造业(G17)、石油加工炼焦及核燃料加工业(G18)、化学原料及化学制品制造业(G19)、医药制造业(G20)、化学纤维制造业(G21)、橡胶制品业(G22)、塑料制品业(G23)、非金属矿物制品业(G24)、黑色金属冶炼及压延加工业(G25)、有色金属冶炼及压延加工业金属制品业(G26)、金属制品业(G27)、通用设备制造业(G28)、专用设备制造业(G29)、交通运输设备制造业(G30)、电气机械及器材制造业(G31)、通信设备、计算机及其他电子设备制造业(G32)、仪器仪表及文化、办公用机械制造业(G33)、电力、热力的生产和供应业(G34)、燃气生产和供应业(G35)和水的生产和供应业(G36)。

表 5.1 给出相关变量的总体、组间和组内的描述性统计,1999—2008 年中国工业 36 个行业能源强度差别较大,能源强度强度较大的行业大多集中在煤炭开采和洗选业、黑色金属矿采选业、非金属矿采选业、石油焦及核燃料加工业、化学原料及化学制品制造业、非金属矿物制品业、黑色金属冶炼及压延加工业、有色金属冶炼及压延加工业、燃气生产和供应业、水的生产和供应业。从表 5.1 可以看到,行业间能源强度的平均值为 0.8305 吨标准煤/万元。

表 5.1　传导渠道模型相关变量的描述性统计

变量		平均值	标准差	最小值	最大值	样本
EI	overall	0.8305	0.8862	0.0328	7.5698	N = 360
	between		0.7816	0.0552	2.7610	n = 36
	within		0.4356	-0.3984	6.4480	T = 10
HL	overall	0.2762	0.1912	0.0000	0.8141	N = 360
	between		0.1881	0.0064	0.7153	n = 36
	within		0.0455	0.1412	0.5511	T = 10
BL	overall	0.1114	0.1325	0.0000	0.7785	N = 360
	between		0.1306	0.0024	0.6595	n = 36
	within		0.0308	0.0052	0.3165	T = 10
FL	overall	0.0896	0.0562	0.0153	0.3260	N = 360
	between		0.0530	0.0217	0.2634	n = 36
	within		0.0205	0.0299	0.1562	T = 10
RD	overall	6981.09	7564.31	187.16	45487.92	N = 360
	between		6248.12	413.87	21665.48	n = 36
	within		4377.03	-9416.26	30803.53	T = 10
PGDP	overall	1.0770	0.2834	0.7129	1.5904	N = 360
	between		0.0000	1.0770	1.0770	n = 36
	within		0.2834	0.7129	1.5904	T = 10

注:能源强度、研发及人均 GDP 单位分别为吨标准煤/万元、元/人及万元/人。

三、回归结果

(一)基本回归结果

对于面板数据的分析,最常用的有三种方法:固定效应模型、随机效应模型和混合数据普通最小二乘法。本部分仍然主要采用固定效应模型(组内回归)对数据进行分析,以消除个体非观测效应,同时,时间非观测效应用时间趋势变量(ln*t*)代替。FDI 影响中国工业能源强度的传导渠道估计结果见表 5.2。由于 FDI 的水平关联效应与垂直关联效应具有不同的传导机制,而且水平关联效应、后向关联效应与前向关联效应之间可能存在较高的线性相关关系,为了避免变量之间线性相关带来的系数不稳定,表 5.2 中将给出在方程(5.1)中分别纳入 *HL* 与 *BL*、*HL* 与 *FL* 的回归结果。

表 5.2　FDI 影响中国工业能源强度的传导渠道估计结果

	(1)	(2)	(3)	(4)	(5)	(6)	(7)	(8)
	FE	*FE*	*FE*	*FE*	*FE*	IV-FE	Diff-GMM	Sys-GMM
HL	-1.149^{***}	-1.198^{***}	-1.150^{***}	-1.198^{***}		-1.337^{***}	−0.450	-0.513^{**}
	(0.250)	(0.229)	(0.253)	(0.231)		(0.304)	(0.436)	(0.230)
BL		1.384^{***}		1.364^{***}		1.634^{***}	1.417^{**}	0.376^{***}
		(0.309)		(0.315)		(0.483)	(0.529)	(0.135)
ln*PGDP*	-1.024^{***}	-1.162^{***}	-0.980^{***}	-1.132^{***}	-1.279^{***}	-1.250^{***}	-0.980^{***}	−0.119
	(0.110)	(0.114)	(0.120)	(0.128)	(0.189)	(0.176)	(0.299)	(0.0987)
ln*RD*	-0.105^{**}	-0.0775^{*}	-0.103^{**}	-0.0770^{*}		−0.0653	−0.0370	−0.0295°
	(0.0504)	(0.0475)	(0.0502)	(0.0473)		(0.0478)	(0.0732)	(0.0190)
ln*t*	0.0474	0.0509	0.0428	0.0479	0.103	0.107	0.0679	0.0198
	(0.0492)	(0.0471)	(0.0487)	(0.0467)	(0.0802)	(0.0700)	(0.0645)	(0.0415)
FL			−0.612	−0.383		−0.590	−0.582	−0.373
			(0.596)	(0.600)		(0.962)	(0.910)	(0.602)
L.*HL*					-1.196^{***}			

续表

	(1)	(2)	(3)	(4)	(5)	(6)	(7)	(8)
	FE	*FE*	*FE*	*FE*	*FE*	IV-FE	Diff-GMM	Sys-GMM
					(0.236)			
L.*BL*					1.539***			
					(0.273)			
L.*FL*					−0.387			
					(0.568)			
L.ln*RD*					−0.0418			
					(0.0454)			
L.ln*EI*							0.274*	0.884***
							(0.156)	(0.0819)
常数项	0.369	0.00123	0.416	0.0362	−0.368	−0.124		0.169
	(0.387)	(0.376)	(0.402)	(0.397)	(0.382)	(0.432)		(0.177)
AR(2)							1.44 (0.149)	1.05 (0.292)
Hansen test							29.3 (1.00)	34.3 (0.996)
样本	360	360	360	360	324	324	288	324
R^2	0.779	0.789	0.780	0.789	0.776	0.774		

注:括号内是稳健标准误,*、**、*** 分别表示 10%、5%和 1%水平上显著;对于差分 GMM 和系统 GMM 类型,回归中的前定变量为 $\ln EI_{it-1}$,其一阶及更高阶的滞后项为工具变量;内生变量为 ln*PGDP*、*HL*、*BL* 及 *FL* 其两阶及更高阶的滞后项为工具变量。

模型(1)首先只加入 FDI 的水平关联变量,从表 5.2 可以看出,水平关联系数显著为负,FDI 水平关联效应降低了中国工业能源强度。这主要表现在两个方面:一是直接效应,即 FDI 给本行业带来了先进技术、设备、研发能力和管理经验,直接促进中国工业能源效率的提高;二是间接效应,FDI 进入通过示范模仿效应、竞争效应等加速行业内资企业采用先进的能源技术进行生产,迫使行业内同类企业采取更有效率、更先进的生产和能源管理方式,更加合理配置能源,提高能源利用效率。

模型(2)和模型(3)分别将 *HL* 与 *BL*、*HL* 与 *FL* 纳入方程,回归结果表明 FDI 水平关联效应是正面的,FDI 水平关联效应能够降低中国工业能源强度,而 FDI

的垂直关联对中国工业能源强度的传导渠道不同。FDI 的后向关联效应是负面的。也就是说,下游行业外资企业与上游行业中间商企业的联系渠道提高了中国工业能源强度。外资企业进入中国工业行业之后,通过产业链之间的垂直分工,将高能耗、高污染的中间产品生产业务转移给上游行业企业,而自己只需购买上游行业企业的高内涵能源产品,从事于下游行业的低能耗、低污染业务,再加上中国环境规制强度远远不够。另外一可能性在于,与下游行业大型的外资企业相比,上游行业出售中间产品的内资企业其价格谈判能力不强,较低的中间产品价格很可能迫使上游行业的内资企业减少有关能效的技术研发支出,①这些间接导致外资对中国工业能源效率的后向关联效应是负面的。

此外,外资的前向关联效应系数为负,但不显著。上游行业外资企业出售高质量的中间产品给下游行业的内资企业,这些高质量的中间产品很可能会提高下游行业的内资企业生产效率,同时也可能会在生产过程中提高能源效率。但是下游行业的内资企业缺乏相匹配的技术水平、生产程序及管理人员,造成下游行业内资企业较差的消化吸收能力,生产效率不升反降,能源效率也可能会下降,总之,下游行业内资企业与上游行业外资企业生产率差距比较大,内资企业不能很好地从中获得技术进步。因此在经验分析结果中,外资的前向关联效应对中国工业能源强度的影响不确定。虽然产生了负效应影响,但不显著。

模型(4)将 *HL*、*BL* 和 *FL* 一起纳入方程回归,估计结果也表明外资的水平关联效应系数显著为负,外资后向关联效应增加了中国工业能源强度,而前向关联效应系数虽然为负,但不显著。与模型(2)和(3)相比,模型(4)回归中主要变量的系数符号以及显著性水平基本上都没有发生变化,说明了主要变量对因变量的影响具有较强的稳定性。与预期一样,内资自主研发对提高各行业的能源技术水平、降低中国工业能源强度确实起着一定的作用。内资人均研发每增加1%,可以使得中国工业能源强度下降 0.077%。目前能源浪费、技术落后导致中

① 中国最近几年发生的大型环境污染事件就是因为环境规制力度过低,排污收费税率过低,排污企业不超标就可以随意排放。由于环境规制力度过低,很可能会导致企业通过减少污染治理来弥补过高的中间投入品成本。如有的企业将污染物稀释后再排放,实际排放到环境中的污染物其实并未减少,为吸引外资制定更加松弛的环境规制水平还会导致部分外资企业执行双重标准,近年来外资企业在中国违规排污的实例比比皆是。这种缺乏责任的行为也在一定程度上成为内资企业“负”的学习榜样。

国能源强度较发达国家大很多，差距越大，也就意味着降低能源强度的空间越大。而中国工业部门的研发投入相对于工业总收入只占据了很小的一部分，1999—2008 年，内资研发投入占工业产品主营业务收入的比重均不到 1%，可见通过增加研发程度来降低工业能源强度的空间还是很大的。

人均实际 GDP 指标系数显著为负，负向的回归结果与理论预期和现实也比较符合。随着人们生活水平日益提高，作为奢侈品的环境质量也越来越得到人们的关注。这样就会给政府发出一个信号，必须采取措施着手改善环境质量。近年来中国政府不断加强国际合作、召开各种节能减排的会议及制定各项针对高耗能行业的法律法规就反映了对环境质量重视程度的不断加强。

考虑到 FDI 的水平、垂直关联效应以及内资自主研发可能都存在一定的时滞，用 *HL*、*BL* 与 *FL* 滞后一期的数值进入方程，回归结果见模型（5）。同时，由于 FDI 水平关联效应与垂直关联效应的传导机制不同，特别是前向关联与后向关联，与 FDI 跟本地企业之间建立的联结关系有关，因此垂直关联与能源强度之间理论上会存在着更强的双向反馈，本节在估计时将 FDI 前向关联与后向关联变量处理为内生变量。另外，因为 FDI、人均 GDP 和能源强度可能存在联立性，即 *FDI*、*PGDP* 可能具有内生性，因此应该采用工具变量回归法，即用 *HL*、*BL*、*FL* 和 *PGDP* 的滞后一期作为当期的工具变量，回归结果见模型（6）。在考虑了相关变量的滞后效应和内生性问题之后，模型（5）和模型（6）的估计结果同样表明外资的水平关联效应系数显著为负，外资后向关联效应增加了中国工业能源强度，而前向关联效应系数虽然为负，但不显著。

模型（7）和模型（8）采用动态模型估计方程，即将因变量的滞后一期纳入方程。差分 GMM 和系统 GMM 的估计结果表明外资能够降低中国工业能源强度主要还是依靠水平关联渠道，外资前向关联效应系数虽然为负，但不显著，而外资后向关联效应却显著增加了中国工业能源强度。

总之，本节区分 FDI 的水平、前向和后向关联效应后，发现 FDI 影响中国工业能源强度最可能在水平关联和后向关联效应两种渠道，即主要通过示范模仿效应、竞争效应以及外资企业与本地中间产品供应商的联系渠道出现，但两种渠道产生的作用相反，外资的水平关联效应能够降低中国工业能源强度，而外资企业与本地中间产品供应商的联系渠道影响是负面的,没能产生积极的正面效应。

(二)稳健性检验

除了用外资资本存量比上工业资本存量来测量 FDI 关联效应外,一些研究还采用 FDI 所有权比率作为 FDI 关联效应的测量指标。戈尔格和格林纳韦(Gorg & Greanaway,2004)①、许和连等(2007)以外资工业企业从业人员比重衡量外资进入程度,用来衡量水平关联的人员流动效应。② 所以本节也采取该指标检验一下基本结果的稳健性。回归结果见表 5.3。下面用"三资"工业企业从业人员平均人数与全部国有及规模以上非国有工业企业从业人员平均人数的比值来测量 FDI 水平关联效应,FDI 垂直关联效应指标也做相应的调整。

表 5.3 以从业人员比重衡量的传导渠道回归结果

	(1)	(2)	(3)	(4)	(5)	(6)	(7)
	ln*EI*	ln*EI*	ln*EI*	ln*EI*	ln*EI*	ln*EI*	ln*EI*
HL	−1.100**	−1.069**	−1.062*		−1.197**	−0.245	−0.284
	(0.514)	(0.506)	(0.569)		(0.575)	(0.527)	(0.254)
BL		1.421***	1.408***		1.989**	1.735**	0.360*
		(0.516)	(0.537)		(0.930)	(0.686)	(0.202)
FL			−0.148		−0.0466	−2.037	−0.330
			(1.857)		(2.069)	(2.761)	(0.375)
RD	−0.0757**	−0.0802**	−0.0798**		−0.0730*	−0.0598*	−0.0332*
	(0.0383)	(0.0376)	(0.0378)		(0.0406)	(0.0348)	(0.0183)
ln*PGDP*	−1.067***	−1.128***	−1.123***	−1.357***	−1.325***	−1.045***	−0.264**
	(0.147)	(0.148)	(0.139)	(0.210)	(0.201)	(0.267)	(0.115)
ln*t*	0.0606	0.0543	0.0546	0.122	0.140*	0.118*	0.0871*
	(0.0480)	(0.0480)	(0.0485)	(0.0873)	(0.0804)	(0.0679)	(0.0462)

① Gorg & Greanaway(2004)认为,从外资企业流入到内资企业的经其培训的人员也可能导致先进能源环境技术的非直接流动,这种技术的流动可以发生在行业内和上下游行业间。

② Gorg, H. and D. Greenaway, "Much Ado about Nothing? Do Domestic Firms Really Benefit from Foreign Direct Investment?" *World Bank Research*, Vol. 19, No. 2(2004), pp. 171-197;许和连、魏颖绮、赖明勇等:《外商直接投资的后向链接溢出效应研究》,《管理世界》2007 年第 4 期。

续表

	(1)	(2)	(3)	(4)	(5)	(6)	(7)
	ln*EI*	ln*EI*	ln*EI*	ln*EI*	ln*EI*	ln*EI*	ln*EI*
L.*HL*				−0.669			
				(0.420)			
L.*BL*				1.612***			
				(0.556)			
L.*FL*				−0.653			
				(1.647)			
L.*RD*				−0.0356			
				(0.0383)			
L.ln*EI*						0.257*	0.935***
						(0.134)	(0.0602)
常数项	−0.0714	−0.153	−0.148	−0.642**	−0.353		0.00221
	(0.275)	(0.277)	(0.271)	(0.271)	(0.321)		(0.129)
样本	324	324	324	288	288	252	288
R^2	0.742	0.746	0.746	0.720	0.719		

注：括号内是稳健标准误，*、**、*** 分别表示 10%、5%和 1%水平上显著；对于差分 GMM 和系统 GMM 类型，回归中的前定变量为 ln*EIit* − 1，其一阶及更高阶的滞后项为工具变量；内生变量为 ln*PGDP*、*HL*、*BL* 及 *FL* 其两阶及更高阶的滞后项为工具变量。

整体上说，与表 5.2 相比，发现“三资”工业从业人员比重的回归结果比较稳健。主要核心变量和控制变量的显著性以及系数符号基本上都没有发生变化，系数大小变化也不大。具体说，以从业人员比重表示的关联指标中，外资水平关联效应主要通过竞争效应、示范效应和人员流动效应所产生的效应显著降低了中国工业能源强度；下游外资企业与本地中间产品供应商的联系渠道显著增加了中国工业能源强度，而上游外企向下游内企的人员流动对下游行业的能源强度没有显著的影响。总体来说，回归结果基本上还比较稳健。另外，人均实际 GDP 指标和内资自主研发对提高各行业的能源技术水平、降低中国工业能源强度确实起着一定的作用。

总之，引进外资时要积极发挥 FDI 通过技术溢出对中国能源效率提升的作用，通过相关的鼓励和约束政策促使内资企业购买上游行业外资企业的高质量中间产品，采取有效措施限制外资企业将高耗能、高污染的业务转移给上游行业内资企业，不要依赖于外资企业转移较先进或最新的技术，应增强自主的技术创新能力，将负面的后向关联效应转变为正面的积极效应。

第三节　FDI 影响中国工业能源消耗的传导渠道分析——基于结构和效率份额

上一节研究 FDI 通过水平、前向和后向关联效应三种渠道影响中国工业能源强度，本节利用脉冲响应函数分析 FDI 影响中国工业能源强度的结构和效率份额。

一、中国工业能源强度结构和效率份额的分解分析

定义工业能源强度为单位工业总产值所消耗掉的工业能源消费量。用 e 来表示，即 $e=E/Y$，其中：E 表示工业能源消费量（万吨标准煤）；Y 表示工业总产值（亿元），将 E 和 Y 分别按照各工业行业进行分解，即 $E=\Sigma E_i$，$Y=\Sigma Y_i$，$i=1,2,\cdots 36$。由此将 E 进行分解，得到：

$$e=\frac{\sum_i E_i}{\sum_i Y_i}=\frac{\sum_i e_i Y_i}{\sum_i Y_i}=\sum_i e_i y_i \tag{5.4}$$

其中，e_i 表示第 i 行业的能源强度。y_i 表示第 i 行业总产值占工业总产值的比重。由公式（5.4）可以看出能源强度取决于两个因素，一个因素是各行业的能源强度，反映了各行业能源效率的高低；另一个因素是工业内部结构，反映了各行业在总量中所占的比重。

令 e^t（$t=1993,1994,\cdots,2010$）表示第 t 期的能源强度（1993 年不变价），e^{t+1} 表示第 $t+1$ 期的能源强度。则有 $e^t=\sum_i e_i^t y_i^t$，$e^{t+1}=\sum_i e_i^{t+1} y_i^{t+1}$。

$$e^{t+1} = \sum_i e_i^{t+1} y_i^{t+1} = \sum_i e_i^t y_i^t + \sum_i e_i^t (y_i^{t+1} - y_i^t) + \sum_i (e_i^{t+1} - e_i^t) y_i^{t+1} \quad (5.5)$$

$$\Delta e = e^{t+1} - e^t = \sum_i e_i^{t+1} y_i^{t+1} - \sum_i e_i^t y_i^t = \sum_i e_i^t (y_i^{t+1} - y_i^t) + \sum_i (e_i^{t+1} - e_i^t) y_i^{t+1} \quad (5.6)$$

其中，$e_i^t \times (y_i^{t+1} - y_i^t)$ 表示由于第 i 行业在总产出中所占的比重变化导致总体能源强度的变化量，$\sum e_i^t \times (y_i^{t+1} - y_i^t)$ 表示由于整体行业结构的变化导致工业能源强度的变化量；$(e_i^{t+1} - e_i^t) y_i^{t+1}$ 表示由于第 i 行业能源效率变化而导致总体能源强度的变化量，$\sum (e_i^{t+1} - e_i^t) y_i^{t+1}$ 表示整个行业能源效率变化导致的总体能源强度变化。

本节工业结构按照工业行业划分，研究时间跨度为 1993—2010 年，数据来源于中经网以及《中国统计年鉴》《中国能源统计年鉴》《中国城市(镇)生活与价格年鉴 2011》。这 36 个工业行业分别是：煤炭采选业(G1)、石油和天然气开采业(G2)、黑色金属矿采选业(G3)、有色金属矿采选业(G4)、非金属矿采选业(G5)、农副食品加工业(G6)、食品制造业(G7)、饮料制造业(G8)、烟草制品业(G9)、纺织业(G10)、纺织服装、鞋、帽制造业(G11)、皮革、毛皮、羽毛(绒)及其制品业(G12)、木材加工及木、竹、藤、棕、草制品业(G13)、家具制造业(G14)、造纸及纸制品业(G15)、印刷业和记录媒介的复制(G16)、文教体育用品制造业(G17)、石油加工炼焦及核燃料加工业(G18)、化学原料及化学制品制造业(G19)、医药制造业(G20)、化学纤维制造业(G21)、橡胶制品业(G22)、塑料制品业(G23)、非金属矿物制品业(G24)、黑色金属冶炼及压延加工业(G25)、有色金属冶炼及压延加工业金属制品业(G26)、金属制品业(G27)、通用设备制造业(G28)、专用设备制造业(G29)、交通运输设备制造业(G30)、电气机械及器材制造业(G31)、通信设备、计算机及其他电子设备制造业(G32)、仪器仪表及文化、办公用机械制造业(G33)、电力、热力的生产和供应业(G34)、燃气生产和供应业(G35)和水的生产和供应业(G36)。

根据式(5.6)可以计算得到中国工业能源强度(1993 年不变价，以下同)1994—2010 年间的总体变化量以及其中两个分解因素(结构份额和效率份额)

的变化量。根据计算出的三个变化量还可以得到两个分解因素分别对中国工业能源强度的贡献率。从 1993—2010 年间的分解结果上看,效率份额引起中国工业能源强度下降的累计贡献率达到 101.05%,而结构份额的累计贡献率为负,只有-1.05%。再从 1999—2010 年间的分解结果上看,效率份额的累计贡献率同样超过了 1,达到 108.63%,比 1993—2010 年间的贡献率稍高,说明在 1993—1999 年间效率份额的作用相对不大;而结构份额在 1999—2010 年间的累计贡献率更加恶化,达到-8.63%,说明这段时间内比 1993—1999 年间结构因素更加负面,驱动中国工业能源强度上升。表 5.4 和图 5.1 显示了中国工业能源强度 1994—2010 年结构份额和效率份额的分解情况。从各年变化情况上看,虽然结构份额变化在一些年份为负(结构份额贡献率为正),也就是说,工业行业结构在一定程度上得到调整优化,但是结构份额在大多数年份都为正,整体上提高了中国工业能源强度。与此相反的是,效率份额在大多数年份为负(效率份额贡献率为正),如只有在 1994 年和 1995 年效率份额为正(且 1995 年的效率份额贡献率为正,因为 1994—1995 年中国工业能源强度在上升,变化量为 0.32),说明能源技术进步带来的中国工业能源效率提高。总之,效率份额在样本研究期间的贡献率为正,且超过了 100%,是引起中国工业能源强度下降的最主要因素;而结构份额对中国工业能源强度的影响是负面作用。

表 5.4　中国工业能源强度结构份额和效率份额的分解情况

年份	SE	结构贡献	EE	效率贡献	总体变化
1994	-0.04	226.56	0.02	-126.56	-0.02
1995	0.01	2.05	0.31	97.95	0.32
1996	-0.02	23.06	-0.06	76.94	-0.08
1997	-0.02	12.04	-0.16	87.96	-0.18
1998	-0.05	34.95	-0.09	65.05	-0.14
1999	0.01	-4.71	-0.16	104.71	-0.16
2000	0.05	-78.8	-0.12	178.8	-0.07
2001	-0.05	42.84	-0.07	57.16	-0.12
2002	-0.05	32.39	-0.11	67.61	-0.16
2003	0	-6.27	-0.06	106.27	-0.06

续表

年份	SE	结构贡献	EE	效率贡献	总体变化
2004	0.1	-85.04	-0.22	185.04	-0.12
2005	0.02	-57.75	-0.07	157.75	-0.04
2006	0	2.52	-0.1	97.48	-0.1
2007	-0.01	13.49	-0.1	86.51	-0.11
2008	0.02	-220.57	-0.03	320.57	-0.01
2009	-0.06	46.06	-0.07	53.94	-0.12
2010	0.01	-10.39	-0.08	110.39	-0.07

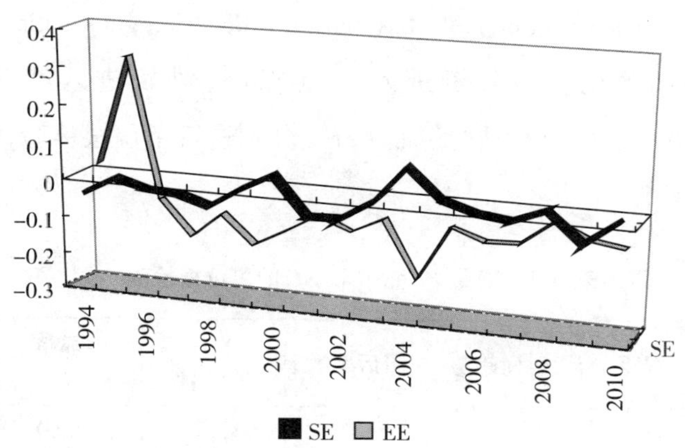

图 5.1　中国工业能源强度的效率份额(EE)和结构份额(SE)

二、脉冲响应函数分析

外资进入中国各行业之后,会对中国工业能源强度产生影响,外资进入后会打破原有的平衡状态,作为中国工业能源强度分解因素中的结构份额和效率份额对外资进入会作出相应的反映,使不平衡状态恢复到均衡,为了考察外资冲击下中国工业能源强度的结构份额(SE)和效率份额(EE)的反应情况,以识别出外资对中国工业能源强度的传导渠道效果,本节用时间序列分析中脉冲响应函数(Impulse Response Function,IRF)来描述。然而时间序列数据可能涉及"伪回归”(Spurious Regression)问题,如果对于两个随机游走变量(非平稳数据)直接进行简单回归,很容易导致“虚假回归”,此时自变量在解释因变量时没有意义。因此本节在进行脉冲响应函数分析之前,有必要首先对相关变量进行单位根检验(Unit Root Test,即平稳性检验)。采用目前经常用到的增广迪基—富勒方法(ADF)方法。

ADF 检验的模型如下:

$$\Delta x_t = a_0 + a_1 t + (\rho - 1)x_{t-1} + \Sigma\beta_i\Delta x_{t-i} + \varepsilon_t \tag{5.7}$$

ADF 检验涉及到模型是否有截距项(α_0)、时间趋势(α_1),可以通过变量的数据图形来判断,至于滞后期数可以用信息准则来判断,常用的信息准则有 AIC(Akaike's Information Criterion)和 SIC(Schwartz Bayesian Information Criterion),本节通过对时间序列变量外资进入度①(*FDI*)、外资进入度的一阶差分(Δ*FDI*)、效率份额(*EE*)和结构份额(*SE*)分别进行单位根检验,相关指标及检验结果见表 5.5。

表 5.5 变量 *FDI*、*SE* 和 *EE* 的单位根检验

变量	截距	时间趋势	滞后期数	ADF 统计量	临界值(1%)	临界值(5%)
FDI	有	有	3	-2.73	-4.80	-3.79
一阶差分	有	无	0	-4.78	-3.92	-3.06
SE	有	无	0	-3.60	-3.92	-3.06
EE	有	无	0	-3.08	-3.92	-3.07

表 5.5 给出 ADF 检验在 1%和 5%的显著性水平的临界值,除了外资进入度变量(*FDI*)外,其他两个变量效率份额(*EE*)和结构份额(*SE*)均为平稳序列,即没有单位根。接着对外资进入度进行一阶差分,并对一阶差分序列(Δ*FDI*)进行单位根检验,其结果表明,外资进入度的一阶差分序列的 ADF 统计量为-4.78,超过了 1%显著性水平的临界值(-3.92,按绝对值比较),即在 99%的置信

① 工业外资进入度(FDI)用“三资”工业企业固定资产净值比上整个工业企业固定资产净值来表示,数据来源于《中国统计年鉴》和国研网。

水平下拒绝原假设，外资进入度的一阶差分序列是平稳的，外资进入度原序列则是一阶单整（Integrated of Order 1）。

为了识别出外资冲击下的传导渠道效果，即考察中国工业能源强度的结构份额（SE）和效率份额（EE）在外资冲击下的反应情况，本节接着采用平稳化后的序列进行脉冲响应分析。并用向量自回归方法（VAR）来求解脉冲响应函数①，仍然使用 AIC 准则和 SIC 准则来判断 VAR 模型的滞后期数。经过多次实验，由 FDI 与结构份额和效率份额组成的 VAR 模型的 AIC 和 BIC 值都为最小，所以取滞后期为 1。

IRF 描绘在随机扰动项的一个标准差冲击，对内生变量如效率份额和结构份额的当前值和未来值都会产生影响。对外资进入的冲击，会通过 VAR 模型的动态结构传导给效率份额和结构份额。由于 IRF 中外资进入度、效率份额及结构份额变量顺序的变化会产生不同的脉冲响应图像，实际操作中为了避免不同的变量顺序产生不同的结果，在每个 VAR 模型中只选取两个变量，如外资进入度和效率份额，此时 VAR 模型中两个变量的顺序不论如何变化，结果唯一。

经 Eviews 软件处理后，根据 IRF 得到中国工业能源强度中的结构份额和效率份额对于 FDI 冲击下的脉冲响应。图 5.2 和 5.3 给出了经由蒙特卡洛模拟的脉冲响应函数 95%的置信区间（每个图中的中间线条为 IRF 点估计值序列，上下两条线分别表示 95%的置信区间的上下界），横轴表示 FDI 冲击作用的滞后期数。

从图 5.2 的结果看出，结构份额对于 FDI 在 $t=0$ 年的 1 个标准差冲击在第一年做出负向响应，当其效应为-0.0126，随后逐渐增加，在 $t=2$ 时达到最高点，最大值为 0.00934，之后开始下降，在 $t=3$ 之后基本趋于平稳，逐步向初始位置靠近。但是总体来说，结构份额对于 FDI 影响是正向反馈效应的，这表明，一方面，FDI 对于产业结构调整，进而增加能源强度的作用。从图 6.2 可以看到，外资进入之后，结构份额立即产生一定幅度的波动，这个时期大概持续 3 年时间，之后其结构效率开始逐步平稳，不过总体效率趋于负面作用。因此，未来中国应

① VAR 方法不需要对于变量间相互关系进行先验理论假设。

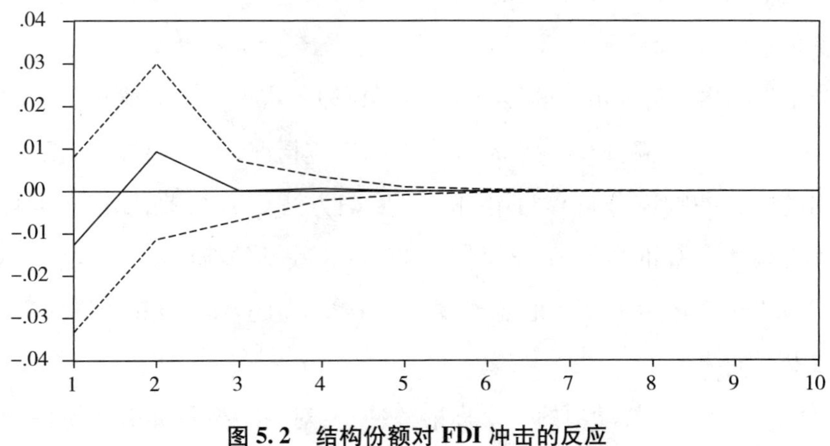

图 5. 2 结构份额对 FDI 冲击的反应

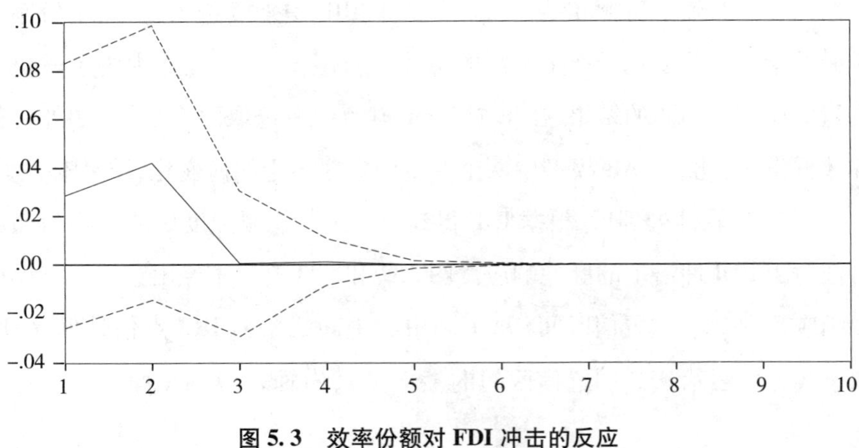

图 5. 3 效率份额对 FDI 冲击的反应

积极参与国际分工、承接国内外产业转移，不断优化投资产业结构，提高外资的结构效率。

从图 5. 3 看出，中国能源效率份额对于 FDI 在初始时刻 $t=0$ 时的 1 个标准差正向冲击在第一年做出积极反映，当其效应为 0. 0285，第二年到达高峰为 0. 042，之后冲击力度逐渐衰减，开始回落，在 $t=3$ 期之后，与图 6. 2 脉冲响应结果相似，逐步向初始位置靠近，整个过程持续时间不长。从这里可以看出，FDI 对中国能源强度的作用体现了一个技术进步的过程。在短期内，外资投入促进了能源效率的提高，这种效率提高通过外资进入引入市场竞争策略，也可能是得益于研发和采用新技术等渠道释放出来,应提高中国产业能源的配置效率和研发水平,从而达到利用 FDI 促进能源技术进步。从以上关于外资对中国能源强度作用的动态模拟可以看到,外资进入主要通过引入竞争和新技术推动中国能源强度的降低,进而提高能源效率。①

本章采用 1999—2008 年中国 36 个工业行业的数据,首先利用面板数据检验了外资企业的水平关联、前向关联及后向关联三种渠道对中国工业能源强度的影响。接着利用时间序列的脉冲响应函数分析了 FDI 影响中国工业能源强度的结构份额和效率份额的传导渠道,通过分析本章得出以下几点结论:

第一,本章区分 FDI 的水平、前向和后向关联后,发现 FDI 影响中国工业能源强度的效应最可能在水平关联和后向关联效应两种渠道,即主要通过示范效应、竞争效应以及外资企业与本地中间产品供应商的联系渠道出现。但两种渠道产生的作用相反,外资的水平关联效应能够降低中国工业能源强度,而外资企业与本地中间产品供应商的联系渠道是负面的,没能产生积极的关联效应。以从业人员比重表示的关联指标中,外资水平关联效应显著降低了中国工业能源强度;下游外资企业与本地中间产品供应商的联系渠道显著增加了中国工业能源强度,而上游外企向下游内企的人员流动对下游行业的能源强度没有显著的影响。另外,人均实际收入的不断增加也会促进能源强度的下降,说明了环境质量是一种正常的奢侈品,人们在解决了温饱问题后,越来越关心能源环境问题。研发活动作为获得技术最重要、最主动的方式对降低能源强度起着一定的作用。由于目前中国各工业行业能源强度较世界先进水平相差很远,而同时研发活动又相对不足,通过增加研发来降低能源强度所收到的效果应该是非常显著的。

① 本节的时间序列 VAR 模型用 17 年时间跨度来考察 FDI 对中国工业能源强度的结构份额和效率份额的传导影响。无法体现 FDI 对能源强度变动中的结构份额和效率份额的长期作用,也可能由于自由度过低导致的参数估计有偏的问题,为了更准确地把握 FDI 对中国工业能源强度的变动,面板向量自回归(PVAR)模型不仅具有扩大样本量,增加自由度,减少多重共线性的优势,而且在模型中可以加入个体效应和时间效应的虚拟变量,可以控制住地区差异和年度总体经济环境的差异,以更准确地分析 FDI 对中国工业能源强度的传导影响。

第二,从 1993—2010 年间的分解结果上看,效率份额引起中国工业能源强度(1993 年不变价,以下同)下降的累计贡献率达到 101.05%,而结构份额的累计贡献率为负,只有-1.05%。再从 1999—2010 年间的分解结果上看,效率份额的累计贡献率同样超过了 1,达到 108.63%,比 1993—2010 年间的贡献率稍高,说明在 1993—1999 年间效率份额的作用相对不大;而结构份额在 1999—2010 年间的累计贡献率更加恶化,达到-8.63%,说明这段时间内比 1993—1999 年间结构因素的影响更加负面,驱动中国工业能源强度上升。总之,效率份额是引起中国工业能源强度下降的最主要因素;而结构份额对中国工业能源强度的影响是负面的。外资进入中国工业各行业之后,根据脉冲响应分析,中国工业能源强度的结构份额出现持续 3 年时间的波动,之后恢复平稳,不过总体结构效率趋于负面作用,外资使工业内部结构向高耗能方向发展,带动中国工业能源强度上升。中国工业能源强度的效率份额对于外资进入影响是正向反馈效应的,外资进入带来了能效技术进步,进而提高中国工业能源效率。

由此以下几点值得考虑:引进外资时要积极发挥 FDI 通过技术溢出对中国能源效率进步的提升作用,通过相关的鼓励和约束政策促使内资企业购买上游行业外资企业的高质量中间产品,采取有效措施限制外资企业将高耗能、高污染的业务转移给上游内资企业,不要依赖于外资企业转移较先进或最新的技术,应增强自主的技术创新能力,将负面的后向关联效应转变为正面的积极效应。同时,加强对外资企业环境保护监管,调整利用外资政策导向,鼓励外资投向高新技术、节能环保产业,支持国内节能生产技术与循环生产技术的创新,从根本上解决能源环境问题。

第六章　FDI 与中国区域工业碳排放差距

二氧化碳排放引致的温室效应已经成为全世界共同关注的问题,联合国政府间气候变化委员会(IPCC)第五次评估报告(AR5)指出全球气候变暖有超过90%的可能性与人类活动产生的温室气体排放有关。发展低碳经济、降低碳排放已经成为中国应对气候变化的重大战略举措。根据国际能源署(IEA)统计数据,2008 年中国二氧化碳排放量就已超过美国,成为全球第一大二氧化碳排放国。作为一个负责任的发展中国家,中国计划 2030 年左右二氧化碳排放达到峰值,且将努力早日达峰。事实上,中国地域广阔,经济发展和资源察赋存在较大不平衡,二氧化碳排放也呈现较大的区域差异(Clarke-Sather 等,2011;杨骞和刘华军,2012),[①]其减排目标也是在充分考虑到不同区域的人口、经济和技术等发展水平和特征基础上制定的,2014 年国家发展改革委发布的《国家应对气候变化发展规划(2014—2020 年)》也强调碳约束目标应因不同区域而异。因此,本章利用 1999—2014 年中国 30 个省份工业样本数据,从另外一个视角去评估外资进入对工业碳排放的影响,将总体样本分为两组:外资进入度较高地区(下文简称"外资进入地区")和外资进入度较低地区(下文简称"非外资进入地区")样本,基于"准实验"的研究设计,建立倾向得分匹配模型(Propensity Score Matc-

---

① Clarke-Sather, A., Qu, J.S., Wang, Q., Zeng, J.J., Li, Y., "Carbon Inequality at the Sub-national Scale: A Case Study of Provincial-level Inequality in CO2 Emissions in China 1997-2007", *Energy Policy*, Vol. 39, No. 9 (2011), pp. 5420-5428;杨骞、刘华军:《中国二氧化碳排放的区域差异分解及影响因素——基于 1995~2009 年省际面板数据的研究》,《数量经济技术经济研究》2012 年第 5 期。

hing,PSM),就外资进入对工业碳排放所产生影响进行评价。

第一节　研究方法设计与数据处理

改革开放以来,中国累计实际利用外商直接投资金额达到 15667.32 亿美元(截至 2014 年年底),[①]外资已经对中国经济和社会的发展产生了重要的促进作用。但是,外资在快速发展的同时出现了明显的地区非均衡分布问题。不难发现,外资主要集中于中国的东部沿海地区,逐渐形成了以长三角、珠三角和环渤海为代表的外资相对集中的城市带。截至 2013 年,中国外资企业约 78.62 万家,其中东、中和西部分别为 65.66 万家、8.34 万家和 4.61 万家,分别占 83.52%、10.6%和 5.86%;东部利用外资累计占总额的 85%以上,而中西部利用外资的数量不到外资总额的 15%。具体到省级层面,上海累计外商直接投资额高达 1510 亿美元,而甘肃、宁夏和新疆等省份的累计额甚至不足 10 亿美元。这些数据显示了区域间外资进入的巨大差距,这种不均衡是经济发展水平、资源条件、人员素质等方面因素差异的结果。另一方面,国内外学者围绕环境经济学有关假说,如"污染天堂"(Pollution Heaven)、"污染光环"(Pollution Halo)、"向底线赛跑"(Race to the Bottom)和"外资环境收益"(Environmental Gains from FDI)等展开大量的理论和实证研究(Perkins & Neumayer,2009;Dijkstra 等,2011),[②]加剧了外资进入与区域碳排放之间关系研究的复杂性。因此,需要关注外资进入中的碳排放问题。值得思考的是,外资进入程度较高地区是否导致更高的碳排放量?区域间外资进入程度的差异能否导致显著的碳排放差距?这在实践上有利于根据区域差异,制订不同的外资、节能减排与低碳经济政策。

---

① 有关外资数据来源于国家统计局、商务部,作者计算,以下同。

② Perkins,R,Neumayer,E.,2009,"Trasnational Linkages and the Spillover of Environment Efficiency into Developing Countries",*Global Environmental Change*,Vol. 19,No. 5(2009),pp. 375-383;Dijkstra,B.R.,Mathew,A.J.,Mukherjee,A.,"Environmental Regulation:An Incentive for Foreign Direct Investment",*Review of International Economics*,Vol. 19,No. 3(2011),pp. 568-578.

一、倾向得分匹配法(PSM)

为了比较外资进入地区和非外资进入地区的碳排放差距,一个简单而常用的办法是使用虚拟变量,进入为1,非进入为0。此时,可以认为进入地区属于处理组,非进入地区则属于控制组。回归结果中虚拟变量的估计系数即为两组的差别,可以认为是平均处理效应(Average Treatment Effect,ATE)。然而,该方法的一个问题是,处理组和控制组的协变量的共同支持域(common support region)重合部分较小,也即是处理组和控制组的相似性较差,可比性较差。如果某些经济变量在两组间的分布差异性很大,则说明这些经济体的可比性较差。

而评价外资进入对碳排放的平均处理效应,即得到一个经济体外资进入和不进入两种情况下的碳排放差距,最理想的状况是我们能够获得这个经济体在同样的时间段内,分别在外资进入和不进入情况下的碳排放数据。然而,这是不成立的"反事实"(Counterfactual)状态。一个经济体在一个特定的时间内,我们只能观测到一种状态,外资进入或不进入。由此,我们面临着数据缺失的问题。

另外,一些经济体成为外资进入地区往往不是外生的,而部分的是由所研究的问题决定的。例如,GDP的高低、基础设施完善程度和人口教育程度显然会影响外资的选择。这样,因研究主体有意识的选择(或称自选择行为)使得样本不再具有随机性,从而导致估计结果产生偏差,即为样本选择性偏差。当评估中国外资进入地区与非外资进入地区之间的碳排放差距时,研究总体应该为全部省份,而在实际中,我们往往只能得到分别分布在这两个地区里的省份碳排放信息,则得到的样本只可以分别代表这两个地区里的省份总体,而不能代表全部省份的研究总体,因此直接比较两个地区间的碳排放差距,则会产生样本选择问题,由此得到的估计是有偏的且不一致的。

倾向得分匹配模型(PSM)是一种能够有效修正选择偏误的方法。匹配法不是考察"效应的原因"(Causes of Effects),而是转而获取某种"原因的效应"

(Effects of Causes)(Morgan and Harding,2006)。[①] 在控制一些可观测因素后,利用尽可能相似的处理对象和控制对象,可以减小样本选择偏误。[②] 同时,在通常情况下,比较具有多维特征的研究对象是不可能的,倾向得分匹配法将这些特征浓缩成一个单一变量(即倾向得分值,*PS* 值)来进行比较,起到“降维”的作用,从而使多元匹配成为可能。此外,由 Rubin(1974)、Rosenbaum and Rubin(1983)开辟的反事实框架允许我们去定义并估计各种处理效应。[③]

本章中使用 PSM 方法的步骤是:首先估计省份成为外资进入地区的 *PS* 值,接着依据 *PS* 值的共同支持域匹配处理组和控制组,最后估计三种平均处理效应。

(一)估计倾向得分值

定义倾向得分值(简称倾向值或 *PS* 值)为:给定处理前的协变量或特征变量 X,透过概率函数(倾向得分函数)的估计而得到一概率。在本章中就是省份样本成为外资进入地区的条件概率,通过 logit 模型估计省份特征变量 X 的参数值 α:

$$p(X) \equiv P(D = 1 \mid X) = E(D = 1 \mid X) = \frac{\exp(\alpha X)}{1 + \exp(\alpha X)} \tag{6.1}$$

其中,D 是样本是否成为外资进入地区的二分变量(dichotomous variable)或虚拟变量;X 是研究对象接受处理前的多维向量,表示省份的各种特征。用于估计 *PS* 值的特征变量 X 不仅是省份成为外资进入地区的重要影响因素,同时也包含影响省份碳排放的因素。只有考虑并控制了这些因素的影响,才能够降低

---

① Morgan, S.L., Harding, D.J., “Matching Estimators of Causal Effects: Prospects and Pitfalls in Theory and Practice”, *Sociological Methods and Research*, Vol. 35, No. 1(2006), pp. 3-60.

② 匹配的方法也可以减少由非观测因素(尤其是时间非观测效应,如能源价格变化、有关排放的政策等)导致的估计偏误,因为匹配估计量是采用净差分(net difference)的方法得到,差分可以消除非观测效应,而不能完全消除它。偏误减小的程度依赖于计算倾向得分值的协变量的丰富度和数据质量。如果想要完全消除偏误,当且仅当处理对象和控制对象具有相同的倾向得分时,处理效应的分配是完全随机的。

③ Rubin, D.B., “Estimating Causal Effects of Treatments in Randomized and Non-Randomized Studies”, *Journal of Educational Psychology*, Vol. 66, No. 1(1974), pp. 688-701; Rosenbaum, P.R., Rubin, D.B., “The Central Role of the Propensity Score in Observational Studies for Causal Effects”, *Biometrika*, Vol. 70, No. 1(1983), pp. 41-55.

样本自选择偏差对研究结论的影响(Brookhart 等,2006)。[①] 如果在由 X 定义的空间内,研究对象是否接受处理是随机的,则在单一变量 $p(X)$ 定义的空间内,研究对象是否接受处理也是随机的。

(二)匹配方法

在估计出倾向值后,通常要考虑的就是匹配的方法了。匹配的核心思想是在获得倾向值之后创建一个新的样本。只有当处理组和控制组的匹配协变量的分布是相同的,这时可以说数据是平衡的,匹配才被认为是成功的。平衡性检验可以通过双变量的均值差的 t 检验或是 Kolmogorov-Smirnov 正态性检验来实现(Diamond and Sekhon,2013)。[②] 我们也会在实证分析中进行该检验。最常用的匹配方法就是所谓的贪婪匹配(Greedy Matching),它包括:最近邻居匹配(Nearest Neighbor Matching)、卡尺匹配(Caliper Matching)等。除了使用贪婪匹配方法,我们还使用两种非参数回归的倾向值分析方法——内核匹配(Kernel Matching)和局部线性回归匹配(Local Linear Regression Matching),对匹配方法简单介绍如下:

最近邻匹配是指,针对每个外资进入地区样本,从非外资进入地区样本中寻找 PS 值差异(绝对值)最小者为匹配样本。卡尺匹配要求外资进入地区样本与非外资进入地区样本的 PS 值差距不能太大(小于事先设定的匹配容忍度)。基于非参数回归的倾向值匹配方法以从离处理组个体最近的控制组个体获得最大的权重,降低距离更远成员的权重的方式来对所有控制组个体进行匹配。也就是说,基于非参数回归的算法比贪婪匹配算法使用了相对更多的信息。

(三)估计平均处理效应

三种平均处理效应包括:处理组即外资进入地区的平均处理效应(Average

① Brookhart, M.A., Schneeweiss, S., Rothman K.J., "Variable Selection for Propensity Score Models", *Am J Epidemiology*, Vol. 163, No. 12(2006), pp. 1149-1156.

② Diamond, A., J. S. Sekhon, "Genetic Matching for Estimating Causal Effects: A General Multivariate Matching Method for Achieving Balance in Observational Studies", *Review of Economics and Statistics*, Vol. 95, No. 3(2013), pp. 932-945.

effect of Treatment on the Treated,ATT)、平均处理效应(ATE)以及控制组即非外资进入地区的平均处理效应(Average Treatment effect on the Untreated,ATU)。处理组的平均处理效应是指,给定省份的特征为 X,从外资进入地区的省份中随机地挑选一个省份,这个省份的碳排放与假定该省份成为非外资进入封闭地区时碳排放的平均差距。ATT 用公式表示如下:

$$ATT \equiv E\{CE_{1i} - CE_{0i} | D_i = 1\} = E(CE_{1i} | D_i = 1) - E(CE_{0i} | D_i = 1) \quad (6.2)$$

外资进入的平均处理效应是指,给定省份的特征为 X,从总体中随机地选取一个省份,当这个省份外资进入度较高时的碳排放与假定该省份外资进入度较低时的碳排放的平均差距。ATE 可由式(6.3)定义:

$$ATE \equiv E\{\mathrm{CE}_{1i} - CE_{0i} | X\} \quad (6.3)$$

非外资进入地区的平均处理效应是指,给定省份的特征为 X,从非外资进入地区中随机地挑选一个省份,这个省份的碳排放与假定该省份成为外资进入地区时碳排放的平均差距。ATU 用公式(6.4)表示如下:

$$ATU \equiv E\{CE_{1i} - CE_{0i} | D_i = 0\} = E(CE_{1i} | D_i = 0) - E(CE_{0i} | D_i = 0) \quad (6.4)$$

其中,CE_{1i}和 CE_{0i}是接受处理和不接受处理两种反事实情况下的潜在结果。在本章的研究背景下,CE_{1i}=(工业人均碳排放,当省份 i 属于外资进入地区时,$D=1$),CE_{0i}=(工业人均碳排放,当省份 i 属于非外资进入地区时,$D=0$)。

关于(6.2)式的估计,因为 $E(CE_0 | D_i = 1)$ 观测不到,实证上通常以 $E(CE_0 | D_i = 0)$ 来替代 $E(CE_0 | D_i = 1)$,然而这有赖于条件独立假设(Conditional Independence Assumption,CIA)成立。该假设也被称为是平衡假设(Balancing Hypothesis),即给定倾向值的情况下,处理分配和观测协变量有条件地相互独立。因而,具有相同倾向值的观测点就肯定有相同的可观测特征分布,并且独立于是否接受处理。换句话说,处理组(外资进入地区)与控制组(非外资进入地区)可以视为由同一个总体所抽出,也就是样本被指定到处理组或控制组的过程是随机的,两组样本在协变量 X 上并没有明显地差异性。以 ATT 为例,可以用 $E(CE_0 | D_i = 0)$ 来替代 $E(CE_0 | D_i = 1)$:

$$\begin{aligned} \mathrm{ATT} &= E\{E[CE_{1i} - CE_{0i} | D_i = 1, p(X)]\} \\ &= E[\{E(CE_{1i} | D_i = 1, p(X)) - E(CE_{0i} | D_i = 1, p(X))\} | D_i = 1] \end{aligned}$$

$$=E[\{E(CE_1|D_i=1,p(X))-E(CE_0|D_i=0,p(X))\}|D_i=1] \quad (6.5)$$

这表示只要两组样本有近似的协变量,我们可以用外资进入地区与非外资进入地区的工业碳排放差距去评估外资进入对工业碳排放的影响效果。式(6.5)表示透过选取相同倾向值的非外资进入地区成为外资进入地区的反事实样本,则我们可以将两组样本的工业碳排放差距归因于外资进入对工业碳排放的影响效果。

二、基于匹配样本和倾向值的计量模型分析

根据匹配得到的新样本对选择偏差以及内在于多元分析模型中的统计假定遭到违背(如样本随机性假定)进行了修正。使用这一匹配的新样本,我们可以将通常使用随机化实验得到的样本那样进行多元回归分析。但是,大部分多元分析仅对由贪婪匹配所形成的匹配样本来说才是允许的。本章估计外资进入影响工业碳排放的平均处理效应的基本方程如式(6.6)所示:

$$CE_{it}=\beta_0+\beta_1 fdi_{it}+X\gamma+\varepsilon_{it} \quad (6.6)$$

其中,下标 i 和 t 分别表示第 i 个省份和第 t 年。β_0 是常数,X 是表征各省份一系列特征的匹配协变量向量,分别是人均产值、工业内结构、基础设施、实际工资、人力资本、市场化程度和环境规制。① 结果变量 CE_{it} 是省份 i 的工业人均碳排放,fdi 是省份外资进入的二分变量,等价于式(6.1)中的虚拟变量 D。如果省份 i 在 t 年的外资进入度按从高到低排名前 10,则归入外资进入地区样本,即 $fdi_{it}=1$,否则 $fdi_{it}=0$。② β_1 用以评估外资进入对工业碳排放的平均处理效应,若我们的实证结果显示估计之 β_1 显著为正,表示外资进入地区的工业碳排放比非外资进入地区平均要大。ε_{it} 为随机误差项。

---

① 倾向值分析仍然会面临未观测协变量问题。许多研究者如 Rubin 等建议进行敏感性分析并检验条件变量的不同组合来应对此问题。因此,本章检验了不同条件变量的匹配方案和匹配方法的不同设定等,并在稳健性检验这一章进一步考虑估计结果对非观测协变量选择偏差的敏感性,以检验本章 PSM 方法适用性和估计结果稳健性。

② 当然,除了自选择偏差,这里看似还存在"研究者选择偏差(researcher selection bias)",即由于研究者根据主观判断或各种其他非统计学标准的程序来选取样本。不过,本章研究所选取的"外资进入地区样本"更多还是其本身根据一系列因素选择的结果和相关统计指标,并非主观判断。同时,本章在"稳健性检验"一章尝试改变"外资进入地区"样本,以检验结果的稳健性,尽量减少研究者选择偏差的干扰。

基于贪婪匹配的再抽样样本，除了使用传统 Pool-OLS 对方程(6.6)进行估计，我们还结合预测的概率值或 *PS* 值来建立模型，分别建立以下三种方法的计量模型：

(一)倾向值回归调整法

它也叫做协变量调整法(covariate adjustment)，即直接将倾向值作为自变量引入模型，根据具体情况可以加入 *PS* 值函数形式，如 *PS* 值平方项或立方项等，见式(6.7)：

$$CE_{it} = \beta_0 + \beta_1 fdi_{it} + \beta_2 PS_{it} + X\gamma + \varepsilon_{it} \tag{6.7}$$

上式中，PS_{it}为倾向值变量。目前，对于模型中是否加入重要协变量存在争议，有的研究者认为 *PS* 值已经综合所有协变量的信息，不需再放入模型中；也有研究者认为可以将重要变量加入模型，提高回归的贡献性。当需要分析处理因素与结果变量之间的因果关系及关联程度时，此时可以将 *PS* 值作为协变量构建模型，如上述回归方程，最后通过回归系数的解释对平均处理效应及相关性进行估计分析。

(二)倾向值权重法

它是指采用倾向值赋予观测值权重，使得样本能代表研究的总体。[①] 基于权重法的平均处理效应的估计具有一致性，能提供近似于无偏的估计。分析的关键要素在基于估计的倾向值赋予权重。视是否估计 ATE 还是 ATT 而定[②]，将使用不同类型的权重。对于估计 ATE，我们将权重定义为：

$$w_{it}(D, PS) = \frac{D}{PS_{it}} + \frac{1 - D}{1 - PS_{it}} \tag{6.8}$$

根据这一定义，当 $D=1$(即处理组成员，属于外资进入地区的省份)，公式变成 $w(D,PS)= 1/PS$，即处理组的权重为 $1/PS$；当 $D=0$(即控制组成员，属于非外

① 这种方法的详细内容可以在 Hirano & Imbens(2001)，Hirano，Imbens & Ridder(2003)和 McCaffrey 等(2004)中找到。

② 大多数学者都没有考虑估计 ATU 所使用的权重，由于本章之前 ATU 估计量基本上不显著，所以我们也没有考虑使用倾向值权重法来估计 ATU。

资进入地区的省区），公式变成 $w(D,PS)=1/(1-PS)$。对于估计ATT，处理组权重为1，而控制组权重为 $PS/(1-PS)$。在创建这些权重后，就可以将它们应用到多元回归分析。虽然用倾向值加权是一个很有创意的想法并且也很容易实施，但该方法因是否很好反映总体以及可能增加估计的随机误差（random error）还存在一些争议（Freedman & Berk，2008）。① 本章在此不详述。出于示例的目的，我们在实证分析中报告倾向值加权分析结果。

（三）倾向值分层线性回归法

其基本思想是根据估计的倾向值以升序排列样本，将样本分为数个亚层，在各层内计算处理组（外资进入地区）和控制组（非外资进入地区）在工业碳排放上的平均差距，并通过样本在各层中的分布加权，根据相关公式，可以计算整个样本（即所有亚层）外资进入对工业碳排放的平均影响（ATE）及其标准误。为了比较在成为外资进入地区后，不同特征的省份碳排放如何变化，本研究使用的是异质性干预模型（Heterogeneous Treatment Effect，HTE），②具体做法只需要在已经获得倾向值分层的基础上，将外资进入对工业碳排放的影响效应作为因变量，以倾向值分层作为自变量，用方差最小二乘估计法回归（Variance Weighted Least-squares Estimation）估计外资进入的影响效应是如何随着倾向值分层的改变而改变。

三、变量说明及数据处理

本章相关变量说明和数据处理如下：

（一）结果变量——人均碳排放（CE）

碳排放主要来源于化石燃料燃烧和水泥、石灰、钢铁等工业生产过程，化石燃料燃烧和水泥生产所排放的二氧化碳占二氧化碳总量的97%以上。我们考

① Freedman，D. A.，Berk，R. A.，"Weighting Regressions by Propensity Scores"，*Evaluation Review*，Vol. 32，No. 4（2008），pp. 392–409.

② 异质性干预模型的相关方法介绍详见 Xie，Brand & Jann（2012）。

虑工业终端能源消费品种(煤炭、焦炭、焦炉煤气、其他煤气、其他焦化产品、石油和天然气)以及工业产品水泥所产生的CO_2排放量,[①]基于二氧化碳排放系数测算的工业碳排放量比上全部从业人员年平均人数,可以得到人均碳排放。[②]本章所有能源终端消费数据皆取自历年《中国能源统计年鉴》中的"地区能源平衡表(实物量)",能源实物量数据的标准量折算采用《中国能源统计年鉴》所附的"各种能源折标准煤参考系数"。另外,各省份水泥熟料产量数据根据水泥产量推算,水泥产量数据来自中经网统计数据库。

(二)处理变量——外资进入(fdi)

如前所述,fdi是省份外资进入的二分变量。如果省份i在t年的外资进入度按从高到低排名前10,则归入外资进入地区样本,即$fdi_{it}=1$,否则$fdi_{it}=0$。相对于流量数据只能考察外资进入的短期效应,存量数据能够更为全面地考察外资进入的长期累积效应,更好地反映外资进入对碳排放的影响,所以本章外资进入数据采用存量形式,并以"三资"工业企业为统计口径,用"三资"工业企业固定资产净值占规模以上工业企业固定资产净值的比重来衡量(即外资进入度)。各省份规模以上工业企业和"三资"工业企业固定资产净值数据来源于《中国统计年鉴》《中国工业统计年鉴》《中国经济普查年鉴》。

(三)协变量

1.人均产值(y)

一省份工业外资进入水平在很大程度上依赖于该省份工业经济发展水平,经济发展水平越高,与国外的联系也会越紧密,从而推动省份工业吸引更多的外

① 《中国能源统计年鉴》从2011年以后公布了新的能源消费品种,如高炉煤气、转炉煤气、石脑油、润滑油等,为了统一计算,将有关的能源消费品种合并计算,如将高炉煤气、转炉煤气、其他煤气合并为"其他煤气"一项。各能源消费品种的二氧化碳排放系数来自于PCC(2006)和国家发改委能源研究所(2003)。另外,每生产一吨水泥,原料分解过程就要排放CO_2约0.5272(水泥熟料碳排放因子)$*$0.75(综合熟料含量)=0.3954吨,即水泥的CO_2排放因子为0.3954。

② 准确地说,应该表述为"劳均碳排放",除以人口数称之为"人均",除以从业人员数称之为"劳均"。但同大多数文献的表述习惯一样,本章仍然用"人均"一词。

资企业。同时,大量研究指出,污染排放量和经济发展水平之间存在非线性关系(林伯强等,2009)。借鉴以往研究,本章以规模以上工业总产值比上全部从业人员年平均人数(即人均产值)来衡量一个地区工业的经济发展水平,以1999年为基期,根据工业品出厂价格指数得到1999—2014年的实际值。各省份工业总产值和工业品出厂价格指数来源于《中国统计年鉴》和《中国工业经济统计年鉴》。

2. 工业内结构(*comp*)

工业内结构的变动影响一国或地区的国际分工地位和产业竞争力,反映了该地区提供相关投入品和服务的能力。同时,一般来说,作为能源密集度最高的产业部门,工业内结构的变动直接影响能源消耗和碳排放的变动。为了更细致地刻画工业内结构的变动,[①]本章相关研究并作适当改进:

$$comp_{it} = \sum_{j=1}^{25} \left(\frac{Y_{jit}}{Y_{it}} \cdot EI_{j0} \right) \tag{6.9}$$

其中,j 表示各工业行业;Y_{it}表示第 i 个省份在第 t 年工业总产值,Y_{jit}表示相应行业层面的第 j 个工业行业总产值,EI_{j0}为基期全国第 j 个行业的单位产值能源消费量(1999年=100)。该指标上升即表示工业向高耗能方向发展,因为不同的工业行业其能源强度也会不同,通过给每个工业行业贴上耗能级别的标签(EI_{j0}),用来衡量工业行业结构重耗能化程度。在计算工业内结构指标时,考虑到统计口径一致性及数据来源,选取了25个工业行业。这25个行业的工业总产值占到整个工业总产值的90%以上,因此能够较好地反映工业行业结构的变化。各省份25个工业行业的工业总产值数据来源于《中国工业经济统计年鉴》《中国经济普查年鉴》《中国经济年鉴》以及各省份统计年鉴,全国25个工业行业终端能源消费量数据来源于《中国能源统计年鉴》。[②]

① 一般的处理方法是,使用重工业比重或当地工业增加值比上全国工业增加值来表示当地工业结构,但这种处理方式太过粗糙,难以刻画工业内部结构变动。

② 这25个工业行业分别是:电力蒸汽热水生产供应业、电气机械及器材制造业、电子及通信设备制造业、纺织业、非金属矿物制品业、黑色金属矿采选业、黑色金属冶炼及压延加工业、化学纤维制造业、化学原料及化学制品制造业、交通运输设备制造业、金属制品业、煤炭开采和洗选业、普通机械制造业、石油和天然气开采业、石油加工及炼焦业、食品加工业、食品制造业、饮料制造业、烟草加工业、造纸及纸制品业、医药制造业、仪器仪表文化办公用机械制造业、有色金属冶炼及压延加工业、有色金属矿采选业和专用设备制造业。

3. 基础设施(*infra*)

无论外资企业生产的目的是为了出口还是内销,其产品的市场价格都要受到当地交通运输条件的影响。在其他条件相同的条件下,一个地区的交通设施越是完善,其对外资的吸引力就越大。而公路、铁路等交通基础设施的建设和运行需要消耗大量的高能源、高碳密度原材料产品,能源和材料的使用可能会排放大量的二氧化碳,但完善的交通基础设施也可能减小运输成本和交易费用,提高效率。我们用本省份公路、铁路和水路里程之和比上本省份国土面积来衡量该省区的交通基础设施水平。由于公路、铁路和水路的运输能力是不一样的,有必要将铁路和水路的公里数转化成相应的标准公路里程数,转化比率为:1 ∶ 4. 27 ∶ 1. 06(姚树洁和韦开蕾,2007)。[①] 各省份基础设施数据来源于《中国统计年鉴》。

4. 人力资本(*human*)

人力资本反映了高素质的人力资源,意味着较强的科技创新能力,将有利于吸引外资进入。同时,人力资本的提高有助于企业生产者偏好使用环境友好型生产技术,消费者偏好使用节能产品,从而促进低碳产业发展(曾大林等,2013)。[②] 人力资本的度量方法主要有教育经费法、人均受教育年限法、中等教育入学率和大学生的比率等。按照人均受教育年限法的方法,用全部 6 岁及 6 岁以上人口的平均受教育年限来衡量,并取自然对数。各省份不同学历层次人群的比重数据来源于《中国统计年鉴》。

5. 实际工资(*wage*)

一国的比较优势是影响外资进入的重要因素,我们选用劳动力成本反映各地区的比较优势,这也是传统的外资区位理论所普遍关注和认可的。劳动报酬(主要以工资形式支付给劳动者的劳动报酬)是企业劳动力成本的主要组成部分,我们搜集分地区分行业(采掘业、制造业和电力、煤气及水的生产和供应业)

① 姚树洁、韦开蕾:《中国经济增长、外商直接投资和出口贸易的互动实证分析》,《经济学(季刊)》2007 年第 1 期。

② 曾大林、纪凡荣、李山峰:《中国省际低碳农业发展的实证分析》,《中国人口 · 资源与环境》2013 年第 11 期。

就业人员和劳动报酬，来计算各省份工业部门就业人员平均劳动报酬，接着根据居民消费指数（CPI，1999 年 = 100）进行平减，得到工业实际工资。相关数据来源于《中国劳动统计年鉴》。

6. 市场化程度（*market*）

市场经济制度越完善，资源的配置效率越高，经济行为人的交易成本越小。所以在其他条件相同的情况下，外资倾向于投资市场化程度高的地区，以开辟当地市场。同样，能源作为稀缺资源和生产过程中的重要要素也会存在配置问题，市场化进程可以改善能源利用效率，减少能源负担和碳排放。这里我们用国有及国有控股工业企业的从业人员数比上规模以上工业企业从业人员数来表示市场化程度。数据来源于《中国统计年鉴》《中国工业经济统计年鉴》和各省份统计年鉴。

7. 环境规制（*regu*）

环境规制强度的度量是一个困难且复杂的问题，考虑到指标单一化的缺点（李玲和陶锋，2012；王杰和刘斌，2014），[①]为了更准确地反映正式环境规制强度，本章考虑 5 个评价指标层——工业废水、工业二氧化硫、工业烟（粉）尘、工业固体废物和工业二氧化碳，测算各省份工业的单位产值污染排放量作为环境规制的替代指标，这是因为污染排放强度是环境规制作用的直接结果。通常一个地区的污染排放强度越低，该地区的环境规制措施也越严厉。再对各省份的单位产值污染排放量进行线性标准化并进行加权平均整理，构建综合反映不同地区环境规制强度及其变化的指标体系。[②] 相关污染物排放数据来源于《中国环境年鉴》和《中国环境统计年鉴》。具体的处理如下：

一是对各省份工业的单位产值污染排放量进行线性标准化。

---

① 李玲、陶锋：《中国制造业最优环境规制强度的选择——基于绿色全要素生产率的视角》，《中国工业经济》2012 年第 5 期；王杰、刘斌：《环境规制与企业全要素生产率——基于中国工业企业数据的经验分析》，《中国工业经济》2014 年第 3 期。

② 之前，我们准备采用废水排放达标率、二氧化硫去除率、烟尘去除率、粉尘去除率和固体废弃物综合利用率等指标来测度环境规制强度，但这种指标选取的一个缺陷是 2011 年以后《中国环境年鉴》不再提供关于污染物去除率和达标率的数据，并且近几年很多地区的废水排放达标率、粉尘去除率都已经在 95%以上，变动幅度很小，并不能反映真实的环境规制变化。

$$PE_{ij}^{s} = [PE_{ij} - \min(PE_j)]/[\max(PE_j) - \min(PE_j)] \tag{6.10}$$

其中，PE_{ij}为 i 省份 j 污染物($j=1,2,3,4,5$)的单位产值污染排放量，max(PE_j)和 min(PE_j)分别为各单项指标每年的最大值和最小值，PE^s为各单项指标的标准值。

二是计算各指标的调整系数或权重(W_{ij})。由于不同地区的性质差异较大，地区间不同污染排放比重相差较大，即使属于同一省份，不同污染物的排放强度也存在着较大的差异。使用调整系数可以近似地反映出这种污染特性的差异。其取值方法如下：

$$W_{ij} = \left(\frac{E_{ij}}{\sum E_{ij}}\right)\Big/\left(\frac{Y_i}{\sum Y_i}\right) \tag{6.11}$$

其中，W_{ij}为省份 i 中污染物 j 的调整系数，E_{ij}为省份 i 中污染物 j 的排放量，$\sum E_{ij}$为所有省份同类污染物的排放总量。Y_i为省份 i 的工业总产值，$\sum Y_i$为工业总产值加总。

最后，通过各单项指标每年的标准化值和调整系数(权重)，计算出各省份的环境规制强度。该指标越小，表明环境规制越严厉。

$$regu_{it} = \sum_{j=1}^{5}(PE_{ijt}^{s} \cdot W_{ijt}) \tag{6.12}$$

表6.1给出了外资进入地区样本($fdi_{it}=1$)和非外资进入地区样本($fdi_{it}=0$)的分组描述性统计。在480个总样本中，有33.3%样本属于外资进入地区，剩下的66.7%则属于非外资进入地区。最高者是广东的0.540(2007年)，最低者是青海的0.0067(1999年)。北京、福建、上海、广东、江苏和天津基本上属于较高外资进入度省份，这些省份的外资进入度平均值达到0.401。浙江、海南、辽宁和山东在有些年份属于外资进入地区，有些年份又落入较低外资进入度省份样本。与外资进入地区相比，非外资进入封闭地区的外资进入度平均值只有0.08，而排名后十位的省份如青海、新疆、贵州、山西、甘肃等外资进入度更低，平均只有0.046，相差比较大。

表 6.1 各变量的统计描述

类别		$fdi_{it}=1$（外资进入地区样本）				$fdi_{it}=0$（非外资进入地区样本）			
变量	单位	平均值	标准差	最小值	最大值	平均值	标准差	最小值	最大值
ce	吨/人	3.517	0.563	2.653	5.289	4.226	0.490	3.078	5.325
y	万元/人	3.672	0.699	1.862	5.069	3.207	0.734	1.625	4.702
y^2	万元/人	13.971	5.101	3.466	25.695	10.821	4.683	2.640	22.112
comp	吨标准煤/万元	1.065	0.280	0.649	2.096	1.548	0.348	0.820	2.498
wage	万元	0.746	0.512	-0.350	1.822	0.543	0.549	-0.511	1.538
human	年	2.171	0.127	1.913	2.487	2.074	0.105	1.761	2.313
infra	公里/平方千米	1.129	0.544	0.138	2.739	0.567	0.413	0.025	1.835
market	—	0.274	0.194	0.036	0.814	0.517	0.187	0.146	0.899
regu	—	0.796	1.645	0.000	10.008	6.499	6.915	0.193	48.350

注：1.在此，如果省份 i 在 t 年的外资进入度按从高到低排名前 10，就归入外资进入地区样本，即 $fdi_{it}=1$，否则 $fdi_{it}=0$。

2.变量 *ce*、*y*、*human* 和 *wage* 均取了对数，海南 2002 年，宁夏 2000 年、2001 年、2002 年工业终端能源消费数据缺失，采用线性插值法补齐。

从两组地区样本的协变量统计指标来看。就平均数来说，外资进入地区的工业人均产值相对更大（3.672 与 3.207），实际工资更高（0.746 与 0.543）、平均受教育年限更大（2.171 与 2.074）、基础设施更加完善（1.129 与 0.567）。而非外资进入地区在工业内结构、市场化程度和环境规制指标上更大些。从结果变量（人均碳排放量，用 *ce* 表示）的统计指标来看，外资进入地区的人均碳排放平均值为 3.517 吨/人，而非外资进入地区更大，为 4.226 吨/人。不过，描述性统计的结果缺乏统计显著性的信息，即是否有可能一些省份之所以成为较高外资进入度地区是受到一些因素的影响，如人均产值、基础设施等，而这些因素可能导致了这些省份的碳排放水平相对较高？在尚未控制两组地区样本之协变量或特征变量至相近之前，碳排放的差距有可能是其他因素所导致，两组地区样本碳排放水平的差距显著性仍有待于本章后续的分析。为了降低这种自选择问题干扰，我们必须要将地区的协变量调整为相近似，这也是为什么我们在下文中要进行样本匹配的原因。

第二节　平均处理效应的实证分析

一、倾向得分匹配分析

在运用 PSM 方法评估外资进入的平均处理效应时，我们将进行一项三步分析。第一步，我们使用不同协变量组合来得到倾向值；第二步，我们使用最近邻匹配、卡尺匹配、内核匹配和局部线性回归匹配来构建不同的匹配样本；第三步，根据匹配样本来估计平均处理效应。

表 6.2　预测倾向值的 logit 模型回归结果

	logit 1	logit 2	logit 3	logit 4	logit 5	logit 6
	fdi	*fdi*	*fdi*	*fdi*	*fdi*	*fdi*
ly	3.187***	4.641**	*4.133**	-1.958	-2.042	3.859*
	(0.689)	(2.258)	(*2.282*)	(2.509)	(2.555)	(2.364)
lcomp	-5.229***	-5.151***	-*4.638****	-3.888***	-3.843***	-4.499***
	(0.589)	(0.594)	(*0.610*)	(0.669)	(0.716)	(0.679)
wage	-4.179***	-4.308***	-*5.071****	-5.599***	-5.497***	-4.825***
	(0.999)	(1.016)	(*1.104*)	(1.223)	(1.350)	(1.222)
human	8.116***	8.478***	*7.235****	14.60***	14.48***	6.962***
	(2.031)	(2.122)	(*2.213*)	(2.842)	(2.924)	(2.277)
$(ly)^2$		-0.200	-*0.138*	0.515*	0.517*	-0.124
		(0.295)	(*0.299*)	(0.321)	(0.321)	(0.301)
infra			*1.501****	0.672	0.649	1.449***
			(*0.457*)	(0.514)	(0.531)	(0.469)
market				-8.341***	-8.331***	
				(1.601)	(1.603)	
lregu					-0.0114	-0.0332
					(0.0655)	(0.0748)

续表

	logit 1	logit 2	logit 3	logit 4	logit 5	logit 6
	fdi	*fdi*	*fdi*	*fdi*	*fdi*	*fdi*
常数项	-19.78***	-23.10***	-20.97***	-20.51***	-20.06***	-19.82***
	(4.534)	(6.735)	(6.821)	(7.282)	(7.716)	(7.258)
LR chi2	265.07	265.54	276.98	311.89	311.72	271.19
	(0.00)	(0.00)	(0.00)	(0.00)	(0.00)	(0.00)
Pseudo R^2	0.463	0.464	0.484	0.544	0.544	0.483
Log likelihood	-153.90	-153.66	-147.94	-130.59	-130.57	-147.83
样本数	450	450	450	450	450	450

注：回归系数括号里的数为标准误，LR chi2 统计量括号里的数为 prob>chi2 的值；*、**、*** 分别表示 11%、5%和 1%水平上显著。

首先，需要用 logit 模型或 probit 模型得到研究对象暴露于处理效应之下的概率，也即是各省份成为外资进入地区（*fdi*=1）时的概率。表 6.2 显示预测倾向值的不同协变量下的 logit 模型回归结果。logit 1 模型包含了 4 个预先设定的协变量（人均产值、工业内结构、实际工资和人力资本）。考虑到变量之间可能的内生性问题以及条件独立性假设，logit 1 模型考虑人均产值、工业内结构变量的滞后一期（*ly* 和 *lcomp*）进入方程。在用 logit 模型预测倾向值之后，我们还需要根据匹配样本来进行平衡性检验，我们发现在大多数匹配情况下，人均产值变量经检验两组间差异仍然显著，故我们在 logit 1 模型的基础上考虑加入变量：人均产值滞后一期的平方（$(ly)^2$）。① logit 3 和 logit 4 模型分别进一步加入协变量基础设施水平和市场化程度变量。同样，由于可能存在内生性问题，logit 5 模型考虑滞后一期的环境规制变量（*lregu*）。最后，logit 6 模型考虑到匹配效果、共同支持域规模等因素，最终去掉了市场化程度变量（下文会说明）。总之，模型估计效果较好，大多数变量都是统计显著的，这也说明外资进入不同地区是受到这些

① 如前所述，在匹配前后运行双变量分析（Wilcoxon 秩和（Mann-Whitney）检验、*t* 检验、卡方检验）是一种常见方法，我们检验处理组和控制组在纳入 logit 回归中的协变量上是否有差异。当差异在匹配后仍然存在时，需再次运行倾向值模型时，此时可以考虑纳入一个在匹配后还显示显著的协变量的平方项或与另一协变量的交互项。

决定因素的影响。我们以 logit 6 模型预测的倾向值为例,图 6.1 显示外资进入地区与非外资进入地区样本的倾向值核密度(kernel density)分布。我们看到两组样本的倾向值分布有着很大的差异,外资进入地区样本的倾向值多在 0.4 以上,但是非外资进入地区的倾向值集中在 0.4 以下,处理组和控制组省份倾向值的差异就意味着我们使用非匹配方法可能会得到误导性的结论。另外,我们也看到两组样本倾向值存在着重叠的地方,意味着我们可以应用匹配方法分析外资进入的平均处理效应,这也是我们使用匹配方法研究这个问题的前提条件。

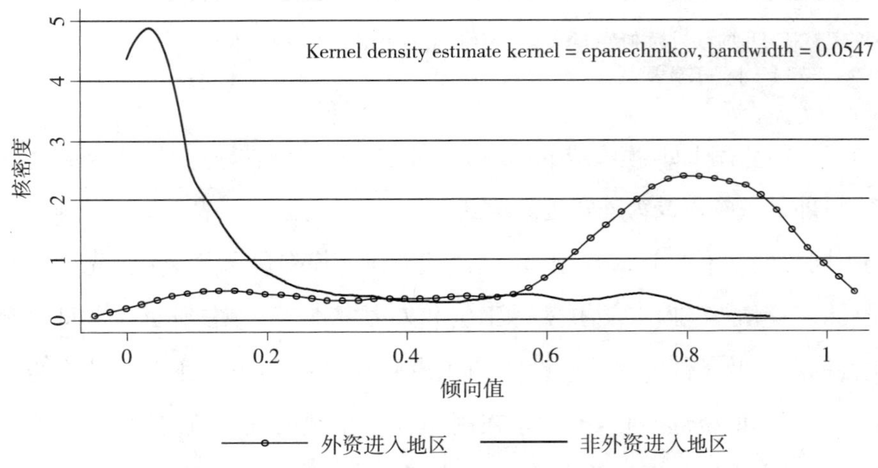

图 6.1　基于 logit 6 模型预测的倾向值核密度分布

接着,我们采用一个“3 * 3 * 2”的设计。也就是说,我们使用三个 logit 回归模型(logit 3、logit 5 和 logit 6,每个模型设定不同的一组条件变量来预测接受处理的倾向值)、三种匹配算法(即最近邻匹配、卡尺匹配和非参数回归匹配)以及两种匹配设定(即,对最近邻匹配,我们使用 $n=1$ 和 $n=2$ 两种设定;对卡尺匹配,我们使用不同的卡尺大小设定;而对于非参数回归匹配,一种方法中我们使用局部线性回归匹配,另一种方法是内核匹配)。从而,我们总共检验了 18 个匹配方案。使用多个匹配方案的设计出于比较不同方法的结果以及检验研究发现对不同模型设定之敏感的需要。

匹配通常需要一定的共同支持域,共同支持域会因步骤 1 中被用来预测倾向值的模型的不同设定而不同,因为具有不同条件变量或函数形式的 logit 回归产生不同的共同支持域。要想在倾向值匹配的常规框架范围内解决这一问题,我们需要尝试不同的模型并通过改变共同支持域的大小进行敏感性分析。

表 6.3 描述了这 18 个匹配方案以及再抽样样本的成员数量:方案 1 到方案 6 基于 logit 3,方案 7 到方案 12 基于 logit 5,方案 13 到方案 18 基于 logit 6。在每一组使用同一 logit 模型回归的方案中,前面两个方案都采用最近邻匹配,其中第一个方案采用无回置(noreplacement)策略,即一旦某个处理组成员和某个控制组成员匹配上,两个成员都要从数据中移出去。中间两个方案都采用卡尺匹配(一个使用卡尺为 0.05,另一个采用更窄的卡尺,0.01),最后两个方案使用非参数回归匹配(局部线性回归匹配和内核匹配)。

对不同卡尺的使用显示我们在匹配中的两难处境:尽管宽的卡尺会导致更多的相配者和一个更大的样本,但会出现不精确的匹配。我们将两种大小的卡尺纳入分析来检验结果对卡尺大小变动的敏感性。在 450 个总样本中,有 33.3%样本属于外资进入地区,另外的 66.6%则属于非外资进入地区。在所有匹配方案中,方案 10 的匹配样本规模最小:使用同样的卡尺为 0.01 的匹配,样本规模从方案 4 的 265 降到方案 10 的 212,表明加入这两个协变量(市场化程度和环境规制)极大地限制了成功的匹配,并减少了样本规模。不过进一步的分析表明,再抽样样本规模对纳入变量市场化程度(market)最为敏感。logit 6 保留了环境规制变量,但去掉了市场化程度变量,从匹配的样本结果来看,样本量从方案 10 的 212 上升到方案 16 的 252。进一步可以看出,基于 logit 6 模型中协变量的匹配方案样本量都较大程度地增加了,匹配后样本的平衡性检验也都通过了(除了方案 13)。

综合表 6.3 的分析结果,在 18 个匹配方案中,有 14 个方案成功地消除了处理组和控制组之间协变量分布的所有显著差异。而基于 logit 5 的匹配方案中再抽样样本过少,且有 2 个方案(方案 7 和方案 11)都不能消除处理组和控制组之间的显著差异。基于 logit 3 和 logit 6 的匹配方案中都只有一个方案(方案 1 和方案 13)没有通过平衡性检验。通过这种方式对这些方案的平衡性检验表明,基于 logit 5 模型的协变量匹配可能不是一个好的选择。

表 6.3　匹配机制描述与平衡性分析结果

方案	匹配方法描述	共同支持域		是否通过平衡性检验
		处理组	控制组	
1.最近邻匹配	根据 logit 3 预测的倾向值的最近邻 1 对 1 匹配	150	150	否
2.最近邻匹配	根据 logit 3 预测的倾向值的最近邻 1 对 2 匹配	130	212	是
3.卡尺匹配	采用 logit 3 预测的倾向值,卡尺=0.05 的匹配	130	212	是
4.卡尺匹配	采用 logit 3 预测的倾向值,卡尺=0.01 的匹配	104	161	是
5.局部线性回归匹配	用于局部线性回归的协变量与 logit 4 相同	130	212	是
6.内核匹配	用于内核匹配的协变量与 logit 4 相同	130	212	是
7.最近邻匹配	根据 logit 5 预测的倾向值的最近邻 1 对 1 匹配	150	150	否
8.最近邻匹配	根据 logit 5 预测的倾向值的最近邻 1 对 2 匹配	58	187	是
9.卡尺匹配	采用 logit 5 预测的倾向值,卡尺=0.05 的匹配	58	187	是
10.卡尺匹配	采用 logit 5 预测的倾向值,卡尺=0.01 的匹配	54	158	是
11.局部线性回归匹配	用于局部线性回归的协变量与 logit 5 相同	58	187	否
12.内核匹配	用于内核匹配的协变量与 logit 5 相同	58	187	是
13.最近邻匹配	根据 logit 6 预测的倾向值的最近邻 1 对 1 匹配	150	150	否
14.最近邻匹配	根据 logit 6 中协变量的最近邻 1 对 2 匹配	129	213	是
15.卡尺匹配	采用 logit 6 预测的倾向值,卡尺=0.05 的匹配	129	213	是
16.卡尺匹配	采用 logit 6 预测的倾向值,卡尺=0.01 的匹配	96	156	是
17.局部线性回归匹配	用于局部线性回归的协变量与 logit 6 相同	129	213	是
18.内核匹配	用于内核匹配的协变量与 logit 6 相同	129	213	是

表 6.4　协变量平均数差异:匹配前与匹配后(平衡性检验)

变量	匹配前	方案 2	差异减少(%)	方案 3	方案 7	方案 11	方案 14	差异减少(%)	方案 18
ly	0.460**	−0.058	87.3	−0.024	−0.780	0.183	−0.012	97.5	−0.002
	(0.000)	(0.490)		(0.772)	(0.236)	(0.190)	(0.893)		(0.983)
$(ly)^2$	3.188**	−0.570	82.1	−0.278	−6.027	1.240	−0.236	92.6	−0.112
	(0.000)	(0.353)		(0.643)	(0.220)	(0.206)	(0.704)		(0.852)
lcomp	−0.488**	−0.056	88.5	−0.045	−0.776**	0.024	−0.048	90.2	−0.040
	(0.000)	(0.081)		(0.158)	(0.007)	(0.599)	(0.136)		(0.215)
wage	0.193**	0.021	88.9	0.047	−0.578	0.123	0.052	73.3	0.061
	(0.000)	(0.725)		(0.430)	(0.236)	(0.194)	(0.396)		(0.308)
human	0.096**	0.005	94.4	0.006	−0.020	0.037**	0.004	96.4	0.006
	(0.000)	(0.601)		(0.587)	(0.873)	(0.030)	(0.732)		(0.550)
infra	0.572**	0.006	98.9	0.052	0.985	0.076	0.034	94.1	0.054
	(0.000)	(0.919)		(0.371)	(0.074)	(0.385)	(0.576)		(0.347)
market	−0.243**				−0.135	0.010			
	(0.000)				(0.460)	(0.789)			
lregu	−5.791**				−4.431**	−0.231	−0.098	98.3	−0.221
	(0.000)				(0.009)	(0.682)	(0.601)		(0.331)

注:本表显示样本匹配前与匹配后,外资进入地区与非外资进入地区的协变量在不同匹配方案下的平均数差异检验结果,括号中为两组地区样本协变量差异的 p 统计量;限于篇幅,本表没有全部报告所有匹配方案的平衡性检验结果,只列出 3 个 logit 模型下的 2 种匹配方案;** 表示差异在 5%水平上是显著的。

PSM 致力于使两个组别在每个协变量上达到大致相同的分布。由于不同的匹配方案产生了不同的再抽样样本,因此在匹配后检查协变量分布以及考察结果对不同抽样策略的敏感性就十分重要。表 6.4 展示了这一信息。在样本匹配前,处理组和控制组之间在每个协变量上的差异都是统计显著的(原假设为:无法拒绝处理组和控制组之间的差异为零)。这表明在原样本中,协变量分布在处理组和控制组之间并不十分重合。如处理组成员(外资进入地区)往往是人均产值比较高的($p<0.000$),即外资进入地区的人均产值比非外资进入地区

平均高 0.460 万元每人,其他协变量也都显示外资进入地区实际工资比较高、人力资本积累程度更高、基础设施水平更加完善。而非外资进入地区工业内结构更加趋向高耗能、市场中国有经济比重更高、环境规制更加松弛。如果不控制这些协变量,平均处理效应的估计值将是有偏的。不过,不同方案匹配后的样本中,两组间仍然可能存在显著差异。从报告的匹配方案平衡性检验结果可以看到,协变量人均产值滞后一期在所列出的匹配方案中都显示两组不存在显著差异(5%显著水平),而工业内结构和环境规制滞后一期在方案 7 中仍然显著,人力资本在方案 11 中也显著。也就是说,方案 7 和方案 11 在匹配后协变量仍然存在显著的差异,而方案 2、方案 3、方案 14 和方案 18 表明协变量的显著差异消失了,也就是协变量的平均数差异皆不显著地异于零。先前提及若要将两组地区样本的碳排放高低归因于外资进入这一因素,最好使得两组地区样本的协变量尽量相近,如此可以有效地降低样本选择偏误的估计误差。

考虑检验样本匹配的过程是否有效的第二种方法是看样本匹配前至匹配后协变量差异性减少的百分比,这个百分点是愈大愈好。表 6.4 同时也报告方案 2 和方案 14 的分析结果。我们发现,在方案 2(Nearest 匹配)下,五个协变量平均数差异降低百分比的平均数为 90.0%。而在方案 14(Nearest 匹配)下则为 91.8%,稍微大些。不过综合考查不同方案的协变量平均数差异减少的百分比,我们发现基于 logit 6 模型的匹配协变量差异减少的比例明显大些。[①] 由于较大的百分比表示匹配愈有效,愈能降低两组地区样本之间协变量的差异,因此,从这点上看,基于 logit 6 模型的协变量进行匹配相对更优些,有效性更高。

在得到各省份成为外资进入地区($fdi=1$)的概率以及匹配样本之后,我们就可以估计处理组(外资进入地区)的平均处理效应(ATT)、外资进入的平均处理效应(ATE)和控制组(非外资进入地区)的平均处理效应(ATU)。为了克服潜在的小样本偏误对结论的影响,本章除采用传统的统计推断方法外,将主要基于新近发展的"自抽样法(Bootstrap)"(自迭代 50 次),获得相关统计量的标准误。同时,结果的稳定性状况很好。

① 限于篇幅,没有报告此类分析结果,感兴趣的读者可以向作者索取。

表 6.5　基于匹配样本的匹配后平均处理效应估计结果

方案	ATT	ATE	ATU	方案	ATT	ATE	ATU
方案 2	−0.525**	−0.224**	−0.039	方案 12	0.060	0.116	0.134
	(0.131)	(0.059)	(0.077)		(0.075)	(0.074)	(0.075)
方案 3	−0.547**	−0.265**	−0.091	方案 14	−0.521**	−0.220**	−0.037
	(0.106)	(0.079)	(0.073)		(0.116)	(0.074)	(0.074)
方案 4	−0.449**	−0.207**	−0.051	方案 15	−0.537**	−0.231**	−0.046
	(0.132)	(0.093)	(0.075)		(0.118)	(0.064)	(0.064)
方案 5	−0.584**	−0.231**	−0.014	方案 16	−0.424**	−0.193**	−0.052
	(0.108)	(0.095)	(0.066)		(0.105)	(0.084)	(0.076)
方案 6	−0.552**	−0.265**	−0.089	方案 17	−0.576**	−0.213**	0.007
	(0.099)	(0.067)	(0.053)		(0.139)	(0.062)	(0.059)
方案 8	0.063	0.117	0.133	方案 18	−0.543**	−0.238**	−0.054
	(0.092)	(0.070)	(0.080)		(0.104)	(0.079)	(0.087)
方程 10	0.075	0.117	0.133				
	(0.104)	(0.061)	(0.078)				

注：估计值的标准误通过自主抽样得到，进一步被用来估计平均处理效应的95%自主抽样置信区间（bootstrap confidence interval）。我们报告了使用偏差矫正方法（bias-correction method）得到的95%置信区间；局部线性回归匹配的默认内核设定为 epanechnikov kernel，内核匹配的默认内核设定为 tricube kernel，默认带宽值都为0.06；** 表示在5%水平上是显著的。

表6.5报告了外资进入地区与非外资进入地区之人均碳排放平均差距的估计结果，根据的是匹配后达到平衡的样本。样本匹配前，我们发现外资进入地区的人均碳排放为3.533吨/人（对数形式，以下同），而非外资进入地区的人均碳排放为4.271吨/人，意味着外资进入地区与非外资进入地区在人均碳排放的平均差距为负（0.738）。不过，匹配前的结果并没有考虑自选择偏差问题，可能是误导性的结果。接下来，观察表6.5中匹配后平均处理效应的估计结果，我们看到，基于 logit 3 模型的协变量匹配方案都得到显著的外资进入地区的平均处理效应（ATT）估计结果（−0.449—−0.584，除了方案1），这表明从外资进入地区中随机地挑选一个省份，这个省份的工业人均碳排放与假定该省份外资进入度较低时工业人均碳排放的平均差距为0.449—0.584吨/人，即仅考虑分配到外资进入地区的省份样本，其工业人均碳排放比假定成为非外资进入地区时平均

要少 0. 449—0. 584 吨/人。同时,外资进入的平均处理效应(ATE)的估计结果显著为负,表明外资进入对工业碳排放的影响显著为负,外资进入地区的工业人均碳排放比非外资进入地区平均少 0. 207—0. 265 吨每人。而非外资进入地区的平均处理效应(ATU)估计结果为负,但不显著。

基于 logit 5 模型的协变量匹配方案损失了大量的样本信息,虽然有 4 个方案通过了平衡性检验,去掉了所有的协变量差异,但得到的平均处理效应估计值明显偏小,并且都不显著,表 6. 5 给出了方案 8、方案 10 和方案 12 的估计结果。从表 6. 5 中也可以看到,基于 logit 6 模型的协变量匹配方案的平均处理效应估计值(ATE)都落入 95%置信区间,表明外资进入对工业人均碳排放的影响显著为负,外资进入地区的工业人均碳排放比非外资进入地区平均少 0. 193—0. 238 吨/人;从外资进入地区的平均处理效应(ATT)来看,从较高的外资进入度省份中随机地挑选一个省份,这个省份的工业人均碳排放与假定该省份外资进入度较低时碳排放的平均差距为 0. 424—0. 576 吨/人,即仅考虑分配到外资进入地区省份样本,其工业人均碳排放比假定不进入时平均要少 0. 424—0. 576 吨/人;而非外资进入地区的平均处理效应(ATU)估计结果不显著。

一般来说,一个理想的 logit 回归模型应当最小化总体样本的预测误差。但就实际上来说,一个最佳的 logit 模型应包含更大的共同支持域规模,并同时将协变量平衡纳入考虑。鉴于 logit 6 模型匹配的共同支持域规模及平衡性检验结果,我们认为,在三个 logit 模型(logit 3、logit 5 和 logit 6)回归中,logit 6 是最好的。因此,本章接下来将只考虑针对 logit 6 模型进行分析。基于讨论局部线性匹配和内核匹配的有限样本属性的文献,我们就分析结果对带宽(bandwidth)和修剪水平(trimming level)①的不同设定的敏感性进行了检验。表 6. 6 是不同设定下使用非参数回归匹配的估计结果。在修剪策略相同的情况下,使用了三种带宽值:0. 01、0. 05 和 0. 4。我们也检验了分析结果对修剪程度变化的敏感性。

① 带宽是用来确定落入跨距(span)内的观测样本的比例,带宽的选择会影响拟合曲线的修匀程度;对于处在共同支持域两端的相匹配者可能也是数量稀少的,意味着对平均处理效应的估计不是很有效,为了应对此问题,故采用修剪策略。带宽和修剪程度都是会对基于非参数回归匹配的结果造成影响的重要设定。

将带宽固定在默认取值(0.06)的情况下,我们采用了以下三种修剪方案(即删除那些倾向值比控制组成员倾向值的最大值更大或最小值更小的处理组成员):15%、25%和35%。

表6.6　非参数回归的平均处理效应估计结果(改变带宽和修建方案)

类别和比较	结果变量:人均碳排放(*CE*)					
	局部线性回归匹配			内核匹配		
	ATT	ATE	ATU	ATT	ATE	ATU
改变带宽						
小带宽=0.01	-0.447** (0.114)	-0.194** (0.083)	-0.040 (0.089)	-0.549** (0.120)	-0.230** (0.072)	-0.037 (0.061)
中带宽=0.05	-0.566** (0.138)	-0.203** (0.080)	0.018 (0.069)	-0.420** (0.108)	-0.191** (0.089)	-0.050 (0.080)
大带宽=0.4	-0.465** (0.088)	-0.167** (0.073)	0.014 (0.071)	-0.490** (0.070)	-0.262** (0.071)	-0.124 (0.072)
修剪方案						
15%成员被排除	-0.563** (0.111)	-0.175 (0.106)	0.019 (0.106)	-0.531** (0.120)	-0.186** (0.099)	-0.013 (0.120)
25%成员被排除	-0.450** (0.087)	-0.143** (0.092)	0.011 (0.134)	-0.414** (0.098)	-0.166** (0.064)	-0.042 (0.108)
35%成员被排除	-0.379** (0.088)	-0.121** (0.090)	0.009 (0.126)	-0.354** (0.084)	-0.158 (0.089)	-0.059 (0.079)

注:局部线性回归匹配的默认内核设定为epanechnikov kernel,内核匹配的默认内核设定为tricube kernel,默认带宽值都为0.06,括号内为估计值的标准误,均通过自主抽样得到,使用偏差矫正方法得到的95%置信区间;**表示在5%水平上是显著的。

表6.6给出了不同带宽值和修剪方案的平均处理效应估计值。以带宽值为0.05来说明,平均处理效应的局部线性回归估计量为-0.203,落入-0.381和-0.047所围成的95%自主抽样置信区间。也就是说,我们有95%的把握认为外资进入地区和非外资进入地区之间的工业人均碳排放的非零差值落入这一区间。外资进入地区的处理效应值为-0.566,也落入-0.685和-0.332围成的95%自主抽样置信区间。其他带宽设定和修剪策略的敏感性分析倾向于肯定以上结果,大部分的分析结果都给出了一个由非零的估计值所围成的95%的自助抽样置信区间。类似地,以内核匹配的分析结果都表明两地区间工业人均碳排

放平均差距估计值不包含零值,因此我们肯定这一差距在统计上也是显著的。

综合贪婪匹配和非参数回归的估计结果,我们发现外资进入的平均处理效应(ATE)显著为负,就算考虑"反事实"的潜在结果,ATT 的估计量也是负向显著的。估计结果表明外资进入更加有利于节能减排,因为外资进入地区能更多地接触到物化于产品中的国外先进工艺、节能低碳技术,国内厂商则主要通过"逆向工程"、模仿和消化吸收并在节能减排方面有所突破。除物化知识以外,外资进入强化了国内同行业产品之间的竞争,竞争压力的加剧迫使国内供应商对节能减排项目投资的意愿,进而对节能减排带来积极影响。同时,跨国公司对本土关联企业的产品质量要求较高,从而促使本土供应商在跨国公司技术援助的激励下加大人力资本投资,引导研发资本投入的方向和力度,不断提升技术水平。另一方面,近些年,外资进入地区越来越重视引资结构,并加强了对非清洁外资进入的审批力度,外资结构已经逐步向战略性新兴产业、高新技术产业和现代服务业升级。当然,为应对激烈的市场竞争和"GDP 冲动",尤其在国内整体环境规制力度不够强的前提下①,部分地区可能会以牺牲环境为代价不断压低成本,从而对碳排放造成消极影响。不过,这难以抵消外资进入对节能减排的贡献。

二、基于匹配样本和倾向值的计量回归分析

倾向得分匹配分析是在匹配后进行多元回归分析的基础(Rosenbaum & Rubin,1983)。发展倾向值和匹配是因为观察数据经常是不平衡的,因此我们不能假定处理分配是可以忽略的。在基于估计的倾向值进行匹配后,至少样本在观察的协变量上在处理组和控制组的成员之间是平衡的。因此,我们可以像在随机化实验中那样进行多元回归分析。从理论上讲,在这一阶段,通过使用一个表明处理条件(是否属于外资进入地区样本)的二分解释变量,我们可以使用回归

① 就针对碳排放而言,碳税和碳交易是两种不同类型的主要环境规制手段。中国目前没有碳税政策,且仅从 2013 年以来在上海、北京等七省市启动碳交易试点(具体实施时间各地有所不同)。而一般的节能减排措施都是由国家发展改革委统一发布并执行。总体上,环境规制措施仍然不够严厉。

类的模型来估计平均处理效应。

我们采用四种不同的模型设定来评估外资进入的平均处理效应，即估计外资进入地区与非外资进入地区的相对人均碳排放高低。第一种是传统的 Pool-OLS 方法，也就是估计第四章方程式(4.7)，另外三种模型设定是：倾向值回归调整、倾向值加权和倾向值分层。我们主要想要观察的是二分解释变量(*fdi*)的正负及其统计显著性。表 6.7 主要报告了基于方案 14 和方案 16 的匹配样本的多元回归分析结果。模型(1)和模型(2)分别基于方案 14 和方案 16 的匹配样本进行 Pool-OLS 回归；模型(3)和模型(4)分别基于方案 14 和方案 16 的匹配样本进行加入 *PS* 值的 Pool 回归；模型(5)至模型(8)分别基于方案 14 和方案 16 的匹配样本进行倾向值加权分析。

表 6.7　基于匹配样本和倾向值的多元回归分析结果

	(1)	(2)	(3)	(4)	(5)	(6)	(7)	(8)
	CE	*CE*	*CE*	*CE*	*CE*	*CE*	*CE*	*CE*
fdi	−0.247***	−0.217***	−0.228***	−0.202***	−0.252***	−0.378***	−0.213***	−0.339***
	(0.0505)	(0.0535)	(0.0547)	(0.0554)	(0.0574)	(0.0705)	(0.0595)	(0.0684)
ly	0.798***	0.759**	1.054***	1.075***	1.073	2.094***	1.095	2.253**
	(0.287)	(0.339)	(0.265)	(0.337)	(0.661)	(0.768)	(0.735)	(0.888)
$(ly)^2$	−0.0190	−0.00629	−0.0302	−0.0208	−0.0264	−0.107	−0.0213	−0.120
	(0.0356)	(0.0421)	(0.0332)	(0.0397)	(0.0737)	(0.0734)	(0.0808)	(0.0881)
lcomp	0.940***	0.802***	0.690***	0.524***	0.761***	0.456*	0.655***	0.246
	(0.0667)	(0.0808)	(0.116)	(0.137)	(0.112)	(0.243)	(0.137)	(0.257)
wage	−0.357**	−0.419**	−0.626***	−0.739***	−0.786**	−1.533***	−0.896**	−1.586***
	(0.143)	(0.180)	(0.181)	(0.246)	(0.317)	(0.476)	(0.378)	(0.526)
infra	−0.203***	−0.163***	−0.130**	−0.0800	−0.241***	−0.241***	−0.197***	−0.223***
	(0.0460)	(0.0557)	(0.0582)	(0.0701)	(0.0567)	(0.0632)	(0.0667)	(0.0738)
human	−0.592**	−0.438	−0.194	0.0114	−0.185	1.689***	−0.0210	1.903**
	(0.274)	(0.319)	(0.290)	(0.345)	(0.427)	(0.634)	(0.533)	(0.777)
lregu	0.0327***	0.0508***	0.0319***	0.0512***	0.0438***	0.134***	0.0556***	0.164***
	(0.00469)	(0.00735)	(0.00479)	(0.00781)	(0.00874)	(0.0268)	(0.0121)	(0.0323)

续表

	(1)	(2)	(3)	(4)	(5)	(6)	(7)	(8)
	CE	*CE*	*CE*	*CE*	*CE*	*CE*	*CE*	*CE*
PS			-0.371**	-0.412**				
			(0.182)	(0.202)				
常数项	1.842**	1.626	0.816	0.402	0.673	-5.144**	0.320	-5.774*
	(0.885)	(1.043)	(0.851)	(1.081)	(1.881)	(2.513)	(2.210)	(3.029)
	ATE	ATE	ATE	ATE	ATE	ATT	ATE	ATT
F 值	121.58***	84.22***	110.99***	78.96***	107.57***	60.23***	56.05***	30.22***
Root MSE	0.294	0.303	0.293	0.302	0.282	0.348	0.280	0.359
R^2	0.741	0.709	0.744	0.712	0.753	0.640	0.740	0.587
样本	342	252	342	252	342	342	252	252

注：模型(1)和模型(2)分别基于方案 14 和方案 16 的匹配样本进行 Pool 回归；模型(3)和模型(4)分别基于方案 14 和方案 16 的匹配样本进行加入 *PS* 值的 pool 回归；模型(5)至模型(8)分别基于方案 14 和方案 16 的匹配样本进行倾向值加权分析：对于估计 ATE，处理组的权重为 1/*PS*，控制组 1/(*1-PS*)，对于估计 ATT，处理组权重为 1，控制组权重为 *PS*/(1-*PS*)；回归系数括号里的数为稳健标准误；*、**、*** 分别表示 10%、5%和 1%水平上显著。

从模型(1)和模型(2)的实证回归结果来看，外资进入地区与非外资进入地区在工业人均碳排放上是有显著差距的，并且外资进入对碳排放的平均处理效应是负的，即外资进入地区的工业人均碳排放水平小于非外资进入地区，也就是说，在其他条件不变的情况下，平均来说，非外资进入地区比外资进入地区多排放 0.217—0.247 吨每人。

表 6.7 中模型(3)和模型(4)进行了倾向值回归调整，也叫做协变量调整，即直接将倾向值作为自变量引入模型，同时，仍然将原先的协变量放到模型中以增加估计的贡献度。结果同样显示，平均处理效应显著为负，外资进入地区比非外资进入地区人均少排放 0.2 吨左右。

接着，我们阐述倾向值加权分析，根据估计 ATT 和 ATE 的不同，我们分别赋予处理组和控制组不同的权重，我们以方案 14(最近邻匹配)和方案 16(卡尺匹配)的匹配样本进行倾向值加权回归分析，其结果对应于表 6.7 中的模型(5)至模型(8)。基于方案 14 的估计结果表明,平均而言,外资进入地区比非外资进入地区少排放 0.252 吨/人。从处理组的处理效应来看,即考虑分配到外资进入地区的省份,其工业人均碳排放比假定不进入情况平均少 0.378 吨/人。类似地,基于方案 16 的倾向值加权回归结果显示仅考虑分配到外资进入地区的省份,其工业人均碳排放比假定不进入情况下平均要少排放 0.339 吨/人。

最后来估计在具有不同倾向性进入外资进入地区的省份中平均影响效应变化的差别。在这一步中,我们仍然基于方案 14(最近邻匹配)和方案 16(卡尺匹配)匹配的样本倾向值进行分层,通过异质性处理效应模型(HTE),比较不同倾向值分层的外资进入影响效应。表 6.8 显示各倾向值分层上外资进入对工业碳排放的平均影响。从表 6.8 中可以发现,方案 14 和方案 16 估计结果比较相似。在将倾向值分为 5 层之后,大部分层内估计系数为负,表明在每一倾向值分层上,外资进入地区相对排放更少些。图 6.2 显示分别基于方案 14(左边)和方案 16(右边)的倾向值分层与平均处理效应之间的线性趋势。横轴表示倾向值分层,纵轴表示外资进入对工业碳排放的平均处理效应。该线性趋势显示向下倾斜,且线性趋势斜率的估计值显著为负,表明外资进入对工业碳排放的影响效应随着进入外资进入地区的倾向性的提高而降低(负的更多),即越可能成为外资进入地区的省份排放越少。

表 6.8　各倾向值分层上外资进入对工业碳排放的影响

方案 14	系数	标准误	z 值	p 值	方案 16	系数	标准误	z 值	p 值
ATE by strata					ATE by strata				
层 1	-0.134	0.125	-1.07	0.285	层 1	-0.146	0.159	-0.91	0.361
层 2	0.162	0.130	1.24	0.215	层 2	0.383	0.121	3.18	0.001
层 3	0.283	0.171	1.65	0.099	层 3	-0.123	0.138	-0.89	0.372
层 4	-0.709	0.103	-6.88	0.000	层 4	-0.647	0.107	-6.04	0.000
层 5	-1.265	0.332	-3.81	0.000	层 5	-1.616	0.749	-2.16	0.031
Linear trend					Linear trend				
_slope	-0.239	0.049	-4.93	0.000	_slope	-0.284	0.057	-4.98	0.000
_cons	0.389	0.146	2.67	0.008	_cons	0.607	0.170	3.56	0.000

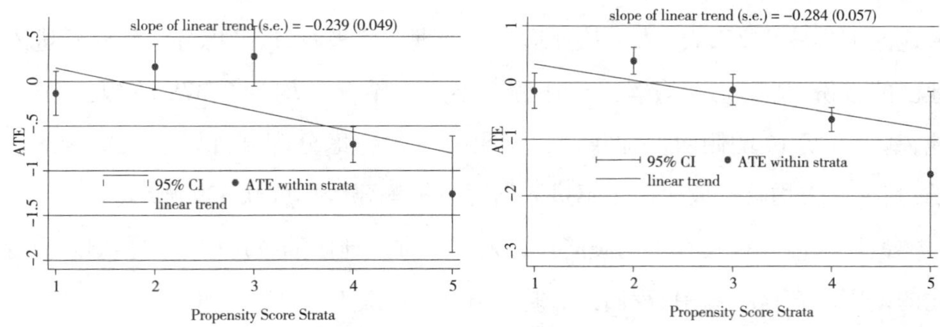

图 6.2 倾向值分层与平均处理效应之间的线性趋势

三、稳健性检验

下面将从两个方面进行稳健性分析,第一个是从变量处理方面,重新设定外资进入二分变量,即改变研究对象的分组方式,分析外资进入对碳排放的影响如何。另一个从模型设定检验方面,先前研究的 PSM 方法都是针对可观测的选择偏差(observed bias)进行纠正或调整,没有考虑未被观测的选择偏差(unobserved bias)。因此,本章采用一个新兴的进行稳健性分析的框架——Rosenhaum 边界估计方法(Rosenhaum' s bounds),该方法旨在回答这样一个问题,估计结果对不可观测的异质性(隐藏的选择偏差)有多敏感?

一方面,纵观本研究至目前为止的分析皆是将研究对象中每年外资进入度排名前 10 的省份样本归入外资进入地区样本,另一组则属于非外资进入地区。然而,在此我们改变此划分方式,看看先前所得到的分析结果是否会出现明显变化。我们重新定义部分样本为外资进入地区(外资进入度年排名前 9 或前 11),其余样本属于非外资进入地区,重新估计倾向值,进行样本匹配并估计平均处理效应。从表 6.9 中的结果可以发现,以外资进入度年排名前 9 的划分方式为例,基于最近邻匹配、卡尺匹配、局部线性回归匹配和内核匹配的不同方法下,平均处理效应(ATT、ATE)的估计值都在 5%的水平上显著为负,同样表明在考虑到可观测的选择偏差以及消除协变量在两组间的所有差异后,平均处理效应

(ATE)的估计值为-0.25 左右,在 95%的置信区间里异于零。表明外资进入地区的工业人均碳排放比非外资进入地区平均少 0.25 吨。从处理组的处理效应(ATT)来看,外资进入地区比假定不进入情况下人均少排放 0.56 吨。相较于先前的分析结果并未出现显著而根本的改变。此外,我们还将外资进入度 70%(前 30%)分位数以上或 65%(前 35%)分位数以上的省份样本定义为外资进入地区样本,其余小于该比例的省份样本归入非外资进入地区,再次估计倾向值和进行样本匹配,其结论也肯定以上结果。

表 6.9　稳健性检验(变量处理和模型设定)

	外资进入度年排名前 9			外资进入度进入前 35%		
	ATT	ATE	ATU	ATT	ATE	ATU
最近邻匹配	-0.545**	-0.265**	-0.118	-0.444**	-0.244**	-0.073
	(0.141)	(0.083)	(0.101)	(0.118)	(0.105)	(0.118)
卡尺匹配	-0.592**	-0.280**	-0.116	-0.515**	-0.267**	-0.052
	(0.117)	(0.076)	(0.102)	(0.109)	(0.090)	(0.120)
局部线性回归匹配	-0.595**	-0.227**	-0.034	-0.529**	-0.262**	-0.033
	(0.118)	(0.084)	(0.085)	(0.110)	(0.108)	(0.123)
内核匹配	-0.586**	-0.279**	-0.118	-0.507**	-0.262**	-0.053
	(0.115)	(0.073)	(0.089)	(0.105)	(0.114)	(0.111)
方案 14	Rosenhaum 边界估计					
Gamma	显著性水平上限 sig+	显著性水平下限 sig-	HL 点估计上限 t-hat+	HL 点估计下限 t-hat-	置信区间上限 CI+	置信区间下限 CI-
1	0.000	0.000	-0.548	-0.548	-0.669	-0.420
2	0.000	0.000	-0.755	-0.329	-0.884	-0.186
3	0.000	0.012	-0.867	-0.205	-1.004	-0.037
3.5	0.000	0.044	-0.909	-0.155	-1.049	0.026
3.6	0.000	0.054	-0.917	-0.146	-1.058	0.033
4	0.000	0.110	-0.943	-0.116	-1.087	0.078
5	0.000	0.332	-1.000	-0.043	-1.159	0.168
方案 18	Rosenhaum 边界估计					
1	0.000	0.000	-0.542	-0.542	-0.669	-0.433

续表

	外资进入度年排名前 9			外资进入度进入前 35%		
	ATT	ATE	ATU	ATT	ATE	ATU
2	0.000	0.000	-0.765	-0.346	-0.889	-0.209
3	0.000	0.006	-0.874	-0.227	-1.021	-0.062
3.5	0.000	0.024	-0.915	-0.180	-1.060	-0.003
3.6	0.000	0.030	-0.924	-0.173	-1.067	0.006
3.7	0.000	0.037	-0.934	-0.166	-1.074	0.016
3.8	0.000	0.045	-0.942	-0.156	-1.081	0.024
3.9	0.000	0.054	-0.949	-0.151	-1.090	0.033
4	0.000	0.065	-0.958	-0.145	-1.095	0.041
5	0.000	0.228	-1.017	-0.068	-1.158	0.109

注:匹配方法的估计值下面括号内为自主抽样得到的标准误,使用偏差矫正方法得到的 95%置信区间;最近邻匹配采用 1-to-2 匹配;对于卡尺匹配,卡尺大小为 0.05;局部线性回归匹配和内核匹配均采用默认内核设定和默认带宽值;基于 Rosenhaum 边界估计方法的显著性水平上下限是 Wilcoxon 符号秩检验的 p 值区间。

另一方面,本章使用 Rosenhaum 边界估计方法考察研究结果对非观测因素(未被观测的协变量)的敏感性。该方法是用估计的接受某一接受干预的发生比(odds)来考察估计的平均处理效应可能发生多大的变动。也就是说,未被观测的协变量必须是什么样的才会改变研究的结论。因此,Rosenhaum 边界估计方法的基本任务就是推导出可归因于非观测因素选择偏差的可能数值(即所谓的 Gamma 值)的一个范围。Gamma 值测量的是对一项不会有隐藏偏差的研究的偏离程度。在匹配前,处理组(外资进入地区样本)以及控制组(非外资进入地区样本)可能存在一定的差异。经过可观测的协变量匹配后,如果不存在不可观测的异质性,那么具有相同可观测协变量的匹配样本,其外资进入的倾向值是相等的。如果存在不可观测的异质性,那么根据可观测协变量匹配后,外资进入的可能性仍然是有差异的。Rosenhaum 边界估计就是检验如果这种差异增加一个小小的比例,是否会导致估计结果发生显著的改变。当 Gamma=1 的时候意味着外资进入的可能性是一样的。通过赋予 Gamma 不同值,Rosenhaum 边界估计给出了在不同外资进入可能性的差异水平上,外资进入影响的上下限显著性水平、上下限的 Hodges-Lehmann 点估计以及上下限的置信区间。[①] 随着 Gamma 的增大，反映因隐藏偏差所导致的不确定性的一个显著性水平 p 值区间（上下限）将变得更宽，最终它会变得毫无意义。区间开始变得毫无意义的 Gamma 值点就是一个对隐藏选择偏差的敏感性的测量。

通过分析 Rosenhaum 边界估计结果，我们就可以知道不可观测的异质性是否会显著改变估计结果。如果一个较小的偏差就可以解释外资进入的影响效应，那么基于可观测异质性的 PSM 方法估计的平均处理效应对隐藏偏差较为敏感，其研究结果是不稳健的。从表 6.9 可以看到，以方案 14 为例，当 Gamma = 1、2 和 3 的时候，我们看到显著性水平都是 2%以下，而且外资进入的影响的置信区间的最大值是小于 0 的，这意味着外资进入对碳排放的影响基本是为负的。当 Gamma = 3.5 的时候，下限显著性水平增加到 4.4%，而且其置信区间大于 0。这意味着当 Gamma>3.5 时，由于异质性导致外资进入可能性的差异，外资进入对碳排放的影响可能是 0。也就是说，隐藏偏差或未被观测的协变量需要将暴露发生比提高 Gamma = 3.5 倍以上，显著性区间才开始变得毫无意义，由于 3.5 是一个较大的值，因此，我们可以认为研究结果对隐藏偏差具有较好的稳健性。同样，对于方案 18 而言，此研究在 Gamma = 3.8 时开始对隐藏偏差敏感了。当 Gamma>3.5 时，即使由于不可观测异质性导致外资进入的可能性的差异有 3.5 倍，外资进入对碳排放的影响仍然是显著为负的，显著性水平都在 2%左右，5%显著性水平的置信区间都小于 0。相对于方案 14，方案 18 对非观测到的偏差更不敏感。

综上所述，在 5%显著性水平上，外资进入度对碳排放有显著的影响。由于无法观测的异质性导致外资进入的可能性发生较小程度的差异不会导致估计结果发生显著的改变。这也意味着基于可观测异质性的 PSM 估计方法是适用的，估计结果是稳健的。

① 如果接近于 1 的 Gamma 值能够导致统计推论与假定研究不会有隐藏偏差情况下的统计推论极为不同，那么该项研究就是敏感的（Rosenhaum，2002）。

◇　　◇　　◇

到底一国外资进入地区碳排放是否相对多于非外资进入地区？外资进入对碳排放的平均影响效应多大？关于这个议题，实证上相当多的学者只是分区域分别计量回归，从而比较估计结果，重点是并未考虑区域间研究样本在协变量上普遍存在差异，也就是外资进入程度较高地区与外资进入程度较低地区的相对碳排放高低并不能认定为外资进入度超过某一比例这一事件所导致的，也就是样本的非随机特性将会使样本被划分到外资进入地区样本或是非外资进入地区样本这一事件选择，对碳排放差距的评估产生干扰，也就是导致样本的选择偏误估计误差。

基于此，我们根据中国 1999—2014 年省份工业样本资料，应用鲁宾（Rubin，1973）、罗森鲍姆和鲁宾（Rosenbaum and Rubin，1983）所发展的倾向得分匹配方法，透过样本匹配，建构与外资进入地区样本之协变量相类似的非外资进入地区样本，进而分析两组省份样本的工业碳排放差距，以降低选择偏误估计误差。本章的实证结果显示，平均来说，在样本配对前，外资进入地区在人均碳排放水平与低外资进入度地区相比存在差距，但匹配前的结果并没有考虑自选择偏差问题，可能是误导性的结果。接着采用 PSM 方法评估外资进入的平均处理效应，综合考虑匹配共同支持域规模、平衡性检验及差异减少百分比之后，在 3 个 logit 模型中我们发现基于 logit 6 中的协变量组合进行匹配更加可靠和有效。同时，基于 logit 6 模型的协变量进行贪婪匹配和非参数回归匹配，其平均处理效应（ATE）估计值都落入 95%置信区间，表明外资进入地区的工业人均碳排放比非外资进入地区平均少 0.193—0.238 吨/人；从外资进入地区的平均处理效应（ATT）来看，其工业人均碳排放比假定不进入时平均要少 0.424—0.576 吨/人；而非外资进入地区的平均处理效应（ATU）估计结果不显著。我们就非参数回归的估计量（局部线性回归匹配和内核匹配）对带宽和修剪策略的不同设定的敏感性进行了检验，也证实以上结论。另外，基于匹配样本的倾向值的计量回归分析结果也表明外资进入对工业人均碳排放的平均处理效应是负的，即外资进入程度较高地区反而有更低的碳排放。

另一方面,我们从变量处理和模型设定检验两个方面进行稳健性检验。在变量处理方面,重新设定外资进入二分变量,将成为外资进入地区样本的定义标准放宽为每一年排名前 11 以及紧缩为排名前 9 的省份时(皆需重新进行样本再抽样),我们的基本分析结论即两组省份样本的碳排放表现存在显著差异并未出现改变。同时还将外资进入度 70%(前 30%)分位数以上或 65%(前 35%)分位数以上的省份样本定义为外资进入地区样本,其结论也肯定以上结果。从模型设定检验方面,使用 Rosenhaum 边界估计方法考察估计结果对不可观测的异质性(隐藏的选择偏差)的敏感性。结果显示,由于无法观测的异质性导致外资进入的可能性发生较小程度的差异不会导致估计结果发生显著的改变。这也意味着基于可观测异质性的 PSM 估计方法是适用的,估计结果是稳健的。

总之,我们的研究发现显示外资进入地区有更强的环境管理能力,在外资进入与节能减排两者之间存在协调发展、良性互促的可能性。外资进入地区由于与国外较多联系,为该地区提供了采用新技术的动机和机遇,促使其实现清洁或绿色生产,进而提高环境质量和地区可持续发展能力。跨国投资带来的国际分工能够将不同的生产阶段分离到不同国家进行生产,在产品生产的各个工序就可以实现资源的最佳配置,由此获得规模经济带来的好处,能耗水平也将大大降低。同时,外资进入可以通过多种渠道强化其在技术与环境管理方面的溢出效应,不仅使该地区更易接触到与节能减排相关的先进技术和管理经验,还通过提高竞争力督促其更加有效地利用资源和降低排放,帮助该地区实行以技术为导向的可持续发展能力转型。许多学者认为,外资是一种重要促进经济发展的手段,只是在外资政策运用的不恰当时才造成环境污染的问题,因此,在国际投资自由化的背景下,通过环境政策改革和不同区域之间的政策协调或许可以避免这一问题。所以无论是外资进入地区还是非外资进入地区,都应通过加强环境规制来应对环境问题。特别是对非外资进入地区而言,由于与外界联系较少,要需要通过政府的干预来强化其环境规制,抑制该地区发展碳密集型产业的冲动,走绿色工业化和城镇化道路,从而逐渐减少碳排放差距。鉴于将来较长时期内中国仍然会存在区域性非平衡的外资进入模式,总体上仍然很有可能有利于外资进入地区的碳减排,而不利于非外资进入地区的碳减排,因此,外资进入地区应向非外资进入地区提供节能技术、设备、资金以及人才培训等多方面的支持。中央政府可以通过完善排放责任核算机制,引入共担责任机制,促进区域间的环境治理合作。

第七章 FDI、贸易与中国工业环境技术溢出

如何探索改善环境质量的动力机制，这是中国经济可持续发展所面对的关键问题。中共十八届五中全会提出，实现“十三五”时期发展目标，破解发展难题，必须牢固树立并切实贯彻创新、协调、绿色、开放的发展理念，这体现了国家转变绿色发展方式、倡导绿色经济的信心和决心。而应对环境污染问题的根本手段与核心解决方法在于先进的绿色环保技术（本章统称为“环境技术”），政治上的合作与资金上的援助最终都要指向作为解决手段的技术问题，缺少先进的能源节约和清洁生产的环境技术，将无法彻底解决环境问题。

中国作为一个发展中的大国，需要以环境技术进步作为可持续发展的主要渠道。中国拥有较为完整的工业体系，石化、钢铁、建材、发电、水泥、煤炭开采和加工等高耗能、高污染行业，在可预见的未来将持续存在，不可能像小国一样以专注于清洁生产的产业结构调整策略作为可持续发展的主要途径。此外，中国环境技术进步的影响因素还没有得到理论和实证上的足够理解。在中国经济越来越深入地融入世界经济体系的今天，开放所带来的溢出和竞争效应，与近年来更加积极推进的环境政策一起，从根本上影响着技术进步的速度和偏向，但二者对中国环境技术进步的作用机制和影响效果并没有在理论和实证上得到较好的解决，仍然是一个有待深入考察的重要问题。

本章延续这一分支的研究，将污染排放的减少纳入技术进步的考量范畴，研究对外开放在一定的环境规制下，影响中国环境技术进步的机制。特别地，考虑到区域之间的溢出效应和集聚效应，本章区分了对外开放的三个方面

(货物贸易、服务贸易和 FDI)所体现出不同的空间溢出影响。在此基础上,采用中国 30 个省份 1999—2013 年的面板数据,对货物贸易、服务贸易和 FDI 外溢知识存量对中国环境技术进步的贡献进行了实证分析,并估计出局域溢出效应、跨区域溢出效应以及总效应,这样不仅可以体现不同外部渠道的溢出程度差异,而且可以为进一步制定提高中国环境技术创新能力的相关政策提供理论依据。

第一节　国际环境技术知识溢出的空间测度模型

本章首先对经典线性模型嵌入空间结构,将其发展成为非线性模型;其次在一个扩大的模型族中,就扩展所得到的模型空间结构是否有别于三种常用空间模型进行甄别;最后考虑到扩展模型的非线性结构,给出有别于经典线性模型的空间模型参数释义,以期求得空间溢出效应的精准测度。

一、模型建立:基于传统线性模型的空间扩展

自 CH 模型开创了国际研发知识溢出的标准检验范式。如何基于这一经典模型来扩展检验国际环境技术知识的空间溢出?这需要赋予其非线性结构以吻合环境技术知识所具有的空间溢出属性。本章仍遵循其建模思路并适当扩展,开放条件下东道国环境技术进步(ETP)受国内环境知识存量(KS^{d})和国际环境知识存量的影响,而国际环境知识存量溢出渠道包含货物贸易(KS^{gt})、FDI(KS^{fdi})和服务贸易(KS^{st})①,从而将这三种渠道的国际性技术外溢纳入同一个研究框架中,实证比较它们对环境技术进步的作用效果。同时,自“波特假说”提

① 其中,服务所内含的各种无形的隐性知识、技术和信息,能够有效降低工业生产的投入成本和促进技术进步。许多文献已显示,伴随当前社会分工的细化,服务环节从制造业环节中分离出来的趋势越来越明显,从而使得制造业环节的生产效率和技术水平,更多地依赖于作为中间投入品的服务(戴翔、金碚,2013)。

出以来，大量研究结果表明环境规制对技术进步产生影响（张成等，2011；王班班、齐绍洲，2016）。① 合理的环境规制能够转变技术进步方向，如果当前的生产技术表现出较为明显的非绿色特征，那么就需要进行必要的干预以改变技术进步的方向，使之最终走上绿色的轨道。本章也将环境规制变量（*regu*）引入分析框架，以考察环境规制强度对环境技术进步所产生的影响。具体来说，东道国环境技术进步可视为国内、国外环境技术知识存量与环境规制的函数，即

$$ETP = f(KS^{d}, KS^{gt}, KS^{fdi}, KS^{st}, regu) \tag{7.1}$$

上式建立的经典线性模型只涵盖了物化型货物贸易进口、跨国公司资本品投资以及服务贸易对当地环境技术进步的直接影响。而遗漏了伴随对外贸易和FDI进入的非物化型环境技术知识对当地或邻近地区环境技术进步的影响。此外，环境规制也具有外溢性，很可能引起国家或地区之间的竞争策略性行为，其作用机制之一就是地理上相邻的地区倾向于对本地区的环境决策产生显著影响，这意味着环境规制行为具有空间依存关系（Konisky，2009）。② 这种非物化型外溢效应往往无法观测和统计，且具有显著的空间溢出属性。③ 在无法量化观测的情况下，遗漏会导致经典线性模型估计的内生性偏误。④ 而要将非观测变量纳入到经典线性模型之中，又必须能嵌入其空间属性结构，该如何调和上述冲突？参照 Parent & LeSage（2008）的做法，可以用一个空间向量自回归式（Spatial Autoregressive Process）界定遗漏变量（KS^{un}）的空间属性：从静态角度看可表现为当期的空间依赖特征（$KS^{un}=\rho W\cdot KS^{un}+u$）或空间误差特征（$KS^{un}=$

① 张成等：《环境规制强度和生产技术进步》，《经济研究》2011 年第 2 期；王班班和齐绍洲：《市场型和命令型政策工具的节能减排技术创新效应——基于中国工业行业专利数据的实证》，《中国工业经济》2016 年第 6 期。

② Konisky D.M.，"Assessing U.S.State Susceptibility to Environmental Regulatory Competition"，*State Politics and Policy Quarterly*，Vol. 9，No. 4（2009），pp. 404-428.

③ 非物化知识外溢的方式主要包括信息交流、专利引用、人员流动、国际会议、逆向工程等。非物化技术外溢促进了隐性的、非编码的技术知识的跨区域溢出，逐步成为一国技术进步的重要技术知识来源（Lee，2005；Jiang 等，2010）。

④ 由于非物化型知识是伴随物化型资本品进口、投资和服务贸易而进入东道国，是实体商品交易或投资的衍生物，因此没有理由否认非物化型知识这一遗漏变量与经典线性模型当中各观测变量之间的强相关性。若不对遗漏变量加以控制，则明显带来线性模型估计的内生性偏误。

$\mu=\lambda W \cdot \mu+v$)。①

我们以存在空间依赖特征为例，进一步扩展成一般模型。将模型残差项中的遗漏变量解出，有 $KS^{un}=(1-\rho W)^{-1} \cdot u$，将其代回到式(7.1)：

$$ETP = \alpha_0 + \alpha_1 KS^d + \alpha_2 KS^{gt} + \alpha_3 KS^{fdi} + \alpha_4 KS^{st} + \alpha_5 regu + (1 - \rho W)^{-1} \cdot u \tag{7.2}$$

移项合并有：

$$ETP = \beta_0 + \rho W \cdot ETP + \alpha_1 KS^d + \alpha_2 KS^{gt} + \alpha_3 KS^{fdi} + \alpha_4 KS^{st} + \alpha_5 regu + \beta_1 W \cdot KS^d + \beta_2 W \cdot KS^{gt} + \beta_3 W \cdot KS^{fdi} + \beta_4 W \cdot KS^{st} + \beta_5 W \cdot regu + u \tag{7.3}$$

其中，α、β 为对应的系数向量，W 为空间权重矩阵，以捕捉空间单元之间的联系强度，ρ 代表区域间相关性强度的系数（当期的空间滞后系数），反映了样本观测值的空间依赖作用，λ 表示空间误差系数，衡量了存在于扰动误差项之中的样本观察值的空间依赖作用，描述了观测值的误差项所引致的区域间溢出效应。推导所得到的式(7.3)在模型结构上，可称为空间杜宾模型（Spatial Durbin Model，SDM），即是本章对经典线性模型在空间维度扩展后所得到的一般模型。

二、模型空间属性诊断：基于扩大的面板模型族

基于知识分类和空间建模理论扩展得到的模型，其空间结构特征是否吻合实际样本数据所内含的空间属性？这是实证扩展模型空间结构稳健性的关键。SDM 是空间滞后模型（Spatial Lag Model，SLM，当 $\beta=0$ 时）和空间误差模型（Spatial Error Model，SEM，当 $\beta=-\alpha\rho$ 时）的一般形式，SLM 与 SEM 又可合成空间自相关模型（Spatial Autocorrelation Model，SAC）。因此，本章建立了一个包含多种空间面板数据模型在内的综合诊断框架，以考察设定形式最具一般性（general）

---

① Parent, O., & Lesage, J. P., "Using the Variance Structure of the Conditional Autoregressive Spatial Specification to Model Knowledge Spillovers", *Journal of Applied Econometrics*, Vol. 23, No. 2 (2008), pp. 235-256.

的 SDM 在拟合实际样本数据时，是否与其他常用的三种空间模型之间存在实质性区别，以此佐证空间建模合理性（Ehlorst，2012）。①

以表 7.1 给出的空间面板数据计量模型簇为备选集，具体做法是通过 SLM、SEM 分别与 SDM 所构成的嵌套关系来进行空间模型参数的约束性检验，原假设分别为 SDM 与 SLM、SEM 设定形式无本质性区别，检验统计量为 Lratio 检验与 Wald 检验。根据所得到的空间模型参数约束性检验结果，甄选原则如下：如果以上两个原假设全部被拒绝，则对数据样本的最适拟合应在 SDM 和 SAC 这两种设定形式之间选择，选择标准可依据模型估计后所得到赤池信息准则（Akaike Information Criterion，AIC）和贝叶斯信息准则（Bayesian Information Criterion，BIC），取最小值的一个；如果以上两个原假设均无法拒绝，则对数据样本的最适拟合应在 SLM 和 SEM 这两种设定形式更为简洁的模型之间选择，选择标准可依据模型估计后所得到对数似然值，取最大值的一个；如果不能拒绝第一个原假设，且第一步检验结果也无法拒绝 SLM，则 SLM 是对数据样本的最适拟合，同理适用于 SEM；如果第一步检验结果与第二步检验结果互有冲突，例如，有可能出现第一步检验无法拒绝 SLM，而第二步检验又无法拒绝 SEM，则应该选用设定形式更为一般化的 SDM，以此避免模型设定特异性所带来的估计偏误。

表 7.1　空间面板数据计量模型簇

名称	空间面板计量模型设定形式
SDM	$ETP_{it} = \rho \sum_{j=1}^{30} w_{ij} ETP_{jt} + \beta_0 + \alpha KS_{it} + \beta \sum_{j=1}^{30} w_{ij} KS_{jt} + \eta_i + \delta_t + u_{it}$
SLM	$ETP_{it} = \rho \sum_{j=1}^{30} w_{ij} ETP_{jt} + \beta_0 + \alpha KS_{it} + \eta_i + \delta_t + u_{it}$
SEM	$ETP_{it} = \beta_0 + \alpha KS_{it} + \eta_i + \delta_t + \mu_{it}, \mu_{it} = \lambda \sum_{j=1}^{30} w_{ij} \mu_{jt} + \nu_{it}$
SAC	$ETP_{it} = \rho \sum_{j=1}^{30} w_{ij} ETP_{jt} + \beta_0 + \alpha KS_{it} + \eta_i + \delta_t + \mu_{it}, \mu_{it} = \lambda \sum_{j=1}^{30} w_{ij} \mu_{jt} + \nu_{it}$

注：i、j 代表省份截面单位，η_i、δ_t 分别代表个体效应和时间效应，w_{ij} 为空间权重矩阵（W）元素值；这里，KS 代表国内外知识存量以及环境规制的变量向量。

① Elhorst，J.P.，"Dynamic Spatial Panels：Models，Methods and Inferences"，*Journal of Geographical System*，Vol. 14，No. 1，(2012)，pp. 5-18.

三、模型空间参数释义:基于偏导矩阵

由于引入代表区域相关性的空间权重矩阵,空间模型同时涵盖国际环境技术知识对进口地的局域溢出效应以及对进口地以外其他地区的跨区域溢出效应,具有非线性结构特征,因此,空间模型当中自变量系数不能代表国际环境技术知识对进口地的局域溢出效应,自变量空间滞后项系数也不能代表国际环境技术知识对进口地以外其他地区的跨区域溢出效应。借鉴 LeSage & Pace (2009)基于偏导矩阵法对空间模型参数的释义方法,①同样以 SDM 为例,将式(7.2)改写为:

$$ETP = \alpha_0 + (1 - \rho W) - 1(\alpha_1 KS^d + \beta_1 W \cdot KS^d) + (1 - \rho W) - 1(\alpha_2 KS^{gt} + \beta_2 W \cdot KS^{gt}) + (1 - \rho W) - 1(\alpha_3 KS^{fdi} + \beta_3 W \cdot KS^{fdi}) + (1 - \rho W) - 1(\alpha_4 KS^{st} + \beta_4 W \cdot KS^{st}) + (1 - \rho W) - 1(\alpha_5 regu + \beta_5 W \cdot regu) + (1 - \rho W) - 1u \quad (7.4)$$

空间权重的引入放宽了线性模型当中“截面单元观测值彼此不相关”的强假设条件,以货物贸易为例,不同截面单元因变量对不同截面单元自变量的偏导矩阵如下:

$$\left(\frac{\partial ETP}{\partial KS_1^{gt}} \cdots \frac{\partial ETP}{\partial KS_{30}^{gt}}\right) = \begin{bmatrix} \frac{\partial ETP_1}{\partial KS_1^{gt}} & \cdots & \frac{\partial ETP_1}{\partial KS_{30}^{gt}} \\ \cdots & \cdots & \cdots \\ \frac{\partial ETP_{30}}{\partial KS_1^{gt}} & \cdots & \frac{\partial ETP_{30}}{\partial KS_{30}^{gt}} \end{bmatrix}$$

$$= (1 - \rho W)^{-1} \begin{bmatrix} \alpha_2 & w_{12}\beta_2 & \cdots & w_{1\cdot 30}\beta_2 \\ w_{21}\beta_2 & \alpha_2 & \cdots & w_{2\cdot 30}\beta_2 \\ \cdots & \cdots & \cdots & \cdots \\ w_{30\cdot 1}\beta_2 & w_{30\cdot 2}\beta_2 & \cdots & \alpha_2 \end{bmatrix} = M(e) \quad (7.5)$$

① LeSage James, Pace R. Kelley, *Introduction to spatial econometrics*, New York: CRC Press, 2009, pp. 33-34、27-29.

依据式(7.5)可得环境技术知识空间溢出效应的定义:

国际环境技术知识对贸易进口地的局域溢出效应,代表对进口所在地环境技术水平的局域溢出影响,偏导定义为 $\frac{\partial ETP_i}{\partial KS_i^{gt}}$,在式(7.5)中为矩阵对角线元素之和的平均值:[①]

$$Effect\ (KS^{gt})_{local} = N^{-1} \cdot \mathrm{tr}[M(e)] \tag{7.6}$$

国际环境技术知识对贸易进口地以外其他地区的跨区域溢出效应,代表对进口所在地以外其他地区环境技术水平的跨区域溢出影响,偏导定义为 $\frac{\partial ETP_i}{\partial KS_j^{gt}}$,且 $i \neq j$,在式(7.5)中为非对角线元素行和(或列和)的平均值:

$$Effect\ (KS^{gt})_{cross} = N^{-1} \cdot v^T M(e) v - N^{-1} \cdot \mathrm{tr}[M(e)] \tag{7.7}$$

国际环境技术知识的空间溢出总效应,为首次溢出效应与二次溢出效应之和:

$$Effect\ (KS^{gt})_{total} = Effect\ (KS^{gt})_{local} + Effect\ (KS^{gt})_{cross} \tag{7.8}$$

第二节　变量处理及初步统计分析

一、变量处理与数据来源

(一)环境技术进步

根据菲尔等(Fare 等,2007)的研究,环境技术反映包括非期望产出在内的产出与投入之间的技术结构联系。[②] Chung 等(1997)在全要素生产率的测度中引入了可以同时考虑期望产出增加和非期望产出减少的方向性距离函数

① tr(M)代表对偏导矩阵(M)对角元素的加总求和。式(7.7)中的“v”表示所有元素为 1 的列向量。

② Färe, R., Grosskopf, S., & Jr, C.A.P., “Environmental Production Functions and Environmental Directional Distance Functions.Ssrn Electronic”, *Energy*, Vol. 32, No. 7(2007), pp. 1055-1066.

(DDF),并此在基础上构建了 Malmquist-Luenberger 生产率指数。[①] 这项研究使得对环境全要素生产率的测度可以在无需价格信息和无需假定生产函数形式的情况下进行,随即被广泛采用。考虑到当存在投人或产出的非零松弛(slack),传统的方向性距离函数会低估评估对象的无效率水平。菲尔和格罗斯科普夫(Fare & Grosskopf,2010)、景维民和张璐(2014)等发展出了基于松弛的测度模型(Slack-based Measure,SBM)。[②] 然而以往的研究在每一期都构造一个相应的技术前沿面,就这给选择技术基准从而测度技术非效率的变化特别是长期变化带来了困难。为此,本章构造出基于 SBM 模型的全局(global)Malmquist-Luenberger 生产率指数来度量中国的环境技术进步,通过将技术进步体现为各决策单元对全局前沿技术的连续赶追过程,很好地克服了上述困难,并加强了指标的合理性和可行性。考虑到中国环境污染排放以及环境技术创新活动的主体均为工业企业,故本章在工业层面进行以上计算。所使用数据说明如下:期望产出为以 1999 年不变价表示的工业总产值;非期望产出选用工业废水、二氧化硫、烟(粉)尘、固体废物和二氧化碳排放量;劳动投入量为各行业全部从业人员年平均人数;资本投入为固定资本净值(1999 = 100),能源投入指标为终端能源消费量。[③]

(二)环境知识存量

企业、行业和国家所拥有的技术知识,很大部分依赖于以往的研发所产生的知识和经验的积累。由于全球的研发投资主要集中在发达国家,联合国教科文组织及 OECD 的统计数据表明,OECD 成员国占全球研发支出的大部分份额,故

---

① Chung, Y. H., Färe, R., & Grosskopf, S., "Productivity and Undesirable Outputs: a Directional Distance Function Approach", *Journal of Environmental Management*, Vol. 51, No. 3(1997), pp. 229-240

② Färe, R., & Grosskopf, S., "Directional Distance Functions and Slacks-based Measures of Efficiency", *European Journal of Operational Research*, Vol. 200, No. 1(2010), pp. 320-322;景维民,& 张璐:《环境管制、对外开放与中国工业的绿色技术进步》,《经济研究》2014 年第 9 期。

③ 我们考虑工业终端能源消费品种(煤炭、焦炭、焦炉煤气、其他煤气、其他焦化产品、石油和天然气)以及工业产品水泥所产生的 CO_2 排放量,相关排放系数及原始数据来自于 IPCC(2006)、李锴和齐绍洲(2008)。测度环境技术进步所用到的数据来源于《中国统计年鉴》《中国工业统计年鉴》《中国能源统计年鉴》《中国环境统计年鉴》。

本章考虑选取 16 个 OECD 成员国[①]作为中国的环境技术外溢国，并用与环境相关的专利数据构建环境技术知识存量。在世界国际化发展的背景下，为了更加全面地衡量各国的环境科技发展水平，我们采用跨国专利（Transnational Patent）数据，即向专利合作条约（Paten Cooperation Treaty，PCT）提出并完成申请的环境专利，统计资料来源于 OECD Stat 数据库。[②] 从数据上看，过去 30 年，16 个 OECD 成员国环境技术专利申请数占 OECD 总环境专利数目的比重平均为 95.7%，占全球总环境专利的比重平均为 91.9%。其中，美国、日本和德国是世界上环境技术领先的创新国。国内与环境相关的专利数据可以在中国国家知识产权局（SIPO）专利系统数据库中根据技术类型和国际专利分类（IPC）编码检索各省区每年的环境专利受理量，两个数据库都为我们提供了细分为“废水”“废气”“气候变化”等相关环境技术领域专利情况。需要说明的是，使用专利数据来核算环境技术知识存量的好处在于：第一，数据的可得性。虽然大量研究技术溢出的文献都用研发存量衡量前沿技术水平，但国内外并没有专门细分与环境相关的研发投入数据，而按技术类型进行 IPC 编码的专利却让我们可以得到统一的相关专利数据。第二，专利在本国被发明后是可以在 PCT 上登记以获得国际保护，故跨国专利数据国际性更强，顺应全球化发展趋势，更体现出技术的扩散性和溢出性。因此，我们认为利用专利数据来分析国际环境技术溢出更加适合。[③] 参照 Lovely 和 Popp（2001）的做法，考虑陈腐率（Decay Rate）和扩散率（Diffusion Rate），时间 t 时环境技术知识存量核算公式为：[④]

① 样本数据当中的国际环境技术知识存量溢出国包括美国、英国、德国、法国、意大利、日本、加拿大、奥地利、澳大利亚、芬兰、荷兰、韩国、丹麦、西班牙、瑞典和比利时总计 16 国。

② 与环境相关的技术领域分类来源于 OECD“Patent search strategies for the identification of selected environment-related technologies（ENV-TECH）”，主要包括 environmental pollution，water scarcity，climate change mitigation 等技术类别以及相应国际专利分类（IPC）编码。

③ 当然，专利统计可能存在着如下缺陷：专利获得者和专利发明者可能并不一致；获得专利的发明创造的质量存在着很大的差 别；某些行业的创新并不注册为专利申请的，而且专利之间经济效益的差别较大。尽管专利指标存在缺陷，但相对于其他指标以及数据的限制，专利在衡量知识产出方面具有明显优势。

④ Lovely M.，Popp D.，“Trade，Technology，and The Environment：Dose Access to Technology Promote Environmental Regulation”，*Environmental Economics and Management*，Vol. 61，No. 1（2001），pp. 16-31.

$$KS_t = \sum_{s=0}^{\infty} e^{-\omega_1(s)}(1 - e^{-\omega_1(s+1)})PAT_{t-s} \tag{7.9}$$

其中，KS 是环境技术知识存量，PAT 是环境技术专利数量，s 表示从基期到当前年份的时间。ω_1代表知识的陈腐率，即旧知识的老化速度，表明随着新技术与新发明的产生，已有技术逐渐被新技术所替代，假设为 0. 1；ω_2代表扩散率，表明从新技术、新知识的产生到大规模应用（即技术扩散）需经过一定的时间，以衡量从专利的产生到大规模应用的滞后时间，假设为 0. 25。陈腐率和扩散率的系数参照了一般研究国际技术溢出的文献。根据专利统计时间，国外专利统计起始时间为 1977 年，国内为 1985 年，故根据国外 1977—2013 年专利统计数量来核算国外 1999—2013 年知识存量（国外最新数据只到 2013 年），根据国内 1985—2013 年专利统计数量来核算国内 1999—2013 年知识存量。

（三）贸易和 FDI 外溢知识存量

在货物贸易外溢知识存量的权重构建方面，考虑到大部分的货物贸易都集中在工业生产部门，应该以工业部门的工业增加值替代 CH 模型中的本国的进口总额，既能体现技术溢出的强度，又可反映技术外溢的方向。同时，国际性技术外溢被东道国的企业吸收、进而转化为现实的生产力，还有赖于东道国对外溢技术知识的吸收能力。因此，国际性技术外溢的实际效果同时取决于发达国家的技术外溢强度和东道国对技术外溢的吸收能力。本章结合国际性技术外溢的两个过程，并用国际间的相对人力资本指标来表示其吸收能力的大小，提出的货物贸易外溢知识存量的测算模型如下（此后模型均省略时间 t 以使表达简洁）：

$$KS_c^{gt} = \sum_{m \neq c} \frac{mg_{cm}}{ind_m} \times \min[1, \frac{H_c}{H_m}] \times KS_m^{domestic} \tag{7.10}$$

同理，可以得到 FDI 外溢知识存量和服务贸易外溢知识存量的测算模型，如下所示：

$$KS_c^{st} = \sum_{m \neq c} \frac{ms_{cm}}{ter_m} \times \min[1, \frac{H_c}{H_m}] \times KS_m^{domestic} \tag{7.11}$$

$$KS_c^{fdi} = \sum_{m \neq c} \frac{fdi_{cm}}{fcf_m} \times \min[1, \frac{H_c}{H_m}] \times KS_m^{domestic} \tag{7.12}$$

其中，mg_{cm}、ms_{cm}分别是中国 c 从 OECD 成员国 m 的货物贸易和服务贸易进口额，fdi_{cm}是 OECD 成员国 m 在中国的实际外资投资额，ind、ter、fcf、H 分别表示工业增加值、第三产业增加值、固定资本形成总额和人力资本，$\min[1, H_c/H_m]$表示中国对源于 OECD 成员国 m 的外溢技术知识的吸收能力，该指标不大于 1。为了保证数据的可比性，采用巴罗和李（Barro & Lee，2010）的人力资本数据测算中国对 16 个 OECD 成员国外溢技术的吸收能力指标。① 因此，本章提出的国外环境知识存量的测算模型同时考虑了国际性知识存量的外溢和吸收两个过程，有利于较为准确地评价不同国际性技术外溢渠道的有效性。

由于中国各省份的贸易进口、FDI 实际投资额等数据未能区分来源国，故采用间接的方法测算各省份吸收的国际性技术外溢知识。假设各省份贸易贸易进口额占全国进口总额的份额越大，从国外获取的贸易外溢知识存量就越多。同理，可利用各省份的 FDI、服务贸易构建相应的权重测算其所获取的外溢知识存量。所有相关数据来源于 OECD Stat、World Bank Development Indicators、UN Comtrade International Trade Statistics 数据库以及《新中国 60 年统计汇编》《中国统计年鉴》和各省份统计年鉴。

（四）环境规制

对正式环境规制强度的度量是一个困难且复杂的问题，在阅读国内外相关文献的基础上，本章考虑 5 个评价指标层——工业废水、二氧化硫、烟（粉）尘、固体废物和二氧化碳。首先测算各省份单位工业产值污染排放量作为环境规制的替代指标，这是因为污染排放强度是环境规制作用的直接结果。通常一个地区的污染排放强度越低，该地区的环境规制措施也越严厉。再对各省份的单位产值污染排放量进行线性标准化并进行加权平均整理，构建综合反映不同地区环境规制强度及其变化的指标体系。相关污染物排放数据来源于《中国环境年

① 选用 25 岁及以上人口的平均受教育年数来代理人力资本变量，数据主要来自 Barro-Lee Educational Attainment Dataset。由于以上各数据来源中的平均受教育年数只在每五年统计一次，为保持数据的完整性，运用插值法对各经济体的缺失数据进行估算。Barro R J，Lee J W.，“A New Data Set of Educational Attainment in the World，1950－2010”，*Journal of Development Economics*，Vol. 104，No. 15902（2013），pp. 184–198。

鉴》和《中国环境统计年鉴》。

表7.2给出了本章样本的描述性统计。基于Malmquist-Luenberger生产率指标测算得到的环境技术进步指数的平均值为1.558,中国各部分环境知识存量的测算结果显示,除FDI外溢知识存量外,货物贸易、服务贸易知识存量和国内知识存量在1999—2013年间均呈现逐步上升趋势。在中国外资知识存量中,货物贸易外溢存量占绝大部分份额,是中国经济可持续发展稳定的技术来源。一直被忽视的事实是,服务贸易外溢存量增长迅猛,其平均值为2.110,超过了投资渠道(均值为1.853)。FDI外溢知识存量有一定起伏,在2007年有所减少。但毕竟也为中国提供了大量技术知识。随着中国自主创新战略的实施,以及信息时代无形技术外溢的作用日益突出,环境规制的加强,外资在中国技术知识供给中的作用有所弱化。

表7.2 描述性统计

变量	样本	平均值	标准差	最小值	最大值
ETP	450	1.558	1.444	0.095	9.544
KS^{gt}	450	58.139	146.775	0.046	1448.975
KS^{fdi}	450	1.853	2.726	0.003	18.469
KS^{st}	450	2.110	3.016	0.013	21.732
KS^{d}	450	5.532	10.430	0.024	92.334
$regu$	450	4.658	6.416	0.000	48.350

从中国省份环境技术进步指数的分布情况来看,中国环境技术水平集中分布在东部沿海地区以及中部地区(即华北、华中及华东部分省区)。其中,上海、广东、江苏、浙江、天津、山东、北京和福建属于环境技术水平较高地区,其年均在3.196以上;黑龙江、内蒙古、甘肃、贵州、山西、新疆、宁夏和青海则是环境技术水平较低的省份,其年均低于0.565。

二、环境技术的空间相关性分析

全域空间相关性常用于分析空间数据在整个系统内表现出的分布特征,一般采用 Moran's I 和 Geary's C 指数进行测度。Moran's I 指数可用于检验区域中邻近地区间的相似性(空间正相关)或相异性(空间负相关)。其值在-1 到 1 之间,大于 0 表示存在空间正相关,表明高环境技术水平与高环境技术水平地区或低环境技术水平与低环境技术水平地区集聚在一起;小于 0 表示存在空间负相关,表示高(低)环境技术水平地区与低(高)环境技术水平地区相邻;等于 0,表示随机分布,不存在空间相关性。Geary's C 指数是检验全局空间相关性的另一个常用指标,Geary's C 指数的取值在 0 到 2 之间,大于 1 或小于 1 分别表示环境技术水平呈空间负相关或空间正相关,等于 1 表示不存在空间相关性。

空间权重矩阵表征空间单元之间的相互依赖关系与关联程度,正确设定空间权重矩阵对环境技术水平空间依赖程度的度量及后文的空间计量分析结果的准确性均至关重要。为对中国省份环境技术水平的空间关联特征予以全面反映,本章从地理邻近性特征与经济邻近性特征出发,构建了四种不同的空间权重矩阵用于实证分析。

第一种为地理距离权重矩阵(W_1),其元素 w_{ij}表示 i 省份省会城市与 j 省份省会城市最近公路里程的倒数。在地理距离权重矩阵的构建上,很多研究采用了简单的空间邻接关系表征区域间的空间影响,仅仅以两者是否相邻为标准"一刀切"地将所有不相邻经济体的联系视为零,这显然难以符合客观事实。因此,本章首先采用地理距离标准构造空间权重矩阵。区别于以地理质心距离的倒数作为权重元素的做法,我们认为以省会城市间最近公路里程的倒数作为权重元素,不仅能反映区域间的实际空间距离,而且还能在一定程度上反映出地形和经济发展差距的影响。[①] 上述以地理区位差异反映环境技术水平空间联系的做法侧重于刻画地理特征的影响,但鉴于区域经济发展水平存在空间相关的事实,为增强分析结果的稳健性,我们还构建了经济意义下的空间权重矩阵——经济距离权重矩阵(W_2),其元素 w_{ij}用 i 区域人均实际 GDP 年均值与 j 区域人均实际 GDP 年均值绝对差值的倒数表示。

考虑到单纯以地理距离或以经济距离构造权重矩阵均会存在一定的局限

① 比如,即使省会间质心距离差距不大,但多山地形可能会增加交通建设的成本,增加省会间的通行距离,但是经济发展水平的提高可以克服多山地形带来的不便。

性,我们还构造了地理经济距离空间权重矩阵(W_3)和地理与经济距离的嵌套权重矩阵(W_4)。权重矩阵 W_3的元素表示为 i 区域省会与 j 区域省会最近公路里程的倒数与 i 区域人均 GDP 年均值占所有地区人均 GDP 年均值比重的乘积(李婧等,2010)。[①] 权重矩阵 W_4表示为 $W_4=\varphi W_1+(1-\varphi)W_2$,$\varphi$ 介于 0 到 1 之间,表示地理距离权重矩阵所占比重(张征宇、朱平芳,2010)。[②] 为简化分析,本章 φ 取值为 0.5。W_3和 W_4两种权重既考虑了地理距离的空间影响,也反映了经济因素存在区域间溢出效应和辐射效应的事实,因而能够更加全面客观地体现截面单位间的空间关联程度。

表 7.3　1999—2013 年中国环境技术水平的全域空间相关性检验结果

年份	权重:W_1		权重:W_2		权重:W_3		权重:W_4	
	Moran's I	Geary's C	Moran's I	Geary's C	Moran's I	Geary's C	Moran's I	Geary's C
1999	0.135***	0.875*	0.543***	0.26***	0.224***	0.99	0.494***	0.334***
2000	0.136***	0.873*	0.555***	0.251***	0.23***	0.979	0.505***	0.326***
2001	0.135***	0.877*	0.544***	0.241***	0.235***	0.997	0.495***	0.318***
2002	0.132***	0.885*	0.550***	0.231***	0.234***	1.008	0.499***	0.31***
2003	0.128***	0.881*	0.513***	0.221***	0.229***	1.024	0.466***	0.301***
2004	0.123***	0.885*	0.515***	0.215***	0.222***	1.021	0.468***	0.296***
2005	0.121***	0.863*	0.471***	0.266***	0.213***	0.975	0.429***	0.338***
2006	0.126***	0.876*	0.466***	0.259***	0.222***	0.996	0.425***	0.334***
2007	0.125***	0.867*	0.445***	0.261***	0.224***	0.998	0.407***	0.334***
2008	0.126***	0.879*	0.454***	0.242***	0.227***	1.032	0.414***	0.319***
2009	0.110***	0.880*	0.435***	0.271***	0.199***	1.015	0.396***	0.344***
2010	0.104***	0.894	0.307**	0.180**	0.187***	1.267	0.282**	0.267**
2011	0.109***	0.862*	0.370**	0.231**	0.196***	1.087	0.338**	0.307***
2012	0.118***	0.895	0.401**	0.238***	0.216***	1.127	0.367***	0.317***
2013	0.099***	0.916	0.388**	0.289**	0.186***	1.092	0.353***	0.365**

注:***、** 和 * 分别表示 1%、5%和 10%的显著性水平。

① 李婧、谭清美、白俊红:《中国区域创新生产能空间计量分析——基于静态与动态空间面板模型的实证研究》,《管理世界》2010 年第 7 期。

② 张征宇、朱平芳:《地方环境支出的实证研究》,《经济研究》2010 年第 5 期。

表7.3给出了不同空间权重矩阵下1999—2013年中国环境技术水平的全域空间相关性检验结果。从表7.3中W_1、W_2权重下检验结果可以看出，Moran's I指数均显著且大于0，Geary's C指数也小于1，表明了高环境技术水平地区大多与高环境技术水平地区集聚在一起，低环境技术水平地区也大多与低环境技术水平地区集聚在一起，中国省份环境技术水平分布均呈现出较强的空间正相关特征。另外，基于W_2权重矩阵下的检验结果更为显著些，这说明中国省份环境技术水平的空间相关性更多具有经济发展水平差异上的空间关联特征，当然，我们也需要考虑地理和经济的综合空间关联特征。但在W_3权重矩阵下，各年的Moran's I指数显著，Geary's C指数却均不显著并接近于1，这说明基于W_3权重矩阵的设定形式没有得到稳健的检验结果。综上，后文的空间计量分析部分仅考虑W_2、W_4两个权重矩阵条件下的实证结果。

第三节 国际环境技术知识溢出的实证分析

由于空间依赖性，导致变量之间互相影响（空间滞后因变量此时是内生变量），从而产生内生性问题。OLS估计将是有偏的且不一致，而极大似然估计（MLE）将更为有效。[①] 因此，本章将采用固定效应的极大似然估计方法对所构建的空间面板模型进行参数估计，即先进行组内离差变换，通过“去均值”来消掉个体效应，然后再使用MLE估计。对于时间效应，由于加入时间虚拟变量会耗费更多的自由度，故加入时间趋势变量（$\ln t$），以控制政策、自发技术等对所有省份的共同影响。本章将分别采用经济距离权重矩阵（W_2）和地理与经济距离的嵌套权重矩阵（W_4）两种空间权重矩阵设定形式，以期得到更加全面、稳健的分析结果。

① 对于SEM模型，尽管扰动项存在自相关，但由于不存在内生性，故OLS估计是一致的，不过，由于忽略了扰动项的自相关而损失了效率，最好的办法仍然是MLE估计。

一、空间面板模型回归结果及讨论

表 7.4　空间面板模型估计结果

	(1)	(2)	(3)	(4)	(5)	(6)	(7)	(8)
	SLM	SDM	SAC	SEM	SLM	SDM	SAC	SEM
	经济距离权重(W_2)				经济地理距离嵌套权重(W_4)			
KS^{gt}	0.0040***	0.0041***	0.0039***	0.0037***	0.0041***	0.0044***	0.0040***	0.0038***
	(0.000327)	(0.000371)	(0.000339)	(0.000337)	(0.000327)	(0.000357)	(0.000333)	(0.000332)
KS^{fdi}	0.0508***	0.0339**	0.0466***	0.0565***	0.0485***	0.0358**	0.0479***	0.0592***
	(0.0169)	(0.0168)	(0.0169)	(0.0170)	(0.0167)	(0.0166)	(0.0166)	(0.0167)
KS^{st}	-0.125***	-0.179***	-0.137***	-0.117***	-0.133***	-0.192***	-0.146***	-0.122***
	(0.0254)	(0.0293)	(0.0270)	(0.0265)	(0.0254)	(0.0289)	(0.0273)	(0.0271)
KS^{d}	0.0627***	0.0739***	0.0687***	0.0701***	0.0623***	0.0712***	0.0671***	0.0693***
	(0.00640)	(0.00680)	(0.00707)	(0.00693)	(0.00635)	(0.00668)	(0.00689)	(0.00680)
regu	-0.0207***	-0.0205***	-0.0223***	-0.0197***	-0.0210***	-0.0219***	-0.0225***	-0.0198***
	(0.00458)	(0.00469)	(0.00453)	(0.00450)	(0.00454)	(0.00467)	(0.00452)	(0.00450)
*l*lnt	0.206***	0.114***	0.227***	0.258***	0.193***	0.0926**	0.214***	0.263***
	(0.0309)	(0.0387)	(0.0377)	(0.0381)	(0.0313)	(0.0397)	(0.0382)	(0.0394)
ρ	0.156***	0.202**	0.147***		0.203***	0.216**	0.188***	
	(0.0476)	(0.0849)	(0.0465)		(0.0509)	(0.0904)	(0.0503)	
			0.202**	0.209**			0.193**	0.226**
			(0.0872)	(0.0858)			(0.0943)	(0.0927)
sigma	0.107***	0.101***	0.113***	0.108***	0.106***	0.101***	0.112***	0.108***
	(0.00717)	(0.00680)	(0.00707)	(0.00725)	(0.00708)	(0.00677)	(0.00700)	(0.00725)
样本	450	450	450	450	450	450	450	450
R^2	0.859	0.854	0.858	0.851	0.861	0.851	0.860	0.852

注:系数下方括号中数值为其标准误;*** 、** 、* 分别表示 1%、5%和 10%的显著水平;限于篇幅,SDM 模型 *Wx* 系数估计没有报告。

表 7. 4 给出了两种空间权重矩阵设定下空间面板模型的四种基本形式——空间滞后模型(SLM)、空间杜宾模型(SDM)、空间自相关模型(SAC)和空间误差模型(SEM)的参数估计结果。可以看出,无论采用哪种模型形式与权重形式,空间滞后系数(ρ)和空间误差系数(λ)均在 5%的水平上显著为正,从而再次证明中国省份环境技术水平之间存在显著的空间集聚特征,即在空间(经济距离及地理经济距离)上相近的省份具有相似的环境技术状态及空间联系结构。在区域间产品贸易、产业转移及人员流动所体现的社会经济活动的驱动下,省份间的环境技术表现出明显的空间溢出效应,本地区的环境技术水平与经济或经济地理相近地区的环境技术水平密切相关,表现出"一荣俱荣,一损俱损"的特征。以经济距离空间权重矩阵(W_2)为例,当期的空间滞后系数(ρ)是 0. 156(见表 7. 4 第(1)列 SLM),代表经济邻近地区的环境技术水平对本地区的环境技术进步具有正向溢出效应。

从表 7. 4 对空间面板模型的估计结果来看,不同权重设定形式下的空间模型估计结果基本上一致。各解释变量的显著性无实质差别,甚至在数值大小上也相差不大,这直接印证了上述空间模型设定检验结果的可靠性。具体来说,三种外部溢出渠道均产生了显著的环境技术溢出效应,通过货物贸易和外资渠道的环境技术溢出均能提升贸易或投资所在地的环境技术水平,反而是由服务贸易渠道产生的是负向效应。作为中间投入品的服务,由于其内含较高的人力资本和技术,更容易通过产业的前向联系和后向联系而产生"正的技术溢出"效应,不断推动工业部门调整结构从而向先进的技术前沿靠近。但是我们的研究发现可能说明具有不同技术含量的服务贸易品进口产生不同的技术溢出效应。国内环境知识存量也提升了当地环境技术水平,且在 1%的置信水平上显著。环境规制变量估计结果显著为负,但该指标值越小,表示环境规制水平越严厉。也就是说,较严厉的环境规制能够促进环境技术进步。

在讨论不同溢出渠道对环境技术水平的影响效应前,我们需要通过相关检验对模型进行必要的筛选。依据不同渠道知识溢出理论构建的空间计量模型,其模型设定形式体现出了空间结构属性,但本章理论扩展得到的 SDM 是否是空间模型族中对实际样本数据的最适拟合?是需要在空间模型族之间作出选择性检验。①

首先对设定形式最具一般性的SDM进行估计，然后就被嵌套的特异性模型进行约束性检验，如果约束后得到的简约型模型的估计残差与一般性模型残差并无本质区别，那么则选择简约型模型作为对数据样本的最适拟合，否则设定形式最具一般性的SDM就是对数据样本的最适拟合。表7.5给出了空间面板模型适配检验结果。首先以SDM为母体进行Wald检验和Lratio检验，结果显示，无论是在哪一种权重设定情况下，也无论是Wald还是Lratio检验，均可在5%的置信度水平上拒绝“SDM与SLM、SEM在设定形式上并无本质区别”的原假设。以表7.5中经济距离空间权重矩阵（W_2）的设定条件为例，对SDM进行Wald和Lratio检验，得到的卡方值分别为22.86和11.57，在1%的水平上显著，其检验结果分别拒绝了$\beta=0$和$\beta=-\alpha\rho$的原假设，显然SAR、SEM模型并不适用于本章实际样本数据。我们需要继续在SAC与SDM之间做出选择，不难发现，加入误差滞后项后，SAC所估计的AIC和BIC值均变大，显示SDM是对本章数据样本的最适拟合，这就从实证环节证实了本章理论建模的科学性。同理，对于地理距离空间权重矩阵（W_1）和地理与经济距离嵌套权重矩阵（W_4）而言，我们也得到了同样的结论。

表7.5　空间面板模型适配检验结果

	SAR vs.SDM		SEM vs.SDM		SDM		SAC	
	Wald检验	p值	Lratio检验	p值	AIC	BIC	AIC	BIC
权重：W_1	12.56	0.006	10.35	0.016	275.65	316.74	283.77	320.75
权重：W_2	22.86	0.000	11.57	0.009	275.13	320.33	288.25	325.23
权重：W_4	21.81	0.000	11.46	0.009	271.06	316.26	284.37	321.35

① 按照Elhorst(2012)诊断方法，第一步应该在线性模型与空间模型之间做出选择性检验，第二步才是在空间模型族之间做出判断。对于第一步的检验，我们已经针对线性模型估计残差进行(robust)LM检验，均表明可拒绝样本数据“不包含空间滞后项和空间误差自相关项”的原假设，需要考虑环境知识的空间溢出属性。

同时，确保以上实证结果可靠的一个重要条件，是模型不存在严重的内生性问题，除了空间滞后因变量之外，可能引起双向因果关系问题的是与对外开放相关的解释变量（贸易进口和 FDI）。环境技术进步快的地区一般受到环境规制的合理约束、具有较高的生产清洁度，这种地区特征可能会影响到其对外资的吸引力和贸易进口的规模。由此所产生的内生性问题很可能导致表 7.4 中的空间面板模型回归结果出现有偏且不一致，甚至出现与事实相反的"悖论"结果而产生误导性的决策依据。另外，上述空间面板模型对环境技术进步的时间滞后效应及时空滞后效应的忽略，也可能使其反映到干扰项中而造成干扰项与被解释变量显著相关的内生性问题。上述种种迹象表明，对环境技术进步的时间滞后效应、时空滞后效应以及环境技术进步与其影响因素之间的潜在双向因果关系加以控制和考察，是得到稳健、可信的估计结果的必要条件。因此，我们将注意力转向基于 SDM 的进一步分析。

表 7.6 第(1)和(2)列用国内外环境技术专利知识存量和环境规制强度这五个变量的滞后一期代入计量方程回归，这样做的目的既可以解决内生性问题，又可以考察环境技术溢出的滞后效应。首先单从空间维度上看，此时空间滞后系数(ρ)基于两种空间权重矩阵设定下均在 5%的置信水平上显著为正，再次表明中国省份环境技术水平存在空间溢出效应。以表 7.6 第(1)列为例，在经济距离空间权重矩阵情形下，空间滞后系数为 0.165，与表 7.4 第(2)列相比，表 7.6 中空间滞后系数 ρ 值稍小些。同样，基于权重 W_4 的空间滞后系数显著度进一步降低，只能在 10%水平上显著，系数也小于表 7.4 中的结果。为了进一步考虑更长时间滞后的技术溢出效应，表 7.6 第(3)和(4)列使用这五个变量的过去三年的移动平均数代入计量方程回归，可以发现，环境技术的空间滞后系数估计值和显著度进一步降低，甚至已经不显著了。这可能是由于本章在核算环境技术知识存量时，已经考虑到环境技术溢出的滞后因素，故导致其影响效果打折。

考虑到环境技术在内的经济变量往往具有一定的"惯性"，即表现出路径依赖特征，前期水平对当期结果很可能存在着不可忽视的影响。具有知识存量特征的因素其调整本身就具有较为明显的滞后性，很难与当期的经济和制度环境同步即时调整，从而使得环境技术的预期变化也随之滞后。因此，对环境技术进

表 7.6 空间面板模型估计结果(滞后效应)

	(1)	(2)	(3)	(4)	(5)	(6)	(7)	(8)
	W_2	W_4	W_2	W_4	W_2	W_2	W_4	W_4
θ						0.845***		0.849***
						(0.0402)		(0.0402)
γ					0.501***	-0.192	0.421**	-0.285**
					(0.165)	(0.136)	(0.174)	(0.143)
KS^{gt}	0.0045***	0.0047***	0.0047***	0.0049***	0.0041***	0.00101***	0.0044***	0.0010***
	(0.000510)	(0.000497)	(0.000516)	(0.000503)	(0.000376)	(0.000324)	(0.000365)	(0.000322)
KS^{fdi}	0.0626***	0.0616***	0.0557**	0.0536**	0.0208	0.00621	0.0249	0.00708
	(0.0205)	(0.0204)	(0.0229)	(0.0227)	(0.0178)	(0.0137)	(0.0176)	(0.0135)
KS^{st}	-0.170***	-0.182***	-0.211***	-0.222***	-0.187***	-0.0413*	-0.202***	-0.0429*
	(0.0367)	(0.0361)	(0.0386)	(0.0380)	(0.0302)	(0.0242)	(0.0298)	(0.0240)
KS^d	0.0865***	0.0841***	0.0911***	0.0889***	0.0751***	0.0265***	0.0725***	0.0270***
	(0.0100)	(0.00989)	(0.0101)	(0.00996)	(0.00687)	(0.00576)	(0.00680)	(0.00563)
regu	-0.0238***	-0.0251***	-0.0254***	-0.0267***	-0.0209***	-0.00452	-0.0216***	-0.00473
	(0.00546)	(0.00543)	(0.00597)	(0.00593)	(0.00477)	(0.00374)	(0.00475)	(0.00372)
ln*t*	0.140***	0.126***	0.195***	0.169***	0.115**	0.0434	0.0869	0.0362
	(0.0417)	(0.0432)	(0.0619)	(0.0648)	(0.0579)	(0.0446)	(0.0611)	(0.0469)
ρ	0.165**	0.151*	0.149*	0.131	0.122	0.121	0.119	0.157*
	(0.0829)	(0.0886)	(0.0874)	(0.0936)	(0.0945)	(0.0872)	(0.102)	(0.0924)
sigma	0.108***	0.107***	0.105***	0.104***	0.109***	0.0639***	0.108***	0.0635***
	(0.00746)	(0.00741)	(0.00752)	(0.00747)	(0.00701)	(0.00412)	(0.00699)	(0.00410)
样本	420	420	390	390	420	420	420	420
R^2	0.849	0.851	0.846	0.848	0.863	0.964	0.863	0.964

注:系数下方括号中数值为其标准误;***、**、* 分别表示 1%、5%和 10%的显著水平;限于篇幅,所有 SDM 模型 Wx 系数估计没有报告;对于表中(1)—(2)列,KS^{gt}、KS^{fdi}、KS^{st}、KS^d 和 regu 均为其滞后一期,而对于表中(3)和(4)列,这五个变量为其过去三年移动平均数。

步的滞后效应也需要进行考察。显然,动态空间面板模型不仅包含了传统静态空间面板模型中的当期空间溢出效应(空间滞后系数(ρ)和空间误差系数(λ)),还考虑了被解释变量环境技术进步的时间滞后效应(被解释变量环境技术进步滞后一期($L.ETP$)的估计系数,θ)及时间滞后的空间滞后效应(被解释变量环境技术进步滞后一期与空间权重矩阵的乘积($W \cdot L.ETP$)的估计系数,γ)(即时空滞后效应),从而能够从时间单维度、空间单维度和时空双维度更加全面地反映环境技术的空间溢出效应。表 7.6 第(5)-(8)列使用动态模型进行估计,单从时间维度上看,环境技术进步的时间滞后系数 θ 在两种空间权重矩阵情形下均在 1%的水平上显著为正,表明环境技术进步是一个连续积累的渐进调整过程且具有明显的路径依赖特征,即当期环境技术处于较高的水平,那么下一期环境技术水平将可能继续走高,从而表现出"雪球效应"。

再从时空双维度的视角来看,γ 为滞后一期的空间滞后系数,反映了考虑时间动态条件下的样本观测值的空间依赖作用,即滞后一期邻近地区的环境技术对本地区环境技术的影响方向和影响程度,因此可将其视为时空滞后效应的系数。环境技术的时空滞后系数在两种空间权重矩阵情形下出现相反的估计结果,表明上一期经济或经济地理相近地区较高的环境技术水平对于本地区当期环境技术水平没有得到确切稳健的结果。

而从更为核心的空间维度上看,此时当期空间滞后系数 ρ 基本上不显著(只有表 7.6 第(8)列在 10%水平上显著),空间动态面板模型并没有显示出中国省域环境技术存在空间溢出效应。这一方面可能由于动态模型估计量可能会存在较大的偏倚,更多的解释程度集中在滞后一期的因变量上,造成其他变量估计系数和显著度降低,甚至出现相反的结果;另一方面,也有可能本章的数据样本不适合建立空间动态面板模型。对于动态模型,我们还采用广义矩方法(GMM)进行估计,结果同样显示存在以上问题,不再赘述。

二、环境技术知识空间溢出效应估计

在存在空间溢出效应的条件下,某个影响因素的变化不仅会引起本地区环境技术进步变化,同时也会对邻近地区的环境技术进步产生影响,并通过循环反馈作用引起一系列调整变化。因此,可进一步将各因素对环境技术进步的影响分为局域溢出效应和跨区域溢出效应两种,其中,将某影响因素变动对本地区环境技术进步的总体影响定义为局域溢出效应,该指标包含了空间反馈效应,即本地区某因素变动通过影响邻近地区环境技术水平,邻近地区环境技术反过来影响本地区环境技术这一循环往复的过程;某影响因素变动对其他地区环境技术进步的影响定义为跨区域溢出效应。

非线性结构的空间模型,其模型参数值释义不能遵循传统线性模型。根据偏导矩阵法,表 7.7 给出了基于表 7.4 第(2)、(6)列和表 7.6 第(1)、(2)列的空间溢出效应分解结果。首先看基于两种权重设定下的当期溢出效应的估计结果,从表 7.7 可以发现,两种空间权重设定下的局域溢出效应、跨区域溢出效应以及总效应的估计值在影响方向上基本上保持一致。我们以权重 W_2 为例来对结果进行说明。基于货物贸易和 FDI 渠道的环境技术知识局域溢出均能显著提升货物贸易或投资所在地的环境技术水平。国际贸易带来了向国外模仿和学习机会,从拥有大量知识存量的工业化国家进口多种类的中间产品、引进包含着外来技术的物质设备和通过交流获得有益的环境污染控制管理信息等,获得先进环保技术的溢出和转移。其结果表明国际贸易是环境友好型技术知识传播的重要途径,体现了国际贸易环境技术效应的实现路径,这有利于国内环境质量的改善。外资的进入同样也会带来更加先进的清洁技术,通过技术溢出效应促进环境技术的模仿引进,并直接抬高当地技术的相对清洁水平,从而对环境技术进步产生正向影响。从跨区域溢出效应来看,货物贸易和 FDI 带来的非物化型环境知识跨区域溢出效应仍然显著,估计结果显示伴随货物贸易进口、外资进入的非物化型知识会给出贸易和投资所在地以外其他地区的环境技术水平带来约 0.0014 和 0.0119 的提升。

表 7.7　环境技术知识空间溢出效应估计

权重		KS^{gt}	KS^{fdi}	KS^{st}	KS^{d}	regu
W_2	局域溢出效应	0.00433*** (0.000352)	0.0369** (0.0168)	−0.176*** (0.0269)	0.0708*** (0.00645)	−0.0206*** (0.00484)
	跨区域溢出效应	0.00140** (0.000560)	0.0119* (0.00749)	0.160*** (0.0504)	−0.0355*** (0.0119)	0.0241* (0.0123)
	总效应	0.00573*** (0.000689)	0.0488** (0.0227)	−0.0162 (0.0511)	0.0353*** (0.0131)	0.00355 (0.0148)
W_4	局域溢出效应	0.00449*** (0.000346)	0.0370** (0.0166)	−0.187*** (0.0265)	0.0695*** (0.00639)	−0.0215*** (0.00477)
	跨区域溢出效应	0.00141** (0.000626)	0.0116 (0.00770)	0.182*** (0.0526)	−0.0355*** (0.0130)	0.0238* (0.0130)
	总效应	0.00591*** (0.000753)	0.0486** (0.0226)	−0.00560 (0.0530)	0.0340** (0.0139)	0.00232 (0.0153)
	滞后溢出效应	$L.KS^{gt}$	$L.KS^{fdi}$	$L.KS^{st}$	$L.KS^{d}$	$L.regu$
W_2	局域溢出效应	0.00454*** (0.000501)	0.0629*** (0.0205)	−0.165*** (0.0340)	0.0852*** (0.00974)	−0.0232*** (0.00569)
	跨区域溢出效应	0.000922* (0.000527)	0.0128 (0.00884)	0.146** (0.0637)	−0.0376** (0.0172)	0.0129 (0.0134)
	总效应	0.00546*** (0.000745)	0.0757*** (0.0257)	−0.0190 (0.0619)	0.0476*** (0.0184)	−0.0104 (0.0161)
W_4	局域溢出效应	0.00473*** (0.000489)	0.0618*** (0.0203)	−0.177*** (0.0335)	0.0830*** (0.00962)	−0.0246*** (0.00563)
	跨区域溢出效应	0.000886 (0.000585)	0.0116 (0.00899)	0.174*** (0.0665)	−0.0382** (0.0187)	0.0113 (0.0141)
	总效应	0.00562*** (0.000794)	0.0734*** (0.0255)	−0.00262 (0.0645)	0.0447** (0.0196)	−0.0134 (0.0166)

服务贸易的局域溢出抑制了当地环境技术，其局域溢出效应为-0.176，且在1%的置信水平上具有统计显著性。但是从跨区域溢出效应来看，通过在内陆地区间的后续扩散，服务贸易非物化型知识溢出有力地提升了进口地以外其他地区的环境技术水平，其服务进口地的非物化型知识给进口地以外其他地区

的环境技术水平的溢出效应估计值为 0.160。服务贸易局域内和跨区域知识溢出效应呈现如此强烈的反差,我们认为可能与服务贸易结构存在着较大关联。[①]从知识密集度划分,服务贸易可分为消费性服务(一般是劳动密集型服务或资本密集型)和生产性服务,其中,生产性服务普遍被认为是生产过程中知识要素投入的传送器(Nordas,2010)[②],技术含量高、创新能力强,且在经济主体间有着高度的互动性,而消费性服务业则很难像生产性服务业那样产生较强的知识空间扩散效应。也就是说,具有不同特征的服务贸易进口,由于其内含的技术含量存在差异,因而对工业环境技术水平的影响存在一定差异。而对于中国这样的发展中经济体,在服务经济尤其是生产者服务业发展相对不足的情况下,生产性服务对进口地的正向知识溢出效应会受到来自消费性服务进口的"挤出",但其固有的非物化型知识空间联动能力却可以保证其向服务进口地以外其他地区提供知识学习窗口,以促进毗邻地区的技术进步。

国内环境知识存量对本地区环境技术进步的局域溢出效应也为正,这表明中国的环境研发投入方向更大程度上是治污减排导向的,不仅可以提高国内企业资源利用效率,而且可以减少实施严格环境规制带来的成本,带来净收益,从而对环境技术进步产生积极效应。当地研发投入对周边地区环境技术的影响具体体现在以下两个方面:一方面,本地区研发投入对环境技术进步的影响可能会通过"向底线赛跑"效应和"搭便车"行为影响周边地区放松对环保的投入,从而不利于周边地区的环境技术进步;另一方面,本地区的清洁技术研发行为和重大污染事件,也可能通过"示范效应"和"警示效应"影响周边地区对环境技术的关注程度,从而促使周边地区加强环保投入而有助于环境治理。表 7.7 的估计结果显示内部的环境知识存量跨区域溢出效应为-0.0355,表明"示范效应"和"警示效应"小于"向底线赛跑"效应和"搭便车"效应,或者说地方政府的行为选择

① 当前,中国服务贸易的发展结构很不合理,大部分是传统的消费性服务,如旅游业、商业、餐饮业等,生产性服务很不发达,特别是节能减排相关的金融保险、技术研发、法律会计服务、管理咨询、教育培训等,有的刚刚起步,有的尚属空白。从总体上看,中国目前服务贸易技术溢出缺乏一定的消化吸收能力,没有相应的配套基础。同时,工业化发展与服务经济之间并没能实现有效融合发展,产业间关联性、互补性,以及协同效应有待提高,故通过服务贸易进口渠道,没能起到推动工业环境技术进步的作用。

② Nordås, H. K., "Trade in Goods and Services: Two sides of the Same Coin?" *Economic Modelling*, Vol. 27, No. 2(2010), pp. 496-506.

更倾向于后者,那么本地区环境研发的积累没能带动周边地区的环境技术进步。

环境规制变量的局域溢出效应为-0.0206,显示较强的环境规制水平能够促进环境技术进步,符合理论预期,从驱动机制的角度,随着环境规制的加强,企业由于内在驱动力(包括对创新的追求、对技术累积的追求、对企业形象的维护等)的外在驱动力(包括科技推动力、社会需求拉动力、政府影响力等),需要在处理污染物方面投入更多资源,激励企业从事清洁型研发,从而对环境技术进步带来积极影响。不过,跨区域溢出效应估计结果为正,这结果说明环境规制对环境技术进步的影响是个非线性过程。国家环保部门对当地的环境污染监督和惩治力度增大,当地民众的环境诉求增加,但严格的环境规制力度可能没有引起周边地区政府对环保治理的重视,同时承担着来自于环境规制严厉地区的污染产业转移,存在着"泄漏效应",抑制环境技术的发展。

从各个变量的空间溢出总效应来看。货物贸易、FDI 外溢存量仍然正向显著,均在中国整体环境技术进步方面起到了突出贡献。虽然服务贸易外溢存量、国内知识存量和环境规制强度存在相反的局域溢出效应和跨区域溢出效应,但只有国内环境知识积累的总效应是积极的。这一结果对于中国经济发展过程中的技术选择路径具有重要启示:如果忽视自主研发能力的提升,盲目依赖国外先进环境技术,虽然短期内通过学习模仿可以降低技术发明成本,但长期来看,企业将面临"技术低端锁定"与"碳锁定"①双重困境,不但难以有效消化吸收国际低碳技术,还会造成资源浪费和经济效率损失。与之不同的是,服务贸易非物化型知识空间溢出和环境规制未能从整体上显著提升中国环境技术水平。因此,在充分利用自身技术条件和资源要素的基础上,对高技术产业、生产服务业等进行重点扶持,提高产业间关联强度与互补性,发挥协同效应,从而加快创新成果的产业化。同时,政府应构建以区域协调联动为基础的环境治理机制,采取有效措施监督与引导地方政府进行有序良性竞争,突出环保政绩考核,改进环境质量评估方法,实施差别化政绩考核机制。

---

① 受益于长期递增报酬的以碳为基础的能源系统可能会产生"锁定效应",妨碍低碳、可再生能源等低碳技术的创新。"碳锁定"会阻碍发展低碳经济所需要的新技术研发及其普及。新技术对于稳定温室气体浓度有着至关重要的作用,没有新技术的支撑低碳经济难以实现。

其次看基于两种权重设定下的滞后溢出效应估计结果。虽然本章在构建环境知识存量指标时,已经考虑到环境技术知识的滞后性,即从新知识的产生到大规模扩散需经过一定的时间,但为了便于比较,我们仍然报告基于滞后一期解释变量(用 *L*.表示)所估计的空间溢出效应分解结果。就局域溢出效应来看,估计结果与当期溢出效应结果类似。货物贸易、FDI 外溢环境知识存量和国内知识存量的溢出均能显著提升货物贸易或投资所在地的环境技术水平,服务贸易的局域溢出抑制了当地环境技术进步;而对于跨区域溢出效应而言,其滞后跨区域溢出效应显著性有所降低。也就是说,对贸易进口、FDI 所在地以外的其他地区环境技术进步的影响效应有所减弱;但滞后溢出效应总效应估计结果仍然显示国内环境知识积累、货物贸易和 FDI 是中国环境技术进步的主要来源,而服务贸易和环境规制的影响仍然不确定。

最后看不同环境技术领域下的空间溢出效应分解结果。根据 OECD *Environment Directorate* 对环境技术的分类,我们基于环境技术领域中的"气候变化缓解技术(Climate Change Mitigation Technologies)"和"'三废'治理技术(Abatement Technologies for Three Wastes)"分别估计其空间溢出效应。[①] 因此,我们需要重新测算环境子领域相关技术知识存量以及相应子领域技术进步指数(调整非期望产出)。表 7.8 报告了不同环境技术领域下的空间溢出效应估计结果(基于空间权重 W_4)。气候变化缓解技术主要包括温室气体减排、碳捕捉和封存(CCS)、能源供应等。《联合国气候变化框架公约》(UNFCCC)和《京都议定书》上都有关于要求发达国家对发展中国家进行碳减排技术转让的目标和义务。表 7.8 的结果表明与气候变化相关的国际专利技术知识存量(货物贸易和投资渠道)对中国的碳减排技术进步有着局域和跨区域的显著正效应。虽然国内与气候变化相关的专利知识存量对中国的碳减排技术进步也有着显著的直接和间接效应且作用方向相反,但整体上国内自主的知识积累并未促进碳减排

① 本章基于数据可得性以及 OECD 环境技术类别目录,可以将环境技术进一步分为气候变化缓解技术和"'三废'治理技术,这样做的目的可以结合现实需要,从学术层面对传统的"三废"治理技术与最新的气候变化缓解技术分别进行归类分析,从而在理论和实证上进一步探讨中国环境技术进步的作用机制和影响效果,这也为后续的学术研究奠定了基础,相关研究结果同样具有重要的参考意义。

技术进步,这表明相中国对国外碳减排的技术更加依赖。

表 7.8　不同环境技术领域下的空间溢出效应估计

	气候变化缓解技术			"三废"治理技术		
	局域溢出效应	跨区域溢出效应	总效应	局域溢出效应	跨区域溢出效应	总效应
KS^{gt}	0.00501***	0.00762***	0.0126***	0.0151***	0.00422**	0.0193***
	(0.000467)	(0.00168)	(0.00183)	(0.00111)	(0.00208)	(0.00245)
KS^{fdi}	0.0612***	0.0314**	0.0926**	0.0606	0.0163	0.0769
	(0.0235)	(0.0158)	(0.0368)	(0.0476)	(0.0165)	(0.0614)
KS^{st}	−0.108***	0.122	0.0143	−0.288***	0.497***	0.210
	(0.0364)	(0.0893)	(0.0922)	(0.0919)	(0.174)	(0.170)
KS^{d}	0.122***	−0.120***	0.00176	0.270***	−0.139**	0.132**
	(0.0161)	(0.0395)	(0.0421)	(0.0230)	(0.0574)	(0.0580)
regu	−0.0196***	0.0199	0.000339	−0.0210***	0.0150	−0.00603
	(0.00453)	(0.0138)	(0.0161)	(0.00504)	(0.0134)	(0.0157)

注:基于空间权重 W_2 的环境技术子领域空间溢出效应估计结果与之类似,不再报告。

而对于"三废"治理技术的空间溢出效应分解结果,主要区别表现在,与"三废"治理相关的国际专利技术知识存量(投资渠道)对中国"三废"减排技术进步既没有产生显著的局域溢出效应,也没有引致显著的跨区域溢出效应,而国内相关技术知识存量总体上显著为正。究其原因是模型中"三废"主要选取的是SO_2、烟粉尘和固体废物等的排放情况,这三种"三废"污染物主要来自于国内的垄断行业如火电、钢铁、水泥等,这些行业的外资进入程度和接触国际先进技术的能力要小很多。再加上发达国家的能源消费结构与中国差异较大,更加依赖于石油、天然气等燃料能源,相应地对温室气体的减排上投入了更多的 R&D,因此,在相关专利技术的登记信息中也可以看出有很大一部分是关于温室气体减排的,而中国的相关技术专利则主要集中在"三废"减排上。

三、稳健性检验

下面将从两个方面进行稳健性分析，第一个是从空间权重方面，尽管前文我们已经选择了两种空间权重矩阵开展计量分析，但考虑到空间计量分析结果可能对空间权重矩阵的选择存在一定的敏感性，仍然有必要采用其他空间权重矩阵设定形式对上述回归结果的稳健性进行检验。另一个从知识存量测算方面，对于本章基于环境技术专利的四个知识存量的陈腐率和扩散率，我们需要验证和比较不同陈腐率/扩散率组合造成知识存量对环境技术进步的影响。通过以上两个方面的分析，看是否会导致估计结果发生显著的改变。

表 7.9　稳健性检验

权重	空间溢出效应	KS^{gt}	KS^{fdi}	KS^{st}	KS^{d}	$regu$
W_5	局域溢出效应	0.00450*** (0.000345)	0.0362** (0.0166)	−0.188*** (0.0265)	0.0694*** (0.00638)	−0.0217*** (0.00477)
	跨区域溢出效应	0.00142** (0.000628)	0.0114 (0.00763)	0.185*** (0.0524)	−0.0357*** (0.0129)	0.0237* (0.0130)
	总效应	0.00592*** (0.000752)	0.0476** (0.0225)	−0.00336 (0.0529)	0.0337** (0.0139)	0.00198 (0.0153)
	$\omega_1=0.05$, $\omega_2=0.5$	KS^{gt}	KS^{fdi}	KS^{st}	KS^{d}	$regu$
W_4	局域溢出效应	0.00271*** (0.000205)	0.0213** (0.00995)	−0.113*** (0.0158)	0.0420*** (0.00384)	−0.0215*** (0.00477)
	跨区域溢出效应	0.000848** (0.000377)	0.00665 (0.00451)	0.106*** (0.0313)	−0.0207*** (0.00781)	0.0245* (0.0130)
	总效应	0.00356*** (0.000452)	0.0279** (0.0134)	−0.00662 (0.0316)	0.0213** (0.00842)	0.00298 (0.0153)

注：限于篇幅，没有报告不同权重下不同比率组合的空间溢出效应估计结果级其他稳健性检验结果，备索。

表 7.9 报告了稳健性检验结果。从第一个方面来看，省份之间的空间联系形式不仅体现在公路上，还可以通过铁路得以实现。因此，我们进一步基于省会

之间的铁路里程重新构建了空间嵌套权重矩阵（W_5），并仍然运用 MLE 方法对上述 SDM 进行了实证分析以及估计局域溢出效应和跨区域溢出效应。可以发现，空间滞后系数（ρ）仍然正向显著，从而再次证明中国省份环境技术水平之间存在显著的空间集聚特征。通过与表 7.7 的比较可以看出，表 7.9 中所有变量系数的大小、符号及显著程度并无实质区别，从而说明前文的实证分析结果是稳健可靠的。从第二个方面来看，除了本章设定的基准比率组合（陈腐率=0.1，扩散率=0.25）之外，我们根据新专利产生后需要几年能够对现有知识存量产生最大的影响（基准比率组合为 4 年），还考虑了另外三种比率组合（0.25，0.5（peak=1）；0.05，0.5（peak=4）；0.05，0.1（peak=10））。从（0.05，0.5）比率组合的估计结果上看，虽然知识存量估计系数有所降低（由于知识存量测算值增加），但影响符号和显著程度并没有发生显著的改变。也就是说，我们的主要结论是可信的，这与其他学者发现回归结果受陈腐率和扩散率的影响并不大的结论相似（Hu *et al.*，2005）。[①] 另外，我们还考虑了与中国大陆贸易投资往来密切的 3 个国家或地区：中国香港、中国台湾和新加坡，由于其对中国大陆的直接投资和贸易出口均处于前列，故与 OECD 成员国一起作为中国大陆知识和技术外溢的主要来源地。不过，相关数据及测算结果显示，中国香港、中国台湾和新加坡这三个来源地在 1997 年之前环境技术专利数基本上为 0，且这三个来源地环境专利总和在最近 15 年占全球总环境专利的比重平均为 0.545%，故没有对知识存量测算结果造成太大影响。当然，估计结果是稳健的。

本章采用基于 SBM 模型的全局（global）Malmquist-Luenberger 生产率指数度量环境技术进步，借鉴知识分类理论和空间建模技巧，将传统线性的国际研发知识溢出检验模型扩展成为空间计量模型，利用国内外环境技术专利数据测算了贸易、FDI 外溢知识存量和国内知识存量，结合环境规制变量，基于 1999—2013 年中国 30 个省份的面板数据，实证分析其对中国环境技术进步的局域溢出效应

① Hu，A.G.Z.，Jefferson，G.H.& Qian，J.，"R&D and Technology Transfer：Firm-level Evidence From Chinese Industry"，*Review of Economics and Statistics*，Vol. 87，No. 4（2005），pp. 780-786.

和跨区域溢出效应,结果表明:

第一,从当期溢出效应来看,货物贸易、FDI 外溢环境知识存量在中国整体环境技术进步方面起到了突出贡献,其局域溢出效应和跨区域溢出效应均是正向显著的。服务贸易外溢环境知识存量、国内知识存量和环境规制在局域内和跨区域间表现出强烈的溢出反差,但总体上,国内知识存量有利于提高中国环境技术水平,而服务贸易外溢存量和环境规制对中国环境技术水平的影响则具有不确定性。

第二,从滞后溢出效应来看,估计结果与当期溢出效应结果类似,货物贸易、FDI 外溢环境知识存量和国内知识存量的溢出均能显著提升货物贸易或投资所在地的环境技术水平,服务贸易的局域溢出抑制了当地环境技术进步;而对于跨区域溢出效应而言,其滞后跨区域溢出效应显著度有所降低。

第三,从不同环境技术领域下的空间溢出效应分解结果来看,与气候变化相关的国际专利技术知识存量(货物贸易和投资渠道)对中国的碳减排技术进步有着局域和跨区域的显著正效应,国内自主的知识积累整体上并未促进碳减排技术进步;与“三废”治理相关的国际专利技术知识存量(投资渠道)对中国“三废”减排技术进步没有产生显著的局域溢出效应和跨区域溢出效应,而国内相关技术知识存量总体上显著为正,可能跟现阶段国内外环境技术研发投向有关。

未来几年,在供给侧改革的主线下,绿色发展理念将成为工业甚至全领域全过程的普遍要求。面对国际经济合作和竞争格局的深刻变化,顺应国内经济提质增效绿色升级的迫切需要,不仅要坚定不移扩大对外开放,在开放中增强发展新动能,通过地域开放、行业开放尽可能地增加外来知识所带来的环境收益,故应充分重视贸易与投资这一跨国环境技术溢出的有效渠道,不仅使该地区更易接触到与节能环保相关的先进技术和管理经验,还通过提高竞争力督促其更加有效地利用资源和降低排放,帮助该地区实行以技术为导向的可持续发展能力转型。但是,我们应认识到环境知识溢出是阶段性的连续过程,不同阶段的知识溢出效应可能大相径庭,不能像以往经验文献所得结论那样一概而论。从本章检验结果来看,服务贸易外溢存量和国内知识存量在局域内和跨区域间表现出强烈的溢出反差,这就说明知识溢出是无止境的,仅将溢出研究聚焦于贸易或投资所在地，则所得结论是不完全的。特别的是，应着力调整服务进口结构，协调好消费性服务进口与生产性服务进口所引发的矛盾，要适当压缩劳动密集型服务贸易，大力发展面向生产性服务业的反向服务外包，通过提升服务贸易进口技术含量，服务于中国工业环境集约化转变进程。当然，切勿忽视自主研发能力的提升，盲目依赖国外先进环境技术，虽然短期内通过学习模仿可以降低技术发明成本，但长期来看，本国将面临“技术低端锁定”与“碳锁定”双重困境，不但难以有效消化吸收国际环境技术，还会造成资源浪费和经济效率损失。

第八章　政策建议及未来展望

本章是政策建议及未来展望部分，首先简要归纳全文的基本结论；接下来，在深入研究 FDI 对中国工业能源效率影响的基础上，从国家层面、区域层面和行业层面提出经济开放条件下提高能源效率的政策建议，如积极利用 FDI 的技术溢出效应、优化产业结构和工业行业结构、鼓励技术创新和加大环境规制力度等等；在此基础上指出今后进一步研究的方向，如对中国国内区域是否存在"污染天堂假说"、FDI 对中国能源效率的空间技术溢出效应怎样和不同来源地的外商投资对中国能源效率是否存在不同的影响机制等问题需要进一步研究。

第一节　政策建议

本书研究 FDI 对中国工业能源能耗的影响，首先对中国吸引外资及能源消费状况进行详细的分析，发现 FDI 向第二产业投资的偏向性非常明显，FDI 在第二产业的投资又主要集中在工业部门，而工业又是中国高耗能的产业部门，这也是本书以工业为研究对象的原因；接着运用非参数数据包络分析的 DEA-Malmquist 指数方法，对中国工业 36 个行业 1999—2009 年全要素生产率和全要素能源效率进行了测算，并进一步考察了工业 28 个行业内外资全要素能源效率；通过建立理论模型，主要考察 FDI 技术效应对中国工业部门能源强度和能源消费量的影响，同时也对内资企业的国内自主研发、国外技术引进和国内技术购买与工业能源消费量的关系进行分析，发现 FDI 技术效应对中国工业能源强度和能源消费量影响是正面的，“FDI 技术效应能够降低当地能源强度”假说可以成立；接着通过构建多维度的 FDI-工业部门能源强度联立方程组模型和 FDI-工业部门能源消费量联立方程组模型，对 FDI 对中国工业能源消费量和能源强度的影响总效应进行了实证分析，并从 FDI 的规模效应、结构效应、技术效应和收入引致的技术效应四个方面进行了综合考察，发现：外资进入度的增加导致中国产业结构的高耗能化，进而使能源强度增加；外资进入度的增加提高了人均收入，同时也促进了能源技术的提高，进而减少了能源强度；外资进入度对中国工业能源强度产生的总效应是正面的。具体地，1999—2008 年，中国外资进入度每增加 1%，总效应是使能源强度减少 0. 1848%；而中国外资进入度每增加 1%，总效应是使能源消费量增加 0. 2007%。同时采用 1999—2008 年中国 36 个工业行业的数据，检验了外资企业的水平关联、前向关联及后向关联三种渠道对中国工业能源强度的影响，然后检验了 FDI 对中国工业能源强度的结构因素和效率因素的传导渠道。根据相关研究过程及研究结论，本书提出以下政策建议：

一、国家层面

在“十三五”期间乃至今后更长的时间内，节能减排与提高能源效率是中国实现长期稳定增长与可持续发展的重要战略任务之一。技术创新无疑是实现节能减排与提高能源效率的能力保证，国家只有切实增强自主创新能力，依靠技术进步改造传统高耗能产业、开辟新的清洁产业，转变经济增长方式和加快经济结构调整，才能保证产业发展目标由“两高一低”转向“两低一高”的顺利实现。首先，鼓励节能减排技术和产品开发，积极引进国外先进的节能减排技术和设备，应充分利用贸易投资自由化消除发达国家技术壁垒的有利因素，对国内引进能效技术的企业给予适当的政策倾斜和提供优惠。其次，依靠技术创新挖掘节能减排潜力，完善能源环境管理体系。必须看到，中国在节能减排领域的技术研发投入存在很大提升的空间。相比于国际先进水平，中国不管是单位 GDP 能耗，还是电力、钢铁、有色、石化、建材等行业主要产品单位能耗平均高出许多，由此引发的能源消耗及环境污染问题日趋严重。不管怎样，中国应加大技术研发强度降低能源强度。最后,重视企业能效技术研发和创新的动力机制。不仅要提高一国的能效技术研发能力,更为重要的是提高企业对能效技术的研发和创新能力。在激烈的市场竞争环境中,如何才能鼓励企业加大对高能效技术研发的经费支出,因为每一项新的能效技术从发明到实践都有一定的时滞和机会成本。为此,政府需要采取优惠的政策解决好企业在节能减排和提高能源效率方面的动力机制。

制度创新是构建节能减排与提高能源效率的约束系统。首先,节能减排与提高能源效率必须有正式制度的强制性约束。正式制度的核心是法律法规制度,国家立法和行政法规是促进能源节约和优化能源结构的重要手段。国家亟待完善节能减排法律法规体系,完善有利于提高能源效率的财政政策和税收政策,建立和健全节能减排政策绩效评估体系,使节能减排有法可依、有章可循。在经济增长的过程中注意环境保护,中国因其巨大的市场规模、优惠的外资政策等吸引外资不断流入,外资企业所带来的技术效应改善了环境质量,但仍有大量外商投资于高耗能、高污染行业。从国外的实践上看,中国应借鉴发达国家的能源环境立法经验引入相关能源环境税法,如碳税(Carbon Tariff)、能源税(Energy Tax)和建立排放交易机制(Emission Trading System)等,针对各地区、各行业制定并执行更为严格的节能减排法规和标准,引导外商向清洁行业、高新技术行业投资。

改革开放30多年以来,外资企业在中国出口额中的比重已经占到50%左右,吸收外资显著增强了中国的出口能力。然而中国出口面临着高能耗、高污染、低附加值产品的局面,出口贸易对能源消耗影响程度的不断增强与出口贸易的增长密不可分,巨大的出口量意味着巨大的能源消耗,因此政府需要制定有利于节能的对外贸易政策。在出口方面,可根据能耗差别制定不同的出口退税税率,降低高耗能、高污染产品在出口中的比重,严格限制低效使用国内能源加工生产的产品,维持或者提高高效能源利用的产品的出口退税率。在进口方面,为了满足国内工业化、城市化的能源需求,中国一直在扩大能源进口。在直接进口石油、天然气等能源品种的同时,如果政府能适当扩大进口最终消费品以实现更多的内涵能源进口,将最终产品生产加工所消耗的能源留在国门之外,不仅可以减少贸易顺差,同时也有利于节能减排。总之,由于中国与发达国家存在的技术水平差距,对国家整体而言,进口制成品不仅有助于产业整体的技术进步,还有明显的节能和经济效益。

二、区域层面

区域内技术进步因素仍然是能源强度变动的决定因素,因此,加快区域产业技术进步,提升区域产业能源产出水平,尤其是能源密集型的工业,进一步加大工业的能源节约力度,开发和引进能源节约型的先进技术,能够有力地提高区域能源效率,促进各区域产业能源高效使用是区域能源使用战略的关键。目前,区域内产业结构的转变对能源强度变动的影响很大,区域产业结构优化升级比较滞后,产业结构的优化效应还没有促进能源强度的下降,存在着向高耗能方向的发展趋势,节能型的第三产业在区域产业结构中比重不大,而能源密集型的第二产业及工业比重较大,在一定程度上阻碍了能源强度的下降幅度,因此,加快区域内产业结构优化仍是产业结构调整的重要战略任务。

东部地区整体上能源消费量高于中西部地区,而能源强度整体上低于中西部地区,这体现出东部地区在经济开放过程中较为重视节约能源,较多地采用了节能减排的先进技术。因此中西部地区应借鉴学习东部地区在能效方面的措施和做法,加快能源节约技术的研发,适当引进东部地区及国外的先进技术,可以积极利用 FDI 的技术(溢出)效应降低能源强度和能源消费水平,尽量避免成为东部地区和西方发达国家的污染产业转移的天堂。中西部地区不能只追求 FDI 的规模,而应追求 FDI 质量和能源环境效应,还应关注 FDI 的区域和产业分布。在引进东部地区和发达国家的产业转移时,要提高环境规制标准,制定节能减排和投资自由化相协调的法规政策,调整外商投资的产业与地区导向,对外资企业进行能源环境成本评估,促进外商投资于节能环保产业,积极引进具有先进能效技术的企业或产业,避免中西部地区“污染天堂”变为现实。

中国长期以来的能源结构以煤为主,也是造成能源效率低下的重要原因。在中国一次能源结构中,煤炭占到70%左右,天然气、水电等清洁能源的比重很低。从中国各省份情况来看,有些省份煤炭已占到75%左右。现阶段中国各省份能源消费结构调整速度过慢,能源结构调整和优化的方向应是逐步降低各地区的煤炭消费比例,形成煤炭为主体,电力为中心,油气、新能源多元发展的能源结构,尤其是要大力发展绿色能源,提高其在整个能源结构中的比重。具体而言:第一,对于一些省份,如湖北、重庆等,可以大力开发水电、风电、太阳能光热和生物质能等项目。对于某些省份以煤为主的能源资源禀赋,其能源结构在短时间内难以改变,因此应当促进煤炭消费相关的技术创新,提高煤炭利用效率。第二,应当合理控制煤炭产量,限制生产企业的规模、关闭生产效率低的小煤窑、淘汰高耗能的落后工艺、技术和设备等。可以通过政策鼓励的方式引导煤炭生产企业技术创新,加大对其他可再生能源或绿色能源的开发。第三,由于中国不同省份经济发展的异步性非常明显,因此需要针对各省份的实际情况制定不同的产业结构调整政策。具体而言,对于较发达的省份,应注重发展新能源产业和现代服务业;对以高耗能的重工业为主要经济命脉的省份,不仅要积极提高现有工业生产的技术水平,而且要积极寻求其他绿色产业的发展途径。第四,在各省份之间建立起有效的区域合作机制。解决高耗能产业的区域转移问题的关键在于建立有效的区域合作机制。区域间能源强度目标、碳强度目标的差异需要区域间合作,以避免各省份之间陷入恶性竞争,应针对各省份建立适当的激励约束机制。

三、行业层面

工业是中国高耗能的产业部门,又是 FDI 比较偏向的部门,然而,中国产业结构仍然在向高耗能方向发展,应加快中国产业结构的转变。中国经历近几十年来经济的高速增长,为产业结构的转变提供了坚实的基础,另外随着人均收入水平的提高,人们对环境质量的需求增大,这些都要求政府转变产业结构方式。产业结构的调整和优化所带来的结构效应,对中国工业能源强度和能源消费量的降低有着明显的促进作用。应大力发展第三产业,降低第二产业及工业在国内生产总值中的比重。降低钢铁、水泥等高能耗行业在国民经济中的比重,淘汰落后产能和技术,发展高新技术产业和现代服务业,实现第三产业的总量扩张和比重提高。对 FDI 的引进要有所侧重,对于投资于新型产业、环保产业、高新技术产业的 FDI 应给予政策上的奖励和扶持。对于投资于高能耗、高污染的传统产业中的 FDI 应加大力度进行抑制。

FDI 技术效应的能源强度和能源消费量弹性均为负,因此,可以积极利用 FDI 的技术(溢出)效应降低工业部门的能源强度和能源消费水平。在引资政策的制定过程中,不仅需要注意引资总量,更应当重视外资企业核心技术的获取渠道,以提高能源利用效率。在经济开放进程中,要根据不同行业的能源消耗程度以及不同行业 FDI 对能源效率影响的差异,积极调整有关引资政策,对投向非高耗能行业的外商直接投资采取一定的优惠政策,鼓励清洁行业的外商投资。

将节能环保投入作为公共财政的支出重点,确保财政对节能环保支出的增幅高于经济增长速度,注重运用市场机制,引导社会资金优先投入节能环保产业和相关基础设施建设。鼓励、支持高耗能型工业行业企业和谐转型,积极引进国外先进能效技术与设备,持续实现节能减排。最后,从提高公众意识的角度看,揭示商品的内涵能源,通过多种途径切实提高企业与公众的节能环保意识,大力倡导企业低碳绿色的生产生活方式,运用经济的、法律的和行政的手段积极培育崇尚生态文明的企业生产方式与公众消费方式,任何商品,其生产、加工、运输过程都要消耗大量能源。一般而言,产品加工产业链越长,加工制造过程越复杂,其内涵能源就越多。企业应该不只节约直接能源,更应该节约商品的内涵能源,倡导可持续的生产方式。

然而解决经济开放条件下的能源环境问题却远不像想象中从国家层面、区域层面和行业层面“加大技术创新、优化产业结构、制定严格环境法规”等那样简单。虽然中国经济在过去三十几年来取得了巨大的成就,但仍处于较低的发展阶段,这个基本国情限制了中国对经济开放下的能源环境问题的处理:第一,中国不可能把外资都限定在高科技、低耗能行业领域,即便是发达国家也没有建立对外资随心选择的相关制度;第二,高耗能产业如果完全由内资企业来生产,能耗程度一般会比外资企业更严重,因此,允许外商投资于高耗能产业,虽非最优策略,但是次优策略;第三,根据 FDI 区位选择理论,外商来华投资是受经济增长前景、市场规模、环境规制等多方面因素影响，客观上很难确认某一外资项目是否是仅为图宽松的环境规制而来，如果阻止外资进入，那么就将因其他原因而进入中国的 FDI 也一起否定了，失去了由此可能带来的收益和机遇。因此探索一套适合中国国情的 FDI 能源环境管理政策体系应是今后重点攻克的研究课题。

第二节　未来展望

随着各国节能减排意识的不断增强，越来越重视经济开放条件下的能源环境问题，加强环境保护，制定并执行更为严格的节能减排法律法规，加大宣传节能理念，其针对工业发展所采取的环境规制强度也不尽相同。根据 FDI 区位选择理论，外商来华投资是受多方面因素影响，除了为避免本国严厉的环境规制成本，还受经济规模、劳动力等因素影响，同时，中国也希望吸引外资促进本国经济增长。但就国外目前的研究来看，很多的文献以国家层面为研究样本，缺乏工业层面的研究，即环境规制强度变量是否影响外商投向中国工业部门。

在经济开放和国际产业转移的大背景下，国内外学者主要关注中国是否成为外资的“污染天堂”问题，或主要集中在对外贸易和 FDI 对国内能源环境的影响，而国内区域间产业转移的能源环境效应分析却非常少见。在新一轮东部产业结构调整加快的新形势下，虽然中国各地区环境规制强度统一遵循国家标准，但中西部地区为了吸引更多的产业转移，在主动承接东部产业转移的过程中，在实际的产业环境规制强度上可能有所放松，因此，在中国区域之间是否存在着“污染天堂”假说或者说中西部地区是否成为东部地区产业转移的“污染天堂”，以及东部地区产业转移对中西部地区能源环境的影响尚待研究。

随着西部大开发、中部崛起、东北等老工业基地振兴等一系列区域协调发展战略的实施以及东部沿海地区产业的更新换代，不少产业正在由东部向中西部地区转移，通过产业转移，造成高污染、高耗能产业转移的可能性是存在的。中西部地区主动承接东部产业转移，带动城镇化、工业化发展，是中西部地区经济社会发展的重大机遇和必然选择。在工业布局过程中,不仅要考虑经济收益效应和缩小区域差距之外,还应该考虑节能减排的目标。因此,在工业优化布局的发展过程中,欠发达的中西部地区必须根据自然资源和环境状况,统一规划产业布局,避免以 GDP 为主导,避免以牺牲环境为代价的引资、恶性竞争和低水平重复建设。如何在提高能源效率视角下对工业区域优化布局的战略目标、动力机制、实施路径进行分析,以此为基础提出相关政策建议还需要做进一步的研究。

另外,中国各省份 FDI 和能源强度(能源效率)具有明显的空间依赖性,而且省份 FDI 和能源强度的空间差异也比较明显。因此,对于中国 FDI 和能源强度的理论和实证研究,需要引入空间地理单元数据,并在空间计量经济学的视角下,才能更科学地解释 FDI 对能源强度影响的变化规律及其影响的空间作用机制,从而获得更加合理的提高能源效率的措施和建议。同时,中国 FDI 是否存在空间自相关? FDI 的空间相关是否对能源强度存在空间正向促进作用,政府决策部门在引进外资的政策方面是否突破以往向底线赛跑那样拼政策、拼成本的竞争格局,还是以合作代替竞争的新型合作模式,实现“正和博弈”? 这些都需要进一步的研究。

最后,中国的 FDI 大体上可分为两种类型,一类来自欧美和日本等发达国家的外商投资,另一类主要来自中国港澳台地区的亚洲投资。后者投资的目的是为了把中国大陆作为廉价的生产基地,作为其出口生产基地,其产品科技含量不高;而欧美日等投资者则更看重中国巨大的潜在消费市场,其产品生产技术一般比国内先进,故对中国高素质劳动力的需求比较大。可见,这两种不同来源的投资对能源强度可能存在不同的影响机制,需要进一步研究。

参考文献

[1]包群、陈媛媛、宋立刚:《外商投资与东道国环境污染:存在倒U型曲线关系吗?》,《世界经济》2010年第1期。

[2]蔡昉、都阳、王美艳:《经济发展方式转变与节能减排内在动力》,《经济研究》2008年第6期。

[3]陈凌佳:《FDI环境效应的新检验》,《世界经济研究》2008年第9期。

[4]陈涛涛:《中国FDI行业内溢出的内在机制研究》,《世界经济》2003年第9期。

[5]陈涛涛、陈娇:《行业增长因素与我国FDI行业内溢出效应》,《经济研究》2006年第6期。

[6]陈迎、潘家华、谢来辉:《中国外贸进出口商品中的内涵能源及其政策含义》,《经济研究》2008年第7期。

[7]陈诗一:《能源消耗、二氧化碳排放与中国工业的可持续发展》,《经济研究》2009第4期。

[8]陈媛媛、王海宁:《出口贸易、后向关联与全要素生产率》,《财贸研究》2011年第2期。

[9]陈媛媛、王海宁:《FDI、人力资本与省际工业能源效率》,《国际贸易问题》,2011年第3期。

[10]代迪尔、李子豪:《外商直接投资的碳排放效应——基于中国工业行业数据的研究,《国际经贸探索》2011年第5期。

[11]杜立民:《中国二氧化碳排放的影响因素:基于省级面板数据的研究》,

《南方经济》2010 第 11 期。

[12]傅京燕:《国际贸易中“污染避难所效应”的实证研究述评》,《中国人口·资源与环境》2009 年第 8 期。

[13]高振宇、王益:《我国生产用能源消费变动的分解分析》,《统计研究》2007 年第 3 期。

[14]耿强、孙成浩、傅坦:《环境管制程度对 FDI 区位选择影响的实证分析》,《南方经济》2010 年第 6 期。

[15]郭红燕、韩立岩:《外商直接投资、环境管制与环境污染》,《国际贸易问题》2008 年第 8 期。

[16]杭雷鸣、屠梅曾:能源价格对能源强度的影响——以国内制造业为例》,《数量经济技术经济研究》2006 年第 12 期。

[17]何小钢、张耀辉:《中国工业碳排放影响因素与 CKC 重组效应——基于 STIRPAT 模型的分行业动态面板数据实证研究》,《中国工业经济》2012 第 1 期。

[18]胡永泰、海闻、金毅彪:《中国企业改革究竟获得了多大成功?》,《经济研究》1994 年第 9 期。

[19]黄玖立、李坤望:出口开放、地区市场规模和经济增长》,《经济研究》2006 年第 6 期。

[20]黄肖琦、柴敏:《新经济地理学视角下的 FDI 区位选择——基于中国省际面板数据的实证分析》,《管理世界》2006 年第 10 期。

[21]黄莹、王良健、李桂峰:《基于空间面板模型的我国环境库兹涅茨曲线的实证分析》,《南方经济》2009 第 10 期。

[22]蒋殿春、夏良科:《外商直接投资对中国高技术产业技术创新作用的经验分析》,《世界经济》2005 年第 8 期。

[23]景维民,& 张璐:《环境管制、对外开放与中国工业的绿色技术进步》,《经济研究》2014 年第 9 期。

[24]赖明勇、包群、彭水军、张新:《外商直接投资与技术外溢——基于吸收能力的研究》,《经济研究》2005 年第 8 期。

[25]李国璋、王双:《中国能源强度变动的区域因素分解分析——基于 LMDI 分解方法》,《财经研究》2008 年第 8 期。

[26]李京文、郑友敬、杨树庄、垄飞鸿:《中国经济增长分析》,《中国社会科学》1992 年第 1 期。

[27]李锴、齐绍洲:《贸易开放、经济增长与中国二氧化碳排放》,《经济研究》2011 年第 11 期。

[28]李婧,谭清美,白俊红:《中国区域创新生产能空间计量分析——基于静态与动态空间面板模型的实证研究》,《管理世界》2010 年第 7 期。

[29]李玲、陶锋:《中国制造业最优环境规制强度的选择—基于绿色全要素生产率的视角》,《中国工业经济》2012 年第 5 期。

[30]李廉水、周勇:《技术进步能提高能源效率吗》,《管理世界》2006 年第 10 期。

[31]李未无:《对外开放与能源利用效率:基于 35 个工业行业的实证研究》,《国际贸易问题》2008 年第 6 期。

[32]李小平、卢现祥:《国际贸易、污染产业转移与中国工业 CO2 排放》,《经济研究》2010 年第 1 期。

[33]李小平、朱钟棣:《中国工业行业全要素生产率的测算——基于工业行业的面板数据分析》,《管理世界》2005 年第 4 期。

[34]林伯强、蒋竺均:《中国二氧化碳的环境库兹涅茨曲线预测及影响因素分析》,《管理世界》2009 年第 4 期。

[35]罗堑:《我国污染密集型工业品贸易的环境效应研究》,《国际贸易问题》2007 年第 10 期。

[36]罗堑:《中国污染密集型产品贸易的环境效应及其扭曲——兼论效应分解与估计方法的改进》,《国际贸易问题》2010 年第 4 期。

[37]刘红玖、陶全:《大中型工业企业能源密度下降的动因探析》,《统计研究》2002 年第 9 期。

[38]刘华军、闫庆悦:《贸易开放、FDI 与中国 CO2 排放》,《数量经济技术经济研究》2011 年第 3 期。

[39]庞瑞芝:《经济转型期间中国工业增长与全要素能源效率》,《中国工业经济》2009 年第 3 期。

[40]庞瑞芝:《中国省际工业增长模式与提升路径分析——基于工业部门全要素能源效率视角》,《中国地质大学学报(社会科学版)》2011 年第 7 期。

[41]邱斌、杨帅、辛培江:《FDI 技术溢出渠道与中国制造业生产率增长研究:基于面板数据的分析》,《世界经济》2008 年第 8 期。

[42]沈坤荣、耿强:《外国直接投资、技术外溢与内生经济增长》,《中国社会科学》2001 年第 5 期。

[43]沈利生:《中国对外贸易结构变化不利于节能降耗》,《管理世界》2007 年第 10 期

[44]沈利生、唐志:《对外贸易对中国污染排放的影响》,《管理世界》2008 年第 6 期。

[45]史丹:《我国经济增长过程中能源利用效率的改进》,《经济研究》2002 年第 9 期。

[46]史丹:《中国能源效率的地区差异与节能潜力分析》,《中国工业经济》2006 年第 10 期。

[47]宋德勇、易艳春:《外商直接投资与中国碳排放》,《中国人口·资源与环境》2011 年第 1 期。

[48]苏梽芳、廖迎、李颖:《是什么导致了"污染天堂":贸易还是 FDI?——来自中国省级面板数据的证据》,《经济评论》2011 年第 5 期。

[49]滕玉华:《自主研发、技术引进与中国工业能源强度——基于 31 个行业的实证分析》,《财经论丛》2009 年第 3 期。

[50]滕玉华:《国际 R&D 溢出与工业能源效率——基于进口贸易的实证分析》,《国际贸易问题》2010 年第 5 期。

[51]董利:《我国能源效率变化趋势的影响因素分析》,《产业经济研究》2008 年第 1 期。

[52]王班班和齐绍洲:《市场型和命令型政策工具的节能减排技术创新效应——基于中国工业行业专利数据的实证》,《中国工业经济》2016 年第 6 期。

[53]王锋等、《中国经济发展中碳排放增长的驱动因素研究》,《经济研究》2010 年第 2 期。

[54]王海宁:《FDI、出口密集度与环境技术效率——基于产业数据的分位数回归方法分析》,《财贸研究》2011 年第 4 期。

[55]王杰、刘斌:《环境规制与企业全要素生产率—基于中国工业企业数据的经验分析》,《中国工业经济》2014 年第 3 期。

[56]王群伟、周德群:《中国全要素能源效率变动的实证研究》,《系统工程》2008 年第 7 期。

[57]王耀中、刘舜佳:《基于前后向关联分析的外商直接投资与技术外溢》,《经济评论》2005 年第 6 期。

[58]魏楚、沈满洪:《能源效率及其影响因素:基于 DEA 的实证分析》,《管理世界》2007 年第 8 期。

[59]魏楚、沈满洪:《规模效率与配置效率:一个对中国能源低效的解释》,《世界经济》2009 年第 4 期。

[60]吴巧生、成金华:《中国工业化中的能源消耗强度变动及因素分析——基于分解模型的实证分析》,《财经研究》2006 年第 6 期。

[61]吴献金、邓杰:《贸易自由化、经济增长对碳排放的影响》,《中国人口·资源与环境》2011 年第 1 期。

[62]吴延兵:《R&D 与生产率:基于中国制造业的实证研究》,《经济研究》2006 年第 11 期。

[63]吴延兵:《自主研发、技术引进与生产率——基于中国地区工业的实证研究》,《经济研究》2008 年第 8 期。

[64]吴玉鸣:《外商直接投资与环境规制关联机制的面板数据分析》,《经济地理》2007 年第 1 期。

[65]谢千里、罗斯基、郑玉歆和王莉:《所有制形式与中国工业生产率变动趋势》,《数量经济技术经济研究》2001 年第 3 期。

[66]许和连、魏颖绮、赖明勇等:《外商直接投资的后向链接溢出效应研究》,《管理世界》2007 年第 4 期。

[67]杨博琼、陈建国:《FDI 对东道国环境污染影响的实证研究——基于我国省际面板数据的分析》,《国际贸易问题》2011 年第 3 期。

[68]杨海生、贾佳、周永章、王树功:《贸易、外商直接投资、经济增长与环境污染》,《中国人口·资源与环境》2005 年第 3 期。

[69]杨骞、刘华军:《中国二氧化碳排放的区域差异分解及影响因素——基于 1995~2009 年省际面板数据的研究》,《数量经济技术经济研究》2012 年第 5 期。

[70]杨万平、袁晓玲:《对外贸易、FDI 对环境污染的影响分析——基于中国时间序列的脉冲响应函数分析:1982—2006》,《世界经济研究》2008 年第 12 期。

[71]姚愉芳、陈杰等:《结构变化的节能潜力计算的方法论研究》,《数量经济技术经济研究》2007 年第 4 期。

[72]姚树洁、韦开蕾:《中国经济增长、外商直接投资和出口贸易的互动实证分析》,《经济学(季刊)》2007 年第 1 期。

[73]尹宗成、丁日佳、江激宇:《FDI、人力资本、R&D 与中国能源效率》,《财贸经济》2008 年第 9 期。

[74]应瑞瑶、周力:外《商直接投资、工业污染与环境规制——基于中国数据的计量经济学分析》,《财贸经济》2006 年第 1 期。

[75]于峰、齐建国:《开放经济下环境污染的分解分析——基于 1990—2003 年间我国各省市的面板数据》,《统计研究》2007 年第 1 期。

[76]于峰、齐建国、田晓林:《经济发展对环境质量影响的实证分析——基于 1999—2004 年间各省市的面板数据》,《中国工业经济》2006 年第 8 期。

[77]袁晓玲、张宝山、杨万平:《基于环境污染的中国全要素能源效率研究》,《中国工业经济》2009 年第 2 期。

[78]曾大林、纪凡荣、李山峰:《中国省际低碳农业发展的实证分析》,《中国人口·资源与环境》2013 年第 11 期。

[79]张成等:《环境规制强度和生产技术进步》,《经济研究》2011 年第 2 期。

[80]张海洋:《R&D 两面性、外资活动与中国工业生产率增长》,《经济研究》2005 年第 5 期。

[81]张军、施少华:《中国经济全要素生产率变动:1952—1998,《世界经济文汇》2003 年第 2 期。

[82]张军、吴桂英、张吉鹏:《中国省际物质资本存量估算:1952—2000》,《经济研究》2004 年第 10 期。

[83]张贤、周勇:《外商直接投资对我国能源强度的空间效应分析》,《数量经济技术经济研究》2007 年第 1 期。

[84]张友国:《中国贸易增长的能源环境代价》,《数量经济技术经济研究》2009 年第 1 期。

[85]张征宇、朱平芳:《地方环境支出的实证研究》,《经济研究》2010 年第 5 期。

[86]赵国庆、张中元:《FDI 溢出效应、环境污染与全要素增长率》,《世界经济文汇》2010 年第 4 期。

[87]赵细康:《环境保护与产业国际竞争力》,北京:中国社会科学出版社,2003。

[88]郑京海、胡鞍钢:《中国改革时期省级生产率增长变化的实证分析》,《经济学季刊》2005 年第 1 期。

[89]周力、应瑞瑶:《外商直接投资与工业污染》,《中国人口·资源与环境》2009 年第 4 期。

[90]周黎安:《中国地方官员的晋升锦标赛模式研究》,《经济研究》2007 年第 7 期。

[91]朱平芳、徐伟民:《政府的科技激励政策对大中型工业企业 R&D 投入及其专利产出的影响》,《经济研究》2003 年第 6 期。

[92]朱平芳、张征宇、姜国麟:《FDI 与环境规制:基于地方分权视角的实证研究》,《经济研究》2011 年第 6 期。

[93] Aitken, B. J. and A. E. Harrison, "Do Domestic Firms Benefit from Direct Foreign Investment? Evidence from Venezuela", *American Economic Review*, Vol. 89,

No. 3(1999).

[94]Albornoz,et al.,"In Search of Environmental Spillovers",*The World Economy*,Vol. 32,No. 1(2009).

[95]Ang, B. W., Liu Na, "Energy Decomposition Analysis: IEA Model versus other Methods",*Energy Policy*,Vol. 35,No. 3(2007).

[96]Ang,J., "CO2 Emissions, Research and Technology Transfer in China", *Ecological Economics*,Vol. 68,No. 10(2009).

[97]Antweiler,Werner,Brian R.Copeland,and M.Scott Taylor,"Is Free Trade Good for the Environment?"*American Economic Review*,Vol. 91,No. 4(2001).

[98] Arellano, Manuel and Bond, Stephen, "Some Tests of Specification for Panel Data: Monte Carlo Evidence and an Application to Employment Equations", *Review of Economic Studies*, Vol. 58,No. 2(1991).

[99]Barro,R.J.and Jong-Wha,Lee,"International Comparisons of Educational Attainment",*Journal of Monetary Economics*,Vol. 32,No. 3(1993).

[100]Barro,R.J.,Lee,J.W.,"A New Data Set of Educational Attainment in the World,1950-2010",*Journal of Development Economics*,Vol. 104,No. 15902(2013).

[101]Baumol,William J.,et al.,*The Theory of Environmental Policy*,Cambridge University Press,1988.

[102] Bhagwati, Jagdish, "The Case for Free Trade", *Scientific American*, Vol. 269,No. 5(1993).

[103]Birdsall, N. and Wheeler, D., "Trade Policy and Industrial Pollution in Latin America: Where are the Pollution Havens?" Journal of Environment and Development, Vol. 2,No. 1(1993).

[104]Blackman,Allen & Wu,Xun,"ForeignDirect Investment in China's Power Sector: Trends,Benefits and Barriers",*Energy Policy*,Vol. 27,No. 12(1999).

[105] Blundell, Richard and Bond, Stephen, "Initial Conditions and Moment Restrictions in Dynamic Panel Data Models",*Journal of Econometrics*,Vol. 87,No. 1 (1998).

[106] Brookhart, M.A., Schneeweiss, S., Rothman K.J., "Variable Selection for Propensity Score Models", *Am J Epidemiology*, Vol. 163, No. 12(2006).

[107] Busse, M., "Trade, Environmental Regulations and the WTO—New Empirical Evidence", *Journal of World Trade*, Vol. 38, No. 2(2004).

[108] Caselli, F., Esquivel G. and Lefort, F., "Reopening the Convergence Debate: A New Look at Cross-country Growth Empirics", *Journal of Economic Growth*, Vol. 1, No. 3(1996).

[109] Castellani Davide &Zanfei Antonello, "Technology Gaps, Absorptive Capacity and the Impact of Inward Investments on Productivity of European Firms", *Economics of Innovation and New Technology*, Vol. 12, No. 6(2003).

[110] Catherine, Y.C.& J.A.List & L.D.Qui, "Intellectual Property Rights, Environmental Regulations, and Foreign Direct Investment", *Land Economics*, Vol. 80, No. 2(2004).

[111] Caves, R.E., "Multinational Firms, Competition and Productivity in Host-country Markets", *Economica*, Vol. 41, No. 162(1974).

[112] Caves, D.W., Christensen L.R., Diewert, W.E., 1982, "Multilateral Compositions of Output, Input and Productivity Using Superlative Index Numbers", *Economic Journal*, Vol. 9, No. 2(1974)

[113] Charnes, A., Cooper, W.W., Rhodes, E., "Measuring the Efficiency of Decision Making Units", *European JournaI of Operations Resarch*, 2(1978).

[114] Chen, K., Wang, H.C., Zheng, Y.X., Jefferson, G.H. and Rawski, T.G., "Productivity Change in Chinese Industry, 1953-1985", *Journal of Comparative Economics*, 12(1988).

[115] Chudnovsky, D.and Pupato, G., "Environmental Management and Innovation in Argentine Industry: Determinants and Policy Implications", mimeo, Buenos Aires: CENIT, 2005.

[116] Chung, Y.H., Färe, R., & Grosskopf, S., "Productivity and Undesirable Outputs: a Directional Distance Function Approach", *Journal of Environmental Man-*

agement, Vol. 51, No. 3(1997).

[117] Clarke-Sather, A., Qu, J. S., Wang, Q., Zeng, J. J., Li, Y., "Carbon Inequality at the Sub-national Scale: A Case Study of Provincial-level Inequality in CO2 Emissions in China 1997-2007", *Energy Policy*, Vol. 39, No. 9(2011).

[118] Cohen, Wesley, M. and Levinthal, Daniel, A., "Innovation and Learning: The Two Faces of R&D", *Economic Journal*, Vol. 99(1989).

[119] Cole, M.A., Rayner, A.J. & Bates, J.M., "Trade Liberalisation and the Environment: The Case of the Uruguay Round", *The World Economy*, vol. 21(3), 1998.

[120] Cole, M.A. and Elliott, R.J.R., "Do Environmental Regulations Influence Trade Patterns? Testing Old and New Trade Theories", *The World Economy*, Vol. 26, 8, 2003a.

[121] Cole, M.A. and Elliott, R.J.R., "Determining the Trade-environment Composition Effect: the Role of Capital, Labor and Environmental Regulations", *Journal of Environmental Economics and Management*, 46(3), 2003b.

[122] Cole, M.A., Elliott, R.J. and Shimamoto, K., "Industrial Characteristics, Environmental Regulation and Air Pollution: An Analysis of the UK Manufacturing Sector", *Journal of Environmental Economics and Management*, 50(2005).

[123] Cole, M.A., Elliott, R.J. & P.G. Fredriksson, "Endogenous Pollution Havens: Does FDI Influence Environmental Regulations?" *Scandinavian Journal of Economics*, vol. 108(1), 2006.

[124] Cole, M.A., Elliott, R.J. and Wu, S., "Industrial Activity and the Environment in China: An Industry-Level Analysis", *China Economic Review*, 19(2008).

[125] Copeland, Brian R. & Taylor, M Scott, "North-South Trade and the Environment", *The Quarterly Journal of Economics*, vol. 109(3), 1994.

[126] Copeland, Brian R. & Taylor, M. Scott, "The Trade-induced Degradation Hypothesis", *Resource and Energy Economics*, vol. 19(4), 1997.

[127] Copeland, Brian R. & Taylor, M. Scott, "Trade, Growth, and the Environment", *Journal of Economic Literature*, vol. 42(1), 2004.

[128] Copeland, Brian R. & Taylor, M. Scott, "Free Trade and Global Warming: a Trade Theory View of the Kyoto Protocol", *Journal of Environmental Economics and Management*, vol. 49(2), 2005.

[129] Daly, H. and R. Goodland, "An Ecological Assessment of Deregulation of International Commerce under GATT", *Ecological Economics*, 9(1994).

[130] Das, S., "Externalities, and Technology Transfers through Multinational Corporations: A Theoretical Analysis", *Journal of International Economics*, Vol. 22 (1987).

[131] Dean, J., Mary, E. and Hua Wang, "Are Foreign Investors Attracted to Weak Environmental Regulations? Evaluating the Evidence from China", *Journal of Development Economics*, 90(2009).

[132] Diamond, A., Sekhon, J. S., "Genetic Matching for Estimating Causal Effects: A General Multivariate Matching Method for Achieving Balance in Observational Studies", *Review of Economics and Statistics*, Vol. 95, No. 3(2013).

[133] Dijkstra, B. R., Mathew, A. J., Mukherjee, A., "Environmental Regulation: an Incentive for Foreign Direct Investment", *Review of International Economics*, Vol. 19, No. 3(2011).

[134] Djankov, Simeon & Hoekman, Bernard, "Foreign Investment and Productivity Growth in Czech Enterprises", *World Bank Economic Review*, vol. 14(1), 2000.

[135] Dua, A., Esty, D.C., 1997, "Sustaining the Asia Pacific Miracle: Environmental Protection and Economic Integration," Washington, D.C., Institute for International Economics, 1997.

[136] Ederington, J. & Minier, J., "Is Environmental Policy a Secondary Trade Barrier? An Empirical Analysis", *Canadian Journal of Economics*, 36(1), 2003.

[137] Eliste, Paavo, and P.G. Fredriksson, "Does Open Trade Result in a Race to the Bottom? Cross Country Evidence", mimeo, The World Bank, 1998.

[138] Elliott, R. J. R., Shimamoto, K., "Are ASEAN Countries Havens for Japanese Pollution-Intensive Industry?" *World Economy*, 31(2008).

[139] Elhorst, J. P., "Dynamic Spatial Panels: Models, Methods and Inferences", *Journal of Geographical System*, Vol. 14, No. 1(2012).

[140] Eskeland, Harrison, "Moving to Greener Pastures? Multinationals and the Pollution Haven Hypothesis", *Journal of Development Economics*, 70(2003).

[141] Esty, Daniel, and Bradford Gentry, "Foreign Investment, Globalisation and the Environment", *Globalization and the Environment*, Edited by Tom Jones (Organization for Economic Cooperation and Development: Paris), 1997.

[142] Fan Ying et al., "Changes in Carbon Intensity in China: Empirical Findings from 1980-2003", *Ecological Economics*, 62(2007).

[143] Färe, R., Grosskopf, S., & Jr, C. A. P., "Environmental Production Functions and Environmental Directional Distance Functions. Ssrn Electronic", *Energy*, Vol. 32, No. 7(2007).

[144] Fare, R., Grosskopf, S., Norrism, et al., "Productivity Growth, Technical Progress, and Efficiency Change in Industrialized Countries", *American Economic Review*, 84(1), 1994.

[145] Färe, R., & Grosskopf, S., "Directional Distance Functions and Slacks-based Measures of Efficiency", *European Journal of Operational Research*, Vol. 200, No. 1(2010).

[146] Findlay, R., "Relative Backwardness, Direct Foreign Investment, and the Transfer of Technology: A Simple Dynamic Model", *Quarterly Journal of Economics*, Vol. 92(1978).

[147] Fisher-Vanden K., Gary, H. Jefferson, Hongmei Liu, Quan Tao, "What is Driving China's Decline in Energy Intensity?" *Resource and Energy Economics*, 26 (1), 2004.

[148] Fisher-Vanden, K. et al., "Technology Development and Energy Productivity in China", *Energy Economics*, 28(2006).

[149] Frankel, J. A., A. K. Rose, "Is Trade Good or Bad for the Environment? Sorting Out the Causality", *The Review of Economics and Statistics*, 87(2005).

[150] Frankel, Jeffrey and David, Romer, "Does Trade Cause Growth?" *American Economic Review*, 89(3), 1999.

[151] Fredriksson P. G. and Paavo Eliste, "Does Trade Liberalization Cause a Race to the bottom in Environmental Policies? A Spatial Econometric Analysis", Ch. 18 in *Advances in Spatial Econometrics: Methodology, Tools, and Applications*, edited by L. Anselin, R.J.G.M. Florax and S.J. Rey, Berlin: Springer, 2004.

[152] Freedman, D. A., Berk, R. A., "Weighting Regressions by Propensity Scores", *Evaluation Review*, Vol. 32, No. 4(2008).

[153] Gorg, H. and Greenaway, D., "Much Ado about Nothing? Do Domestic Firms Really Benefit from Foreign Direct Investment?" *World Bank Research*, Vol. 19, No. 2(2004).

[154] Gorg, H. and Strobl, E., "Multinational Companies and Productivity Spillovers: A Meta Analysis", *Economic Journal*, 111(473), 2001.

[155] Griliches, Z., "Productivity, R&D and Basic Research at the Firm Level in the 1970s", *American Economic Review*, 76(6), 1986.

[156] Grossman, G.M. and Krueger, A.B., "Environmental Impacts of a North American Free Trade Agreement", *Social Science Electronic Publishing*, Vol. *8*, No. 2 (1992).

[157] Grossman, G.M. and Krueger, A., "Economic Growth and Environment", Quarterly *Journal of Economics*, Vol. 110, No. 2(1995).

[158] Haddad, M.& Harrison, A., "Are There Spillovers from Direct Foreign Investment? Evidence from Panel Data for Morocco", *Journal of Development Economics*, 42(1993).

[159] Hall, B. H. and Mairesse, J., "Exploring the Relationship between R&D and Productivity in French Manufacturing Firms", *Journal of Econometrics*, 65 (1995).

[160] Hansen, M. W., "Foreign Direct Investment and the Environment: A Transaction Cost Perspective", *Journal of Transnational Management Development*, 8

(4),2004.

[161]He,Jie,"Pollution Haven Hypothesis and Environmental Impacts of Foreign Direct Investment:The Case of Industrial Emission of Sulfur Dioxide(SO2) in Chinese Provinces",*Ecological Economics*,vol. 60(1),2006.

[162]He,Jie,"Foreign Direct Investment and Air Pollution In China:Evidence From Chinese Cities",*Region et Developpement*,vol. 28(2008).

[163]Heinz Welsch,and Ochsen,C.,"The Determinants of Aggregate Energy Use in West Germany:Factor Substitution,Technological Change,and Trade",*Energy Economics*,27(1),2005.

[164]Hettige,H.,Mani,M.and Wheeler,D.,"Industrial Pollution in Economic Development:Kuznets Revisited",*Journal of Development Economics*,62(2000).

[165]Hu,A.G.Z.,Jefferson,G.H.& Qian,J.,"R&D and Technology Transfer: Firm-level Evidence From Chinese Industry",*Review of Economics and Statistics*, Vol. 87,No. 4(2005).

[166]Hu,J.L.,S.C.Wang,"Total Factor Energy Efficiency of Regions in China",*Energy Policy*,34(17),2006.

[167]Huang,J.P.,"Industry Energy Use and Structural Change:a Case Study of The People' Republic of China",*Energy Economics*,15(1993).

[168]Hübler,Michael & Keller,Andreas,"Energy Savings via FDI? Empirical Evidence from Developing Countries",*Environment and Development Economics*, vol. 15(1),2010.

[169]IPCC,2006,"Guidelines for National Greenhouse Gas Inventories",http://www.ipcc-nggip.iges.or.jp.

[170]Jaffe,A.B.,Peterson,S.R.,Portney,P.R.,Stavins,R.N.,"Environmental Regulation and the Competitiveness of US Manufacturing: What Does the Evidence Tell US?"*Journal of Economic Literature*,33(1995).

[171] Javorcik, B. S., "Spillovers from Foreign Investment through Backward Linkages: Does Technology Gap Matter?" Mimeo, Washington, D. C., the World

Bank,2002.

[172]Javorcik,B.S.,"Does Foreign Direct Investment Increase the Productivity of Domestic firms in Search of Spillovers through Backward Linkages?" *American Economic Review*,94(3),2004.

[173] Jefferson, G. H., Rawski, T. G. and Zheng, Y., "Growth, Efficiency and Convergence in China's State and Collective Industry", *Economic Development and Cultural Change*,40(1992).

[174] Keller, W., "International Technology Diffusion", *Journal of Economic Literature*,42(2004).

[175]Koizumi,T.and K.J.Kopecky,"Economic Growth,Capital Movements and the International Transfer of Technical Knowledge",*Journal of International Economics*,Vol. 7(1977).

[176]Kokko,A.,"Productivity Spillovers from Competition between Local Firms and Foreign Affiliates",*Journal of International Development*,8(4),1996.

[177]Konisky D.M.,"Assessing U.S.State Susceptibility to Environmental Regulatory Competition",*State Politics and Policy Quarterly*,Vol. 9,No. 4(2009).

[178] Kennedy, P. W., "Equilibrium PollutionTaxes in Open Economies with Imperfect Competiton", *Journal of Environmental Economics and Management*, Vol. 27(1994).

[179] Lall, Sanjaya, "Vertical Inter-Firm Linkage in LDCs: An Empirical Study",*Oxford Bulletin of Economic and Statistics*,42,1980.

[180]LeSage James, Pace R. Kelley, *Introduction to Spatial Econometrics*, New York:CRC Press,2009.

[181]Letchumanan R,Kodama F.,"Reconciling the Conflict between the 'Pollution-Haven' Hypothesis and an Emerging Trajectory of International Technology Transfer",*Research Policy*,29(2000).

[182]Levinson,Arik,"A Note on Environmental Federalism:Interpreting Some Contradictory Results",*Journal of Environmental Economics and Management*,vol. 33

(3),1997.

[183]Liao,H.,Fan,Y.and Wei,Y.,"What Induced China's Energy Intensity to Fluctuate:1997-2006?"*Energy Policy*,35(9),2007.

[184] List, J., McHone, W. and Millimet, D., "Effects of Environmental Regulation on Foreign and Domestic Plant Births: Is There a Home Field Advantage?"*Journal of Urban Economics*,56(2004).

[185]Liu,Zhuomin and Lin,P.,"Backward Linkages of Foreign Direct Investment:Evidence from China",Lingnan University Workingpaper,2004.

[186]Liu,Z.,"Foreign Direct Investment and Technology Spillovers:Theory and Evidence",*Journal of Development Economics*,85(1),2008.

[187] Lopez, J., "NAFTA and Mexico's Manufacturing Productivity: An Empirical Investigation Using Micro-level Data",*Journal of LACEA*,4(1),2003.

[188]Lovely M,Popp D.,"Trade,Technology,and The Environment:Dose Access to Technology Promote Environmental Regulation", *Environmental Economics and Management*,Vol. 61,No. 1(2001).

[189]Ma,C.& Stern,"China's Carbon Emissions 1971-2003", Rensselaer Working Papers in Economics,No. 0706,2007.

[190] Ma, Chunbo & Stern, David I., "China's Changing Energy Intensity Trend:A Decomposition Analysis",*Energy Economics*,vol. 30(3),2008.

[191] Mansfield, E. and Romeo, A., "Technology Transfer to Overseas Subsidiaries by U.S.-based Firms",*Quarterly Journal of Economics*,Vol. 95(1980).

[192]Mielnik,O.and J.Goldemberg,"Foreign Direct Investment and Decoupling between Energy and Gross Domestic Product in Developing Countries", *Energy Policy*,30(2002).

[193]Mongelli,I.,Tassielli,G.and Notarnicola,B.,"Global Warming Agreements, International Trade and Energy-Carbon Embodiments: An Input-output Approach to the Italian Case",*Energy Policy*,34(2006).

[194]Morgan,S.L.,Harding,D.J.,"Matching Estimators of Causal Effects:

Prospects and Pitfalls in Theory and Practice", *Sociological Methods and Research*, Vol. 35, No. 1(2006).

[195] Munksgaard, J. and Pedersen, K., "CO2 Accounts for Open Economies: Producer or Consumer Responsibility?" *Energy Policy*, 29(4), 2001.

[196] Nishimizu, M. and J.M. Page, "Total Factor Productivity Growth, Technical Progress and Technical Efficiency Change: Dimensions of Productivity Change in Yugoslavia, 1965-78", *The Economic Journal*, 92(1982).

[197] Nordås, H. K., "Trade in Goods and Services: Two sides of the Same Coin?" *Economic Modelling*, Vol. 27, No. 2(2010).

[198] Pakes, A. and Schankerman, M., "Rates of Obsolescence of Knowledge, Research Gestation Lags, and the Private Rate of Return to Research Resources", in Griliches, Z. (ed), *R&D, Patents and Productivity*, Chicago: University of Chicago Press, 1984.

[199] Panayotou, T., "Globalization and Environment", Center for International Development, Harvard University, CID Working Paper, No. 53, 2000.

[200] Panayotou, T., "Economic Growth and the Environment", *Economic Survey of Europe*, No. 2(2003).

[201] Parent, O., & Lesage, J.P., "Using the Variance Structure of the Conditional Autoregressive Spatial Specification to Model Knowledge Spillovers", *Journal of Applied Econometrics*, Vol. 23, No. 2(2008).

[202] Patterson, M.G., "What is Energy Efficiency? Concepts, Indicators and Methodological Issues", *Energy Policy*, 24(5), 1996.

[203] Perkins Richard & Neumayer Eric, "Fostering Environment Efficiency through Transnational Linkages? Trajectories of CO2 and SO2, 1980-2000", *Environment and Planning A*, vol. 40(12), 2008.

[204] Perkins, R., Neumayer, E., 2009, "Transnational linkages and the spillover of environment efficiency into developing countries", *Global Environmental Change*, Vol. 19, No. 5(2009).

[205] Peters, G.P., E.G.Herteieh, "Structural Analysis of International Trade: Environmental Impacts of Norway", *Economic Systems Research*, Vol. 18(2), 2006.

[206] Porter, Michael, and Claas van der Linde, "Toward a New Conception of the Environment Competitiveness Relationship", *Journal of Economic Perspectives*, 9(4), 1995.

[207] Roodman, David, "How to do Xtabond2: An Introduction to Difference and System GMM in Stata", Center for Global Development Working Paper, No. 103, 2006.

[208] Rosenbaum, P. R., Rubin, D. B., "The Central Role of the Propensity Score in Observational Studies for Causal Effects", *Biometrika*, Vol. 70, No. 1 (1983).

[209] Rubin, D. B., "Estimating Causal Effects of Treatments in Randomized and Non-Randomized Studies", *Journal of Educational Psychology*, Vol. 66, No. 1 (1974).

[210] Runge, C., "Economic Trade and Environment Protection", In J.Braden, H.Folmer and T.Ulen (Eds.), *Environmental Policy with Economic and Polotical Integration: The European Community and the United States*, Edward Elgar, 1993.

[211] Sadayuki, Takii, "Productivity Spillovers and Characteristics of Foreign Multinational Plants in Indonesian Manufacturing 1990 – 1995", *Journal of Development Economics*, 76(2005).

[212] Savas Alpay, Ahmet Caliskan and Syed Mahmud, "Environmental Policy Performance, Economic Growth and Trade Liberalization: A Cross-Country Empirical Analysis", The 2001 Open Meeting of the Human Dimensions of Global Environmental Change Research Community, Rio de Janeiro, Brazil, October 6 – 8 (2001).

[213] Schmalensee, R., Stoker, T.M., Judson, R.A., "World Carbon Dioxide Emission: 1950–2050", *The Review of Economics and Statistics*, 80(1), 1998.

[214] Selden, T.M.& Forrest, A.S.& Lockhart, J.E., "Analyzing the Reductions

in U.S.Air Pollution Emissions:1970 to 1990",*Land Economics*,vol. 75(1),1999.

[215]Strutt Anna & Kym Anderson,"Will Trade Liberalization Harm the Environment? The Case of Indonesia to 2020",*Environmental & Resource Economics*, vol. 17(3),2000.

[216] Sun, J. W., "Changes in Energy Consumption and Energy Intensity: A complete Decomposition Mode",*Energy Economics*,vol. 20(1),1998.

[217]Swan,P.L.,"The International Diffusion of an Innovation",*Journal of Industrial Economics*,Vol. 22(1973).

[218] Tobey, J. A., "The Effects of Domestic Environmental Policies and Patterns of World Trade:An Empirical Test",*Kyklos*,43(2),1990.

[219] Verbeke, T. and M. D. Clercq, "Environmental Quality and Economic Growth",Ghent University,Working Paper,No. 128,2002.

[220]Vogel,David,*Trading Up:Consumer and Environmental Regulation in a Global Economy*,Cambridge,MA:Harvard University Press,1995.

[221] Vogel, David, "Is There a Race to the Bottom? The Impact of Globalization on National Regulatory Policies?" *The Tocqueville Review / La Revue Tocqueville*,Vol.XXII,NO. 1(2001).

[222]Wang,H.,Y.Jin,"Industrial Ownership and Environmental Performance: Evidence from China",*Environmental and Resource Economics*,3(2007).

[223]Wang,J.Y.and M.Blomstorm,"Foreign Investment and Technology Transfer-A Simple Model",*European Economic Review*,36(1992).

[224] Wheeler, D., "Racing to the Bottom? Foreign Investment and Air Pollution in Developing Countries", *Journal of Environment and Development*, 10 (3),2001.

[225]World Bank,"Is Globalization Causing A Race To The Bottom In Environmental Standards?"World Bank Briefing Papers-Part 4,April,2000.

[226] Xing, Y., C. D. Kolstad, "Do Lax Environmental Regulations Attract Foreign Investment?"*Environmental and Resource Economics*,21(1),2002.

[227] Zarsky, "Havens, Halos and Spaghetti: Untangling the Evidence about Foreign Direct Investment and the Environment", OECD Conference on Foreign Direct Investment and the Environment, 1999.

[228] Zhang, Z., "Why did the Energy Intensity Fall in China's Industrial Sector in the 1990s? The Relative Importance of Structural Change and Intensity Change", *Energy Economics*, 25, 2003.

图 索 引

表 索 引

责任编辑:陈　登

图书在版编目(CIP)数据

FDI 对中国工业能源环境的影响研究/李　锴 著. —北京:人民出版社,2017.12
ISBN 978 - 7 - 01 - 018805 - 8

Ⅰ.①F…　Ⅱ.①李…　Ⅲ.①外商直接投资-影响-能源经济-环境经济-研究-中国　Ⅳ.①F426.2②X196

中国版本图书馆 CIP 数据核字(2017)第 329885 号

FDI 对中国工业能源环境的影响研究

FDI DUI ZHONGGUO GONGYE NENGYUAN HUANJING DE YINGXIANG YANJIU

李　锴　著

人民出版社 出版发行
(100706　北京市东城区隆福寺街 99 号)

北京中科印刷有限公司印刷　新华书店经销

2017 年 12 月第 1 版　2017 年 12 月北京第 1 次印刷
开本:710 毫米×1000 毫米 1/16　印张:16.25
字数:246 千字

ISBN 978 - 7 - 01 - 018805 - 8　定价:42.00 元

邮购地址 100706　北京市东城区隆福寺街 99 号
人民东方图书销售中心　电话 (010)65250042　65289539